전략적 사고의
11가지 법칙

남들과 다르게 압도적 성과를 내는 1% 리더의 생각 기술

전략적 사고의 11가지 법칙

11 Rules for Strategic Thinking

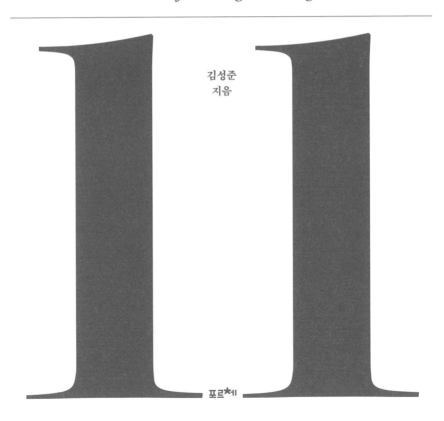

김성준
지음

포르체

리더가 갖춰야 할 가장 중요한 역량

우리나라 리더들에게는 전략적 사고가 필요하다

우리나라 CEO들에게 물었습니다. "임원이 갖춰야 할 역량 중에 가장 중요한 하나만 고른다면, 그것은 무엇인가요?" 이 질문에 모두가 전략적 사고, 통찰력, 사고력을 언급하였습니다. 어느 CEO는 그 이유를 이렇게 설명하였습니다.

"임원 회의를 하다 보면 답답할 때가 종종 있습니다. 어떤 이는 안 되는 이유만 구구절절 늘어놓습니다. 이건 이래서 안 되고, 저건 저래서 안 된다는 식이죠. 임원이라면 응당 해결하고 돌파하는 방안을 고민해야 마땅합니다. 그게 비즈니스를 이끌어가는 임원이 보여야 할 자세입니다. 그래서 전략적으로 사고하는 능력이 가장 중요합니다."

다른 CEO는 이렇게 밝혔습니다.

"요즘같이 복잡한 시대에는 한 부서가 내린 잘못된 의사결정이 때로 나비 효과처럼 회사 전체에 엄청난 소요와 혼란을 줄 수 있습니다. CEO인 제가 그들의 의사결정 하나하나를 다 챙겨 가면서 조율하고 결정할 수는 없습니다. 그래서 저와 함께 일하는 리더들 모두 올바르게 사고하고 판단하는 능력이 필요합니다."

* * *

저는 오랫동안 리더들을 관찰하고 진단해 왔습니다. 부모로부터 물려받아 세포에 각인된 '기질', 유년기와 청소년기를 거치면서 굳어진 '성격', 그 과정에서 겪어 온 굴곡진 '경험', 본인 삶에서 가장 중요하다고 믿는 '가치관', 성과 창출에 이바지하는 '역량' 등을 측정하는 도구를 만들고, 데이터로 축적합니다. 이를 활용해서 조직에서 승승장구하는 탁월한 리더들, 외면받는 안타까운 리더들이 보이는 특징을 도출하고 시사점을 제안하는 일을 하고 있습니다.

그러던 중 2012년 6월, '전략적 사고를 어떻게 개발할 수 있는가?'라는 화두에 빠졌습니다. 당시 A 그룹에서 1,000여 명에 달하는 임원들을 측정하고 분석하는 일을 하고 있었는데, 매년 쌓이는 데이터에서 일관된 패턴이 나타난 것이 계기였습니다. 성과를 내는 추진력(또는 실행력)은 가장 높았던 반면, 전략적 사고는 매년 가장 낮았습니다. A 그룹만 그러한가 싶어 여러 인맥을 동원하여 알아보니, 다른 그룹도 유사하였습니다. 한국 기업 임원들의 전략적 사고가 낮게 나타나는 이유는 무엇일까요? 글로벌 임원 헤드헌팅 회사 대표는 이렇게 평했습니다.

"한국 기업 임원들의 특징은 두드러집니다. 목표가 정해지면 곧바로 돌진해서 수단과 방법을 가리지 않고 달성하는 능력은 매우 좋습니다. 무조건 되게 해야 한다는 막무가내 정신이 강하다고 할까요? 반면 전략적으로 사고하는 능력은 좋지 않습니다. 한마디로 조직 경쟁 우위를 높이는 사고, 먹거리를 찾는 힘은 약합니다. 조직이 미래에 갖춰야 할 모습을 구체적으로 상상하고, 나가야 할 방향을 전략적으로 타진하는 역량은 떨어진다는 의미입니다. 글로벌 기업 임원들과 한국 기업 임원들의 큰 차이점입니다."

그와 대화를 나누면서 2가지 질문이 떠올랐습니다. 첫째, '우리나라 리더들이 전략적 사고가 낮은 이유는 무엇인가?'였습니다. 이에 대한 답은 쉽게 찾을 수 있었습니다. 그간 우리 기업이 구사해 온 전략, 그리고 오래된 문화적 토양이 그 주된 원인이었습니다.

우리 기업은 오랫동안 빠른 추격자 전략Fast follower strategy을 구사했습니다. 선진 기업이 자원과 인력 그리고 시간을 투자해서 찾아낸 기술 표준과 모범 답안을 국내로 들여왔고, 빠르게 모방하여 저렴한 가격으로 제품을 수출했습니다. 이 같은 방식으로 경제를 일으키고 몸집을 키운 우리 기업은 최근까지 선두 그룹 선수의 등만 주시하면서 달려왔습니다. 글로벌 기업이 진흙탕을 헤치면서 다진 땅을 빠르게 따라가기만 하면 되었던 것입니다.

우리나라의 고유한 '빨리빨리 문화'는 빠른 추격자 전략에 주된 연료가 되었습니다. 이 문화적 양식은 조선 초기 세종대왕도 언급했을 정도로 오랜 역사를 자랑합니다. 1433년 15년 7월 12일, 근정전에 '취두(궁궐에만 사용하는 독수리 머리처럼 생긴 기와)'가 무너져서 이를 복구하는 공사로 토론이 벌어졌습니다. 무너진 취두를 보수하려면 청기와를 사용해야만 했습니다. 그러자면 화약 원료인 염초를 써야 했는데, 염초는 군에서도 사용하기 어려운 귀한 물질이었습니다. 그래서 염초 대신 저렴한 조개 껍질 가루로 만든 기와인 아련와로 대체하는 방안을 검토하던 중이었습니다. 이때 세종이 말했습니다. "근정전 취두가 비로 인해서 무너졌으니 마땅히 고쳐 덮어야겠는데, 청기와를 구워 만들자면 그 비용이 매우 많으므로 아련와를 구워서 덮을까 한다. 그런데 우리나라 사람은 범사에 빨리 하고자 하여 정밀하게 하지 못하니, 어떻게 하면 정밀하고 좋게 구워서 비가 새어 무너질 염려가 없게 하겠는가."[1] 이처럼 빨리빨리 문화는 오래된 문화적 양태라 할 수 있습니다.

빨리빨리 문화는 산업화 초창기 우리 기업에 그대로 유입됩니다. 제 연구에 따르면 이 문화 양식은 다음 6가지 행동으로 전개되었습니다. 먼저 선진국이 세운 기준과 표준을 알고 그걸 뛰어

넘으려는 행동이 나타납니다. 이를 위해서 시간을 압축하는 행동(예: 공장 건설 기간을 크게 단축시키는 일), 공간을 압축하는 행동(예: 사람과 물류의 이동 거리를 대폭 줄이는 일)이 일어납니다. 또한 주말 밤낮없이 일하는 시간의 무경계성을 추구하는 행동, 게으름은 질타하고 근면을 격려하는 행동, 그리고 상명하복을 근간으로 일사분란하게 움직이는 행동이 두드러집니다. 이 같은 행동이 복합적으로 어우러진 빠른 추격자 전략은 우리 기업과 우리나라가 급속도로 성장하는 데 큰 도움이 되었습니다.

반면 빨리빨리 문화의 어두운 그림자도 있습니다. 그중 하나가 리더의 역량을 불균형적으로 발달하게 만든 일입니다. 치열한 목표 달성, 빠른 추진력은 뾰족하게 만들었지만 조직 가치를 진정으로 향상시키는 방안을 고민하는 능력은 살리지 못했습니다. 그런데 최근 우리 기업들의 행보가 달라지고 있습니다. 빠른 추격자 전략을 뒤로하고 시장 선도자First mover 전략, 또는 선구자Path finder 전략을 추구하는 기업들이 점차 늘어나고 있습니다.[2] 이제 기존 기업들의 뒤를 빠르게 추격하기만해서는 시장에서 살아남을 수 없습니다. 기업들은 새로운 경쟁력을 창출해야만 합니다. 아무도 가지 않은 길을 개척하려면 무엇보다도 리더의 사고력이 중요합니다. 교착 상태에서 빠져나오는 힘, 기존과는 결이 다른 방식으로 문제를 대하는 시각, 미래를 내다보면서 새로운 경쟁력을 만들어 낼 수 있는 능력이 리더들에게 필요합니다.

전략적 사고에 대한 기존 논의

제 머리를 자극한 두 번째 질문은 '전략적 사고를 어떻게 개발할 수 있는가?'였습니다. 그 답을 찾고자 시중 도서를 탐구해 봤습니다. 대다수가 전략적 사고를 향상하고 강화하는 방법보다는 전략을 수립하는 기법과 절차, 흔히 PEST Political, Economic, Social and Technological Analysis라 부르는 거시 환경 분석을 거치고,[3] 하버드 경영대학원 교수 마이클 포터 Michael Porter가 제시한 산업 구조 모델 Five forces model로 산업 환경을 살피고,[4] 가치 사슬 Value chain로 내부를 조망하는 법을 알려 주고 있었습니다.[5] 이 같은 기법과 절차는 분명 전략 수립에 도움이 됩니다. 그러나 과연 리더들의 전략적 사고를 진정으로 개발시켜 줄 수 있는지 의구심이 들었습니다.

다음으로 학문 연구를 살펴봤습니다. 역시 다수가 전략적 사고가 무엇인지를 논할 뿐이었습니다. 기존 경영전략 학자들은 '전략'이 무엇인지에 대해 각자 의견을 피력하면서 극렬하게 싸우는 반면, 전략적 사고를 두고 평할 때는 '전략'이 아니라 '사고'가 무엇으로 이루어져 있는지를 놓고 첨예하게 대립합니다.[6] 마이클 포터는 1990년 초반에 전략적 사고가 논리적이고 절차적인 분석 과정으로 구성되어 있다고 주장했습니다. 반면 캐나다 맥길대학교의 헨리 민츠버그 Henry Mintzberg는 이를 정면으로 반박하면서 직관과 창의가 전략적 사고의 핵심이라고 주장하였습니다. 이처럼 그 정의를 둘러싼 담론이 30년 전부터 지속되어 왔지만, 정작 그것을 개발하는 방법에 관한 연구는 매우 제한적이었습니다.

그때부터 저는 전략적 사고를 화두로 연구하기 시작했습니다. 임원과 팀장을 대상으로 수년간 전략적 사고를 측정하고, 이 역량이 과연 개발될 수 있는지 살폈습니다. 전략적 사고를 촉진하는 요인들을 도출하기도 하였습니다. 그리고 기업 현장에서 고군분투하는 리더를 일대일 면담으로 만나면서, 전략적인 이들은 중요한 이슈와 문제를 어떻게 다루는지 그 사고 과정을 관찰했습니다. 이를 바탕으로 리더들이 전략적 사고를 개발하려면 어떤 노력을 기울여야 하는지 탐구하였습니다. 그 고민의 결과가 이 책입니다.

혹자는 이렇게 평할지 모르겠습니다. '전략을 전공한 이도 아니고, 기업 전략을 실무로 경험한 이도 아니고, 기업을 이끌어 본 경영자도 아닌 이가 이 주제로 책을 쓰는 것은 사리에 맞지 않다.'라고 말입니다. 하지만 전략적 사고라는 개념은 복합적입니다. '전략'에 방점을 찍으면 경영전략 학자나 탁월한 경영자가 논하는 게 합리적입니다. 경영전략 학자들은 전통적으로 기업 집단이 보여 주는 움직임에 주목해 왔습니다. 그들은 한 산업에서 기업들이 각기 무슨 전략을 구사하는지, 서로 어떻게 경쟁하는지, 어느 기업이 성공하고 실패하는지, 오랫동안 승승장구한 기업에는 무슨 특징이 있는지를 탐구합니다.

반면 '사고'에 강세를 두면 인지 심리학자들이 풀어낼 내용이 더 많습니다. 사고는 리더에게 반드시 필요한 역량이기에 리더십을 연구하는 학자들이 평할 수도 있습니다. 저는 리더십, 그리고 인지 심리학을 빌려서 CEO, 임원, 중간 관리자 등 조직 내부에서 고군분투하는 리더 개인에게 초점을 맞추고 그들이 사고하는 방식을 고찰해 왔습니다. 그들이 심각한 문제나 난제를 대할 때, 이해관계가 첨예하게 얽힌 이슈를 해결하려 할 때, 답이 없는 새로운 도전에 임할 때, 이를 해결해 나가는 사고 과정을 면밀히 살폈습니다.

이 책은 기존 도서나 문헌이 제공하지 못했던 전략적 사고 개발 방법을 구체적으로 제시합니다. 기존 도서가 집중했던 전통적인 전략 수립 방식은 경영전략과 기획 부서에서 근무하는 이들에게 요긴한 내용입니다. 반면 그 외 직무(생산, 영업, 구매, 연구개발 등)에 종사하는 리더들은 본인 업과 동떨어져 있다고 느끼곤 합니다. 이 책은 딱딱한 전략 수립 방법이 아니라 더 본질적인 '사고력'에 집중합니다. 특히 다양한 직무 유형을 막론하고 고군분투하는 리더들이 실무 현장에서 사고력을 수련하는 방법을 제시하고자 합니다.

전략적 사고 개발 방법은 분석 도구에 있지 않다

이 책은 거시 환경 분석, 산업 구조 분석, 가치 사슬 분석, SWOT 분석 같은 도구나 기법들은 다루지 않습니다. 가장 단순한 3C 분석조차 언급하지 않습니다. 기존 도서의 상당수는 분석 도구와 기법을 중요하게 다루며, 전략 수립 절차 그리고 각 단계마다 사용되는 기법을 학습하면 전략적 사고가 향상될 거라 가정합니다. 물론 그와 같은 접근법도 분명 효용이 있습니다. 전략 수립 과정에서 여러 변수들을 고려하도록 돕기에 생각을 폭넓게 자극할 수 있고, 핵심 요소들을 간과하거나 누락시키지 않도록 돕습니다. 그 도구들을 활용하는 과정에서 산업, 기술, 시장, 고객, 자사 상황 등 최신 지식을 얻을 수 있도록 촉진합니다. 전략을 담은 보고서가 체계적으로 고민한 결과물이라고 피력할 수도 있습니다. 이 같은 효용 덕분에 실무자와 중간 관리자가 경영진을 설득하기 용이한 측면이 있습니다.

그런데 그 도구들은 이미 기존 도서에서 많이 다루었습니다. 요즘은 챗GPT, 제미니Gemini, 클라우드Claude 같은 거대 언어모델 서비스에게 물어보면 친절히 알려 주기도 합니다. 더구나 현장에서 리더들이 분석 도구를 얼마나 사용할까요? 외부 환경을 파악하고, 산업 내 여러 주체들이 보이는 역동을 확인하고, 내부 가치 사슬과 핵심 역량을 분석하여 경영전략을 수립하는 과정이 과연 그들에게 타당하게 여겨질까요? 실무는 그렇게 돌아가지 않습니다. 설령 그처럼 무거운 과정을 거쳤다 하더라도 외부 환경은 저만치 동떨어져 있을 뿐 아니라 내부 환경도 크게 바뀌어 있습니다. 그 결과 오랜 시간에 걸쳐 열심히 수립한 전략이 무용지물이 되곤 합니다.[7]

탁월한 경영자들이 분석 기법과 도구를 학습한 덕분에 전략가가 되었을까요? 일례로 삼성 이건희 회장의 트레이드 마크였던 전략적 통찰력은 분석 기법과 도구를 학습한 덕분이었을까요? 탁월한 리더들에게 "전략적 사고 개발에 도움이 되었던 것은 무엇입니까?"라고 물었을 때 그들은 분석 도구와 절차를 언급하지 않습니다. 사물을 보는 시야가 확대되고 인식하는 지평이 넓어졌거나, 의사결정을 내릴 때 지켜야 하는 원칙을 체득하거나, 일과 사업을 대하는 관점이 질적으로 바뀐 계기나 경험을 언급하는 경우가 대부분입니다. 그간 현장에서 고군분투하고 있는 리더들을 관찰한 바에 따르면, 전략적 사고는 도구와 기법이 아니라 마음의 상태이자 습관화된 사고 방식에 가깝습니다. 고객이 만족하도록 더 큰 효용을 만들려 노력하고, 치열한 경쟁 위협에도 정체성을 유지·발전시켜 나가고, 조직이 지속적으로 생존하고 성장할 수 있는 길을 끊임없이 고민하고 모색하는 자세와 태도, 그리고 그 사고 과정이 전략적 사고라고 할 수 있습니다. 이 같은 이유로 이 책은 전략 수립 도구와 절차를 다루지 않습니다.

또한 인지 심리학자, 행동 경제학자들이 연구한 여러 인지적 편향을 나열하여 제시하지 않습니다. 물론 대표성 휴리스틱 같은 편향 이론은 그 자체로 흥미롭고, 우리가 인지적 편향에 유의해야 함을 일깨웁니다. 그러나 그 유형과 내용을 안다고 해서 사고가 확장되고 개발되지는 않습니다. 인지적 편향은 길에서 빠지지 말아야 할 구덩이를 피하도록 돕지만, 발꿈치로 힘차게 내딛는 일에는 도움을 주지 못합니다. 이 책은 인지 편향 연구를 언급하는 일은 최소화하고, 리더들이 현장에서 사고력을 실전적으로 향상시킬 수 있는 방법들을 고찰합니다.

경쟁도 부각하지 않습니다. 전략을 고전적으로 정의하면 '적과 싸워서 이기는 방법'이고, 전략적 사고는 그에 관한 고민과 생각이라 할 수 있습니다. 그래서 기존 서적들은 경쟁에 집중합니다. UCLA의 리처드 루멜트Richard Rumelt가 "전략은 언제나 경쟁을 고려해야 한다."라고 주장한 바와 같습니다.[8] 경쟁을 다루지 않는다면 앙금 없는 찐빵이라 할 수 있지만, 이는 이 책이 의도한 맹점입니다. 이유는 3가지입니다. 하나는 기존 서적들이 경쟁과 경쟁자를 많이 다뤘기 때문입니다. 또한 우리나라 리더들은 벤치마킹 기법을 사용하면서 이미 경쟁자를 상시 의식하는 태도를 가지고 있습니다. 더욱 중요한 점으로, 전략적 사고의 핵심은 경쟁이 아니라 고객입니다. 제가 데이터를 분석하고 연구한 바에 의하면 전략적 사고와 밀접한 관련이 있는 요소가 바로 고객을 이해하는 일이었습니다.

이 책은 전략적 사고를 '고객에게 더 나은 가치를 제공하기 위해 방향성과 방법을 지속해서 고민하는 과정, 경쟁 우위를 창출하는 방안을 의도적으로 탐색하고 구체화하는 사고 과정'이라고 정의합니다. 이 책에 언급된 사례를 읽다가 '이건 전략적 사고 보다는 창의적 사고 아닌가?' '이건 논리적 사고 유형 같은데?'라는 생각이 들 수 있습니다. 전략적 사고는 다른 사고들과 달리 고차 요인입니다. 전략적 사고는 여러 가지 사고들로 이루어져 있다는 의미입니다. 전략적 사고는 논리적, 직관적, 창의적, 다면적, 장기적, 가설적, 선견적 사고를 아우릅니다.[9] 이들 사고가 복합적으로 어우러져 조직의 가치를 높이는 방안을 만들어 냅니다. 이 점을 유의하면서 내용을 봐 주시기 바랍니다.

　이 책을 읽는다고 전략적 사고가 곧바로 한 차원 높아질 리 없습니다. 모든 사고력은 오랜 시간 노력을 기울여야만 개발될 수 있기 때문입니다. 《손자병법》을 읽는다고 항상 타당하고 우수한 사고를 할 수 있다면 이 세상에는 지략가가 넘쳐날 겁니다. 이 책은 전략적으로 사고하고 싶은 이들이 긴 여행을 떠나는 출발선에서 참고할 수 있는 안내서입니다. 그 여정에서 이 책이 작은 발판이 될 수 있기를 바랍니다.

2024년 5월
김성준

목차

세상을 바꾸는
리더에게는
전략적 사고가 있다

자동차를 새롭게 정의한
테슬라

전략적 사고를 개발하는 방법을 고찰하기 앞서, 전략적 사고가 빛을 발한 순간을 살펴보려 합니다. 지난 100여 년간 굳건했던 자동차 산업 지형을 무너뜨린 테슬라Tesla 사례로 시작해 보겠습니다.

기존 자동차 산업의 5가지 경쟁 규칙

2020년경, 기아KIA로부터 전화를 받았습니다. 기아의 문화와 일하는 방식을 함께 고민하자는 부탁이었습니다. 어릴 때부터 자동차에 관심이 많아 반가운 마음으로 그 초대에 응했고, 그들과 함께 자동차 산업을 탐구할 수 있었습니다.

자동차 산업은 무려 130년 역사를 자랑합니다. 1886년 독일에서 고틀리프 다임러Gottlieb Daimler와 카를 벤츠Karl Benz가 최초로 가솔린 엔진을 탑재한 3륜, 4륜 자동차를 만든 이후로 수많은 자동차 기업이 우후죽순처럼 생기고 사라졌습니다. 1990년대 이후 세계화가 본격적으로 진행되면서부터는 30여 년간 글로벌 기업들이 전 세계 자동차 산업 점유율을 두고 치킨 게임을 벌여 왔습니다.

저는 자동차 산업 시초와 역사를 따라가면서 글로벌 경쟁사들이 겨루어 왔던 경쟁 규칙을 꼽아 보았습니다. 첫째는 가격이었습니다. 기업들은 남들보다 저렴한 가격으로 고성능 자동차를 공급하여 경쟁 우위를 점하고자 하였습니다. 이를 뒷받침한 혁신이 바로 생산 기술입니다. 1900년대 초반, 헨리 포드Henry Ford는 대중 모두가 자동차를 소유하는 세상을 꿈꿉니다. 그가 고안한 컨베이어 벨트 작업 방식은 그 이상을 현실로 구현해 주었습니다. 그러나 초창기에는 작업자들이 차체를 들어 올리고 여기저기 흩어져 있던 부품들을 가져와서 조립해야만 했기에 차 1대를 생산하기까지 많은 시간과 비용이 들었습니다. 그러던 어느 날, 미시간주 포드 피켓 공장에서 근무하던 공장장 피터 마틴Peter Martin과 그 조수였던 찰스 소런슨Charles Sorensen이 작업자들은 제자리에 서 있고 컨베이어 벨트로 부품들을 이동시켜서 조립하는 방식을 시도하였고, 이 방식으로 그해 10월에 자동차 11대가 생산되었습니다.[1] 12월경에는 1달 생산량이 200대로 늘었습니다. 그 다음 해는 대폭 늘어 한 해에 약 1만 여 대를 생산할 수 있었습니다. 그에 힘입어 포드는 경쟁사보다 훨씬 저렴한 가격인 825달러에 자동차를 판매하였고, 그 이후로 생산 효율성이 크게 늘면서 결국 자동차 가격을 260달러까지 낮출 수 있었습니다.[2]

1970년대 토요타자동차 Toyota 또한 적시생산으로 원가를 대폭 낮추었습니다.[3] 적시생산은 토요타에 근무하던 오노 타이이치 大野耐一와 도요다 에이지 豊田英二가 확립한 생산 방식입니다. 이들 목표는 낭비를 제거하는 일이었습니다. 과잉 생산이 유발하는 재고 낭비, 대기로 인한 시간 낭비, 이동 시간 낭비, 인력 낭비를 줄이려 하였습니다. 그리하여 필요한 때, 필요한 양만큼 생산하는 방식을 확립합니다.

자동차 산업의 두 번째 경쟁 규칙은 품질이었습니다. 도로를 빠르게 달리다가 자동차가 갑자기 멈춰 서는 일은 소비자 입장에서 치명적인 결함입니다. 창문이 열리지 않거나, 라디오가 먹통이 되는 잔고장도 귀찮고 골치 아픈 일입니다. 1970년대가 되자 자동차 왕국이라 불리던 미국에 저렴한 가격과 품질을 내세운 일본 자동차들이 침공하기 시작했습니다. 특히 토요타가 고안한 적시생산은 낭비를 제거할 뿐만 아니라 지속적인 품질 개선을 꾀하는 방식이었습니다. 조립 라인에서 육체 노동을 하는 생산직도 문제를 발견하면 즉각 라인을 세우고 문제를 개선하도록 독려하곤 하였습니다. 가격 뿐만 아니라 품질 경쟁력도 함께 갖춘 결과, 1980년에는 일본 업체가 미국 디트로이트 자동차 업체를 앞지르기 시작합니다. 1983년 미쓰비시자동차 임원이 《뉴욕 타임즈》와의 인터뷰에서 "이제 미국 시장에는 일본 자동차의 품질이 매우 좋다는 인식이 자리 잡았다. 미국에서 점점 더 크고 비싼 일본 자동차를 보게 될 것"이라며 장담할 정도였습니다.[4] 위기감을 느낀 미국 자동차 업체들이 품질을 개선하려 노력을 기울였지만, 1980년대 후반까지도 일본 업체 품질 수준을 따라잡지 못했습니다.[5]

셋째는 기계적 성능이었습니다. 얼마나 빨리 달릴 수 있냐, 얼마나 빠르게 서냐, 얼마나 코너링이 좋냐 등 자동차의 사양과 성능은 고객들에게 직접적인 수치를 제공하고, 고객들은 자동차들의 성능을 비교하며 어느 차가 더 좋은지 따져 보곤 합니다. 기업 입장에서도 성능은 중요한 경쟁 요소이기에 자동차의 기계적 성능을 두고 경쟁을 벌여 왔습니다.

넷째는 디자인이었습니다. 한국교통안전공단이 발표한 2021년 통계에 따르면 국내 자동차들의 하루 평균 주행거리는 39.6km입니다.[6] 365일 24시간을 통틀어 주행 시간 비율을 따져 보면 5.7%에 불과합니다. 자동차가 공장에서 막 탄생한 이후로 폐차장에 들어갈 때까지의 일생 중 90% 이상을 우리 집 앞이나 근처 어딘가에 그냥 서 있는 겁니다. 그렇기에 자동차는 그 자체로 멋지고 예쁘고 아름다워야 합니다. 소비자들은 자동차를 구매할 때 디자인을 중요하게 고려할 수밖에 없습니다.

다섯째는 안전성이었습니다. 움직이는 물체는 힘을 갖습니다. 특히 자동차처럼 빠르게 달리는 개체가 다른 물체와 부딪칠 때는 그 외부나 내부에 치명적입니다. 사고가 났을 때 얼마나 승객을 안전하게 보호하는지도 자동차 경쟁 규칙 중 하나였습니다.

자동차 산업에 뛰어든 이단아

가격, 품질, 기계적 성능, 디자인, 안전성. 이 5가지 경쟁 규칙을 두고 치킨 게임을 한창 벌이던 자동차 시장에 테슬라가 들어옵니다. 지난 100여 년 역사에서 가장 늦게 출현한 막둥이입니다. 포드가 첫 양산을 시작한 시기는 1908년입니다.[7] 토요타는 1936년,[8] 현대자동차가 1968년입니다.[9] 그런데 테슬라는 2012년에 겨우 약 2,600대를 생산하였으며, 2013년이 돼서야 제대로 된 양산을 시작해 약 2만 2,400대를 생산하였습니다.[10] 1년에 1,000만 대씩 생산하던 토요타와 비교하면 매우 미미한 수준입니다. 자동차 산업의 130여 년 역사에서 테슬라는 양산 업력이 10년에 불과할 정도로 경험이 짧습니다. 그런데 이종격투기의 펜타곤처럼 처절한 경기장에 들어오면서 기존 선수들이 규정해 놓은 규칙을 따르지 않습니다. 시장에 가격도, 품질도, 기계적 성능도, 안정성도, 디자인도 언급하지 않습니다. 그들은 시장에 무엇을 가지고 나왔을까요?

테슬라는 마틴 에버하드Martin Eberhard와 마크 타페닝Marc Tarpenning이 2003년에 창업한 기업입니다. 회사 이름은 오스트리아 출신 물리학자이자 전기공학자인 니콜라 테슬라Nikola Tesla의 이름을 땄습니다. 에버하드는 전기기술자로 첫 경력을 시작하였다가 컴퓨터를 개발하는 일에 참여하고 있었고, 타페닝은 소프트웨어를 개발하는 엔지니어였습니다. 한 회사에서 동료로 만난 둘은 궁합이 잘 맞았던 모양입니다. 서로 의기투합해서 창업을 하기로 결심합니다.

첫 번째 창업은 타페닝이 평상시 느꼈던 애로 사항에서 출발했습니다.[11] 그는 사우디아라비아 출장이 잦았는데, 그때마다 두꺼운 기술 서적을 여러 권 가지고 다녀야 했습니다. 옷이나 세면 도구 같은 기본적인 짐뿐만 아니라 두껍고 무거운 책들을 가지고 다녀야 했으니 얼마나 힘들었겠습니까? 그는 콘텐츠를 간편하게 들고 다니는 방법을 고민하기 시작했습니다.[12] 이 분야에서 혁신을 일궈낼 수 있으리라 생각한 둘은 출판 산업을 연구했고, 1997년에 전자책을 개발하는 누보 미디어Nuvo Media를 설립해 2000년에 성공적으로 엑시트를 합니다.

다시 둘은 다음 창업을 준비하고자 머리를 맞댑니다. 에버하드는 누보 미디어를 성공적으로 매각했지만 수중에 돈이 많이 남지 않았습니다. 누보 미디어는 외부 투자자 지분이 많았기에 창업자로서 그가 얻은 수익은 별반 되지 않았을 뿐더러, 에버하드가 이혼 절차를 밟으면서 거의 모든 재산을 아내에게 넘겨줄 수밖에 없었기 때문입니다. 그때 에버하드는 스포츠카에 관심을 가지기 시작합니다. 대학 재학 시절에는 기숙사에서 1966년식 포드 머스탱을 복원하기도 할 정도로 원래 자동차에 관심이 많은

이였습니다.[13]

그는 화려하면서 빠른 포르쉐, 람보르기니, 페라리를 알아보기 시작했습니다. 그런데 어느 순간, 자동차들이 휘발유를 바닥에 뿌려 가며 다닐 정도로 연비가 매우 좋지 않다는 사실에 거부감을 느낍니다. 에버하드는 자동차 매연을 포함하여 석유 에너지가 뿜어 내는 이산화탄소로 지구 대기가 망가지고 있다는 연구 결과가 마음이 걸렸습니다. 그는 석유 에너지가 지구 환경에 미치는 부작용에 주목하고, 1990년대 중반에 출판 시장을 연구했던 것처럼 석유 산업을 본격적으로 조사하기 시작했습니다. 조사 결과 석유가 인류에게 에너지를 제공한다는 점을 제외하고는 수많은 문제를 유발할 수 있음을 확인한 에버하드와 타페닝은 자동차 산업으로 다음 창업의 방향을 정합니다. 석유를 가장 많이 소비하는 개체가 바로 자동차였기 때문입니다.

석유 소비를 줄이려면 무엇보다도 자동차 산업을 바꿔야 한다고 판단한 둘은 자신들에게 온갖 질문을 던지면서 자동차 산업을 탐구했습니다. 석유를 대체할 수 있는 에너지는 무엇인지, 배터리 기술은 얼마나 좋아졌는지 등을 살폈습니다. 또한 자동차 산업의 뿌리 깊은 관행도 탐구합니다. 가령 '누가 자동차를 판매하는가? 어떻게 판매하는가? 누가 구매하는가? 그들의 구매 기준은 무엇인가? 대리점에서 자동차를 구매하는 일을 좋아하는 이들이 있을까?' 같은 질문으로 그 산업을 속속들이 파악하고 학습합니다. 그 과정에서 중요한 시사점을 얻습니다. 그것은 바로 자동차 산업이 변화 속도가 매우 느리다는 점, 기존 업체들이 매우 오래되었고 유연하지 않다는 점입니다. 훗날 그들은 "이런 산업에 뛰어드는 일은 기업가로서 완벽한 기회였다."라고 언급하기도 했습니다.[14]

그리하여 이들은 화석 연료 엔진을 대체할 전기 자동차를 만들고자 테슬라를 창업합니다. 처음에는 두 사람이 출자한 자본으로 시작해 2004년에는 투자를 유치하고자 하였습니다. 그런데 투자자들의 반응은 냉담했습니다. 그들에게 자동차 제조사는 매력이 없었기 때문이었습니다. 투자 업계에서 자동차로 성공한 사례가 없었을 뿐더러, 자동차 산업은 수많은 장비와 인력이 들어가기에 투자 대비 수익률이 높은 산업도 아니었습니다. 투자하고 나서 실제로 이익을 회수하기까지 오랜 기간이 걸릴 수도 있다는 위험도 있었습니다.[15] 에버하드와 타페닝은 투자를 유치하기 위해 백방으로 뛰어다녔지만 이렇다 할 결과를 내지 못했습니다. 그러던 차에 당시 유명한 벤처 캐피털리스트였던 일론 머스크Elon Musk를 만나게 됩니다.

그 당시 머스크는 스페이스 엑스Space X를 창업하고 우주 탐사선을 개발하면서 전기 자동차 아이디어에도 깊은 관심을 가지고 있었습니다.[16] 그러던 중 테슬라를 창업한 에버하드와 타페닝을 만난 머스크는 그들에게 650만 달러를 투자하기로 결정합니다. 다음 해, 테슬라는 머스크 주도로 시리즈 B 투자를 성공적으로 유치합니다. 머스크의 지분은 점차 커져서 테슬라를 지배하기 시작했고, 에버하드와 타페닝은 2008년 그들이 창업한 테슬라에서 떠나게 되었습니다.[17]

테슬라를 온전히 장악한 일론 머스크는 에버하드와 타페닝이 세상에 던진 화두를 그대로 계승합니다. 2016년 3월, 호화로운 행사를 주최한 자리에서 그는 이산화탄소 때문에 대기가 극도로 심각하게 오염되고 있음을 지적하였습니다. 화석 연료로 지구가 얼마나 파괴되어 왔는지에 대해서도 날 선 비판을 던졌습니다. "이 문제는 전세계에서 가장 중대한 사안입니다."라고 강조하면서 그가 발표한 것은 전기 자동차인 테슬라 모델 3이었습니다.[18]

일론 머스크, 자동차를 새롭게 정의하다

그 후 머스크는 자동차를 다시 정의합니다. 기존 기업은 자동차를 오로지 하드웨어로 규정해 왔습니다. 매번 신차를 출시할 때마다 기업들은 마력, 서스펜션, 스티어링 등 기계적 성능을 앞세우거나 디자인의 유려함과 안전성을 부각시켰습니다. 운전자는 자기 차 성능을 높이기 위해 차를 구매할 때 옵션을 추가하거나, 튜닝 샵에서 더 나은 부품들로 교체하곤 했습니다. 그런데 일론 머스크는 지난 한 세기 동안 인류가 정의해 왔던 관점을 뒤집습니다. 이제 자동차는 하드웨어가 아니라 소프트웨어라고 말입니다.

그는 테슬라 모델 3을 발표하며 "이것은 자동차가 아니라 바퀴가 달린 정교한 컴퓨터입니다."라고 선언했습니다.[19] 이어 "테슬라의 상당 부분은 실리콘밸리에 있는 소프트웨어 회사입니다.

우리는 자동차를 휴대폰이나 노트북을 업데이트하는 일과 동일하게 생각합니다."라고 부연 설명을 합니다. 더 나아가 일론 머스크는 "비행기에도 자동 조종 장치가 있듯이, 자동차에도 있어야 합니다."라고 주장하며 자율주행 시스템을 언급하기도 했습니다.[20]

그가 구상하던 자율주행은 예전부터 시도되던 기술이었습니다. 하지만 기존의 자율주행 기술은 성능이 떨어지거나 시장에서 외면받아 개발되지 못했습니다. 구글이 실현하려던 자율주행 기술도 일반 소비자들의 자동차에 적용하기보다는 중앙 통제적으로 운영하는 대중교통을 만들려는 목적이 컸습니다.

그와 달리 일론 머스크는 일반 대중이 차에 이 기술을 손쉽게 다운로드받고 업데이트해서 자유롭게 활용할 수 있도록 만들고자 했습니다. 자동차는 하드웨어가 아니라 소프트웨어라고 정의하고 있었기 때문입니다. 스마트폰이나 노트북의 성능도 중요하지만, 그에 설치되어 운용되는 소프트웨어가 사용자에게 실질적인 가치와 효용을 주는지가 더 중요한 것처럼 말입니다. 일론 모스크는 회사가 자율주행 소프트웨어를 업데이트하면 소비자는 그 버전을 다운받아서 설치하고, 그 즉시 향상된 차량 성능을 만끽할 수 있는 생태계를 꿈꾸고 있었습니다.

마침내 2014년, 최초의 자율주행 소프트웨어가 테슬라 자동차에 탑재되었습니다. 테슬라는 이 소프트웨어를 2016년부터 FSD Full Self Driving라는 이름으로 계속 발전시키고 있습니다.

테슬라는 어떻게
자동차 산업을 이끌게 되었을까

테슬라는 자동차 산업에 뛰어들면서 친환경 에너지 그리고 소프트웨어와 자율주행을 기치로 내세웠습니다. 지금 자동차 산업 경쟁의 축은 어디로 이동하고 있을까요? 국내 기업을 비롯한 대다수 완성차 기업들이 테슬라가 내세운 경쟁 규칙을 따라가고 있습니다. 테슬라는 기존 자동차 회사와는 결이 다른 궤적을 만들어 왔습니다. 이런 회사를 두고 흔히 게임 체인저라고 합니다. 경쟁 규칙을 온전히 뒤바꾸어 버린 플레이어 말입니다. 테슬라가 이렇게 자동차 산업의 패러다임을 바꾸게 된 배경에는 2번의 전략적 사고가 있었습니다.

먼저 창업자들인 에버하드와 타페닝입니다. 이들은 창업하면서 자동차라는 아이템을 먼저 선정한 것이 아니라, 인류가 갖고 있는 심각한 문제로부터 출발했습니다. 더 이상 지구를 대기 오염과 온난화에 방치하면 안 된다는 소신으로 석유를 가장 많이 소비하는 기계인 자동차부터 대체하고자 한 것입니다. 그렇다고 무턱대고 뛰어들지 않고 이 시장이 가진 생리를 명확히 파악했습니다. 지피지기면 백전불태라고, 기존 경쟁자들의 속성을 분석하다보니 기존 회사들이 그들만의 틀에 갇혀 있어서 유연하지 못하고, 변화 속도도 매우 느리다는 점을 깨달았습니다. 그와 동시에 수면 위로 점차 부상하고 있는 배터리 기술에서 기회 요소를 발견하였습니다. 100여 년 업력을 자랑하는 포드 같은 기업들이 산전수전을 다 겪은 전쟁터에서 싸워 봤자 백전백패가 자명한 일입니다. 그래서 테슬라 창업자들은 '전기 자동차'라는 다른 전쟁터로 진입하여 그곳을 선점하고자 하였습니다.

나중에 합류한 일론 머스크는 자동차를 재정의합니다. 그는 자동차를 '소프트웨어를 담는 바퀴 달린 컴퓨터'라고 단언합니다. 이 같은 정의는 자동차를 설계하고 생산하며 파는 방식에 변화를 일으키고, 일반 대중이 자동차를 사용하던 관행과 습관을 바꾸어 놓습니다. 기존에는 더 나은 성능을 내려면 기계 부품을 교환하거나 튜닝해야 했지만, 이제는 손가락 터치 몇 번으로 새로운 프로그램을 설치하면 성능 체감이 확연히 달라질 수 있게 되었습니다. 테슬라는 인류가 자동차 안에서 보내는 시간을 질적으로 바꾸어 나가고 있습니다.

테슬라에게서 엿볼 수 있는 전략적 사고의 특징

테슬라 창업 배경과 그 발전 과정을 살펴보면 전략적 사고에 관해 고려할 점들을 꼽아 볼 수 있습니다.

첫째, 당연한 얘기지만 리더들의 전략적 사고는 경쟁 우위를 확보하는 데 결정적일 수 있다는 점입니다. 에버하드와 타페닝, 그리고 일론 머스크가 보여준 통찰은 테슬라의 북극성이 되었습니다. 다만 어느 기업이 보인 성과와 성공은 전략적 사고 하나만으로 설명하기는 어렵다는 것을 주의해야 합니다. 전략적 사고는 성공으로 인도하는 좋은 씨앗이지만, 좋은 씨앗이 있다고 해서 반드시 좋은 열매를 수확하는 건 아니듯이 말입니다.

둘째, 전략적 사고는 가능성을 엿보는 사고이자 그것을 키우는 방법을 고민하는 과정입니다. 에버하드와 타페닝은 석유 에너지를 대체할 방법을 찾고자 하였습니다. 그들은 다양한 대안을 열어 두고 탐색하였고, 그 결과 전기 배터리에 주목하게 됩니다. 창업 당시만 하더라도 대다수 사람들은 "그게 가능해? 불가능하지."라거나, "가능하더라도 아직은 훨씬 먼 이야기야."라는 반응을 보였습니다. 하지만 테슬라 창업자들은 배터리 산업을 탐구하면서 배터리 기술의 발전 가능성과 잠재력을 발견합니다. 전략적 사고를 통해 전기 자동차로도 충분한 승산이 있다고 판단한 그들은 전기 자동차를 구현할 방법을 고민했고, 결국 테슬라는 자동차 산업의 판도를 바꾸어 놓았습니다.

셋째, 전략적 사고는 한 분야에 시간을 쏟아서 고민하고, 기본적인 지식과 이해를 갖추었을 때 비로소 발휘가 가능합니다. 전략적 사고를 연구하는 엘렌 골드만Ellen Goldman은 전략적 사고를 하기 위해서는 한 분야에서 최소한 10년 이상의 경험이 필요하다고 주장하였습니다.²¹ 전략적 사고 형성 과정을 엄밀히 추적하고 분석해서 내린 결론은 아니기에 정말로 10년이 걸리는지는 알기 어려우나, 최소한 하늘에서 뚝 떨어진 결과물이 아니라는 점은 분명합니다. 전략적 사고는 소위 정의역 지식Domain knowledge, 즉 그가 종사하는 업이 발전해 온 역사, 트렌드, 고객, 경쟁 환경 등을 알아야만 가능한 사고이기 때문입니다.

테슬라 창업자 에버하드와 타페닝도 자동차 산업에 무작정 뛰어들지 않았습니다. 그들은 문제 의식을 갖고 석유 산업을 살펴보다 그것이 지구 환경에 미치는 부정적인 영향들을 모두 학습하였습니다. 그 결과, 석유 에너지를 대체해야 한다는 소신이 굳어졌습니다. 그들은 자동차가 석유를 가장 많이 사용하는 산업임을 확인하고 그에 대한 제반 지식들을 탐구하였습니다. 기존 자동차 회사들이 어떤 특성이 있고 어떻게 일하는지, 그들이 자동차를 만들고 판매해 온 방식을 공부했습니다. 아울러 석유 에너지와 내연 기관을 대체할 수 있는 방안으로 배터리 기술과 전동 기술을 탐색하여 점차 앎의 범위를 넓혀 나갔습니다. 이 과정에서 테슬라가 가야 할 길을 선명하게 구상할 수 있었습니다.[1]

---

[1] 에버하드와 타페닝이 보여 준 일련의 과정을 개념화해서 단계적으로 묘사해 보면 이렇습니다. 먼저, 특정 분야에 문제 의식이 생깁니다. 그리고 그 분야 정

일론 머스크도 마찬가지입니다. 그는 에버하드와 타페닝이 부르짖던 '화석 연료와 내연 기관을 대체하여 지구를 보호한다.'라는 미션에 공감하여 650만 달러를 투자했습니다. 그때까지만 하더라도 그에게 자동차는 여전히 하드웨어 기술이 집약된 개체였을 것입니다. 그러나 한참 뒤, 그가 자동차를 보는 시각에 질적인 변화가 일어납니다. 대중들 앞에서 '자동차는 바퀴가 달린 컴퓨터'라고 공개적으로 언급한 시기가 2010년대 중반이었으니,[22] 일론 머스크도 테슬라에 투자하고 경영에 참여한 지 수년이 흐르고 나서야 이 산업을 재정의할 수 있었습니다.

넷째, 전략적 사고는 질문으로 촉발될 수 있다는 점입니다. 에버하드와 타페닝은 테슬라를 창업할 시기에 계속해서 되뇌어 물었습니다. '석유 에너지의 장단점은 무엇인가, 그것이 지구 환경에 어떤 영향을 미치는가, 어느 산업이 석유를 가장 많이 사용하는가, 자동차 에너지를 대체하는 기술은 무엇인가' 등이었습니다. 그 창업자들은 몇 달에 걸쳐서 입수할 수 있는 모든 정보를 찾고 학습했습니다.[23]

의역 지식을 확보합니다. 이를 통해서 그 문제가 어떻게 유발되어 왔고, 어떤 결과를 낳는지를 객관적으로 확인합니다. 다음으로 사업적 기회를 포착합니다. 산업과 시장에서 발견한 문제를 어떻게 차별적으로 해결하고 새로운 가치를 만들어 낼 수 있는지를 모색합니다. 또한, 그 구체적인 대안과 솔루션을 찾습니다.

삼성을 키운
이건희 회장의 사고방식

오늘날 테슬라가 보여 주는 성과를 볼 때면 안타까운 마음이 듭니다. 우리나라에는 일론 머스크보다 앞선 선각자가 있었기 때문입니다. 바로 삼성 그룹의 이건희 회장입니다.

이건희 회장은 우리나라 경영자 중에서도 탁월한 사고력을 지녔던 인물입니다.[24] 사업의 본질을 명쾌하게 정의하고, 미래를 대비하는 선견력을 갖춘 사람이라고 평가할 수 있습니다. 사고력을 탐구해 온 제게 아주 매력적인 인물입니다. 저는 그가 어떻게 사고력을 개발해 왔는지, 그 세계관에 무엇이 담겨 있는지 살펴보고 싶었습니다. 그래서 이건희 회장이 저술한 에세이를 분석해 보기로 했습니다. 그는 1997년에 본인 소신을 담은 에세이를 출간한 적이 있습니다. 《생각 좀 하며 세상을 보자》라는 제목을 보면[25] 평소에 그가 얼마나 생각하는 힘을 강조해 왔는지 알 수 있습니다.

인간은 자신이 관심을 갖는 분야에서 널리 사용되는 용어를 익히고 그에 관한 생각과 고민들을 반복하며, 그걸 종종 주변 사람들에게 말로 표현합니다. 따라서 그가 발화한 내용들 중에서 빈번하게 출현하는 단어가 무엇인지, 그리고 그 단어가 어떤 맥락에서 자주 활용되는지 살펴보면 역으로 그의 세계관을 엿볼 수 있습니다. 저는 이건희 회장의 세계관을 살펴보기 위해 그의 에세이를 컴퓨터가 인식 가능하도록 가공한 뒤, 이 데이터를 가지고 텍스트 분석을 시도하였습니다.

먼저 단어 빈도를 살폈습니다. 당연하게도 '기업(479회)'이 가장 많이 나왔고, 그 다음으로 '사람(277회), 경영(231회), 기술(221회), 사회(196회), 세계(187회), 시대(131회), 사업(114회), 변화(110회), 국가(109회), 산업(105회)' 등이 출현했습니다. 그가 생각하는 대상이 '사람'에서부터 '국가'와 '세계'에 이르기까지 미시적 관점과 거시적 관점을 넘나들었음을 알 수 있습니다.

텍스트 분석을 통해 이건희 회장이 각 대상들에게 어떤 가정을 갖고 있었는지도 유추할 수 있습니다. 예를 들어, 사람을 지칭할 때면 비교적 일정한 경향성이 보입니다. 에세이에서 '사람'이란 단어를 제외하고 인간을 지칭하는 명사들로는 '인재(35회), 인력(21회), 종업원(18회), 천재(11회)'가 출현합니다. 각 단어들이 사용된 맥락을 살펴보면 삼성 그룹에서 종사하는 사람 전체를 집단적으로 묘사할 때는 '종업원', 전문가와 기술자를 언급할 때는 '인력', 미래를 만들어 갈 잠재력을 갖춘 이를 일컬을 때는 '인재'를 사용하였습니다. 이들 위에 있는 최상단의 표현은 바로 '천재'입니다. 이는 전에 없던 장르를 열 수 있는 사람, 새로운 산업을 창조해 낼 수 있는 사람을 지칭할 때 사용되었습니다. 아마도 그는 '종업원<인력<인재<천재'와 같은 위계로 사람을 구분한 것 같습니다.[2]

에세이에서 일본을 향한 열망이 드러나기도 합니다. 그가 언급한 여러 국가 이름 중에서 가장 빈도가 높은 지역이 바로 '일본(98회)'입니다. 횟수를 보면 친일파 같이 보이지만, 그는 적이라 할지라도 배워야 한다는 마음가짐으로 일본을 대합니다. 그는 일평생 일본을 어떻게 따라잡을 수 있을까, 어떻게 넘어설 수 있는가를 고민했습니다. 일례로 그는 "일본 의존에서 벗어날 수 없다면 우리가 아무리 노력해도 일본 경제의 호불황에 따라 우리 처지가 좌우된다. 따라서 자칫 잘못하면 일본의 경제 식민지가 될 수도 있음을 냉철히 인식해야 한다."라고 강조했습니다.

빈도 분석을 넘어서 그의 생각들을 몇 가지 대표적인 화두로

---

[2] 그는 주로 인재와 천재의 가치를 강조했지만, 그렇다고 해서 일반 종업원들을 무시한 건 아니었습니다. 성실하고 열심히 일하는 사람들에 인정을 표하기도 합니다. 어느 날 그는 야구 경기를 보다가 문득 '포수'에 주의를 기울입니다. 온갖 스포트라이트가 투수에만 가지, 묵묵히 받쳐준 포수에게는 쏟아지지 않는 현상을 고찰합니다. 그에 안타까움을 표하면서 그는 "포수 같은 사람들이 회사에 많아져야 한다."라는 생각을 남겨 놓기도 하였습니다.

군집화한 결과, 그는 주로 '앞으로 미래는 어떻게 변할 것인가?' '우리나라 국가 경쟁력을 더욱 높이려면 어떻게 해야 하는가?' '삼성이나 다른 기업은 앞으로 무얼 하고 살아야 하는가?' '전자, 반도체 등 기술 개발을 어떻게 해 나가야 하는가?' '지식 사회에서 핵심 경쟁력은 무엇인가?' '이런 고민들을 함께 헤쳐 나갈 사람들을 어떻게 발굴하고 키울 것인가?' 등을 고민한 것으로 나타났습니다.

이건희 회장의 미래지향적 사고

이건희 회장에게서 나타나는 두드러진 사고는 미래지향적 사고, 달리 말해 선견력입니다. 이는 미래에 발생 가능한 사건이나 결과를 미리 추정하는 능력을 말합니다.

에세이에서 '경영'이란 낱말과 밀접하게 나타나는 표현들은 '미래, 상황, 환경, 예측, 기회, 선점, 성장' 등이었습니다. 이로 미루어 볼 때 그에게 기업 경영이란 '미래에 벌어질 일들을 지금 이 순간으로 당겨 와서 생각하고, 미리 대비하고 준비해 기회를 선점하는 행위'였습니다. 그는 종종 다가올 미래를 예견하려 애쓰다가 어느 순간 선명히 그려지는 앞날에 잠을 못 이루기도 하였습니다. 1990년대에는 세기말에 거대한 위기가 올 거라는 두려움에 시달리곤 했는데, 1997년 그의 에세이가 출간된 지 얼마 지나지 않아 IMF 외환 위기로 우리나라가 우환에 빠졌으니 그 선견이 맞았던 모양입니다.

그는 어떻게 미래를 예측하는 능력을 길렀을까요? 그는 3가지 방식을 취한 것으로 보입니다. 하나는 시나리오 경영이었습니다. '만일 그렇다면If-Then?'을 계속 숙고하면서 가능한 시나리오를 여러 개 모색하는 방식이었습니다. 이건희 회장과 고등학교 시절 절친한 친구였던 홍사덕 전 국회부의장이 밝힌 일화에서 이 사고 방식이 드러납니다. 20대 초반 이건희 회장이 와세다 대학을 다니다 방학을 맞아 한국으로 왔을 때, 둘은 제2 한강교로 놀러 갔습니다. 거기서 홍사덕 전 국회부의장은 "이게 우리 기술로 만든 다리다. 대단하지?"라고 말했습니다. 그러자 이건희 회장이 이렇게 답합니다. "이눔아, 생각 좀 하면서 세상을 봐라. 한강은 장차 통일되면If, 화물선이 다닐 강이다. 다리 한복판 교각은 좀 길게 잡았어야 할 것 아이가Then?"라고 말입니다. 이 일을 회고하면서 홍사덕 전 국회부의장은 이건희 회장이 '실로 괴이한 두뇌의 소유자'였다고 평했습니다.[26]

두 번째는 역사 공부입니다. 그리 길지 않은 에세이에서 '역사'라는 키워드는 32번이나 등장합니다. 그 대다수가 과거를 살펴서 미래를 내다보고, 그래서 현재 어떤 행동을 취해야 하는지 모색하는 맥락에서 사용되었습니다. 일례로 그는 1800년대 조선이 펼친 쇄국 정책 때문에 당시 조선이 다른 나라들에 비해 50년 이상 국가적 발전이 뒤쳐졌음을 지적하면서, 정부와 기업 그리고 국민 모두가 신문물을 적극적으로 받아들이고 활용할 수 있어야 한다고 보았습니다. 조선이 뒤늦게라도 일본의 문물을 시찰하기 위해 신사 유람단을 파견했던 것처럼, 잠재력 있는 인재들을 세계 여러 나라로 파견해서 현지를 보고 배우도록 해야 한다고 주장하였습니다.[3]

세기말에는 대체로 큰 변화가 발생합니다. 대표적으로 18세기 말 미국 독립전쟁, 프랑스 대혁명이 있었습니다. 산업혁명으로 대량 생산이 가능해져서 경제, 사회, 문화에 엄청난 변화가 일어나기도 했습니다. 19세기 말에는 유럽 강대국들의 제국주의가 팽배해지면서 영토와 자원을 확보하려는 경쟁이 무섭게 일어났습니다. 아울러, 전화와 전등이 발명되어 정보 전달과 일상 생활에 큰 변화가 있었습니다. 이를 두고 이건희는 "인간은 심리적으로 10년, 100년의 시점을 주기로 뭔가 다른 위기 의식을 느끼는 모양이다. 그동안 해 온 일들을 마무리하고 새로운 것을 시작하려는 인간의 욕구 때문인 듯 하다."라고 추론하며,[27] 1990년대 후반에 뭔가 일어날 것 같다는 예감을 강하게 받았습니다.

세 번째는 민감한 시대 정신입니다. 미래는 과거와 현재가 켜켜이 쌓여서 다가오게 될 그 언젠가입니다. 현재 벌어지는 변화와 동향을 정확히 평가하지 않고서는 미래를 내다보기 어렵습니다. 그는 시대 변화를 냉정히 관찰하면서, 그 시대가 요구하는 바가 어떻게 달라지는지 면밀히 살폈습니다. 그 통찰을 다음

---

[3] 그래서 만든 프로그램이 그 유명한 삼성의 '지역 전문가' 제도입니다. 삼성 그룹은 구성원 중에서 우수한 인재를 선발하여 해외로 1~2년 간 파견을 보냈습니다. 업무에서 완전 배제된 채로, 그 지역의 언어와 문화 등을 학습하도록 지원하는 프로그램이었습니다.

과 같은 문장으로 함축하여 남겨 두었습니다. "어느 나라에서 만드는가Made in는 의미가 없어지고 누가 만드는가Made by가 중요한 시대가 되었다." "국내 시장에서 보호받으며 국내 기업끼리 아웅다웅하던 시대는 지났다." "시대는 급변하는데 아직도 낡은 옷을 걸치고 있다." "지금은 전방위 경쟁 시대다." "21세기는 문화의 시대이자 지적 자산이 경쟁력을 결정짓는 시대가 될 것이다."[28]

이건희 회장의 입체적 사고

그를 대표하는 사고 유형 두 번째는 입체적 사고입니다. 그는 이를 어떻게 개발했는지 에세이에서 직접 밝혔습니다. 이건희 회장은 국민학교 5학년 때 혼자서 일본 유학을 갔습니다. 아버지가 무작정 가라 하니 아무 연고도 없는 곳에서 홀로 떨어져 지낼 수밖에 없었습니다. 미처 일본어를 배울 틈도 없었기 때문에 일본에 건너가서 친구도 거의 사귀지 못했습니다.

혼자 놀면서 할 수 있는 것이 뭐였을까요? 그는 방에 처박혀서 영화 감상에 빠져 들었습니다. 불과 몇 년 만에 1,300여 편이나 봤다고 자랑합니다. 그런데 그는 영화를 단순한 여흥이 아니라 현상을 다각도로 고찰하는 계기로 삼습니다. 몇 번이고 반복해서 영화를 보며 처음에는 주인공에게 이입해서 보고, 악당 입장으로 치환해서 보고, 조연 입장에서 보고, 카메라 감독의 눈으로 보았습니다. 그러다 보니 현상을 보는 새로운 차원에 눈을 뜨

게 됐다고 고백합니다.[29]

이건희 회장은 어떤 사안이든 다각도로 두루 숙고한 다음에 깊이 파고 들어갑니다. 그리고 그 '본질'을 파악하는 데 집중합니다. 본질을 탐구하다 보면 어느 순간 단순해지는 시점이 옵니다. 그 순간 명쾌하게 결정을 내립니다. 여기서 이건희 회장이 즐겨 사용하던 '업의 개념'이란 표현이 나왔습니다.

그는 입체적 사고를 근간으로 '업의 개념'을 설파하며 사업과 일이 요구하는 본질을 1~2마디 단어로 정의 내리길 즐겨 했습니다. 경영자가 사업을 정의하는 바에 따라서 조직이 나아갈 방향이 달라질 수 있고, 그에 따라 조직이 가진 희소한 자원, '돈, 시간, 사람'을 확보하고 배분하는 방식과 용처가 달라지기 때문입니다. 자동차를 바퀴 달린 컴퓨터로 정의했던 일론 머스크를 따라 소프트웨어에 많은 투자를 한 테슬라가 그 대표입니다.

이처럼 경영자가 자기 업을 대하는 관점이 중요하기에, 이건희는 삼성 경영자들에게 업의 본질을 고민하라고 요구하였습니다. 널리 알려져서 식상하지만, 그만큼 대표적이어서 쉽게 이해할 수 있는 사례가 있습니다. 이건희 회장은 1980년대 후반 신라호텔 경영진에게 "호텔 사업의 본질이 무엇인가?"라고 묻습니다.[30] 그러자 경영진은 "서비스업입니다."라고 말했습니다. 이는 호텔 사업의 본질이기보다는 겉으로 드러난 현상을 이르는 말입니다. 호텔을 서비스업이라고 가정하면 조직이 가진 희소한 자원을 어디에 집중적으로 배분할까요? 준수한 외모와 친절한 태도를 갖춘 지원자들을 선발하고, 이들을 진정한 호텔리어로 만들기 위해 교육 훈련에 많은 투자를 하고, 투숙객과 이용객의 만족을 극대화하는 여러 제도를 만드는 데 집중할 것입니다.

그런데 이건희 회장은 그에 동의하지 않았습니다. 다시 생각해보라며 시간을 줍니다. 신라호텔 경영진은 해외 유명 호텔을 찾아가 관찰하면서 다시 그 본질을 연구하고 '부동산업과 장치 산업'에 가깝다고 보고하였습니다. 호텔은 그 위치에 따라 성공 여부가 갈리고, 새롭고 유려한 시설로 고객을 유치해야 한다는 논리였습니다. 그제서야 이건희 회장은 고개를 끄덕이면서 호텔 발전 방향을 구체적으로 그려 보라고 지시를 내렸습니다.

그의 입체적 사고가 빛을 발한 또 다른 사례는 D램 개발 방식을 결정한 일입니다. 때는 1987년이었습니다. 삼성 반도체의 4메가 D램 개발을 스택Stack 공법으로 할지, 트렌치Trench 공법로 할지에 대해 전문가들 의견이 분분한 상황이었습니다.

스택 공법은 회로를 위로 쌓는 반면, 트렌치 공법은 아래로 파고 들어가는 방식으로 건물로 치자면 수용 인원을 늘리는 문제입니다. 건물의 수용 인원을 늘리려면 면적을 넓히고, 지하층을 더 많이 만들고, 고층으로 쌓으면 됩니다. 그런데 반도체의 경우 당시 전자제품이 소형화 추세에 있었기 때문에 무작정 면적을 넓힐 수는 없었습니다. 결국 고층으로 건물을 높이거나 지하층을 더 많이 만들 수밖에 없었습니다.

트렌치 공법은 상대적으로 안전하고 더 작게 만들 수 있지만, 밑으로 파고 내려갈수록 회로가 보이지 않아서 공정이 어려운 데다 불량이 생겼을 때 그 내부 회로를 면밀히 살피기 어렵다는 문제가 있었습니다. 반면 스택 공법은 경제적이고 작업이 쉬우며 불량이 발생했을 때 내부 회로를 쉽게 파악할 수 있지만, 품질 확보가 어려웠습니다.[31] 그야말로 양자택일을 해야만 하는 상황이었습니다.

이 회장은 이 문제로 며칠 동안 새벽까지 기술자들과 토론하며 다양한 각도로 문제를 살폈습니다. 마치 영화를 다양한 각도로 보듯이 말입니다. 그리고 어느 순간, 명쾌해진 그는 '스택은 회로를 고층으로 쌓는 일이고 트렌치는 지하로 파고 들어가는 식이니 지하를 파는 일보다 위로 쌓는 일이 더 수월하고 문제가 생겨도 쉽게 고칠 수 있을 것'이라고 판단합니다.[32]

이를 두고 삼성전자 권오현 전 부회장은 이렇게 회고했습니다. "어느 게 더 나은지 단정 지을 수 없는 상황에서 결정을 해야 하는데, 의견이 양분된 거죠. 그러다 회장님께서 '위로 솟은 건물 체크가 쉽겠는가, 지하로 파 들어간 건물 체크가 쉽겠는가?' 이 한마디로 딱 정리를 한 거죠. 회장님은 기술자적인 계산에 의해서가 아니라 남다른 직관력과 통찰력 같은 게 있었던 것 같아요. 어쩌면 가장 상식선에서 생각하려 노력했던 것도 같고요."[33]

이건희 회장은 스택 공법으로 최종 결정합니다. 이 결정이 어떤 영향을 미쳤는지에 대해 진대제 전 삼성전자 사장은 이렇게 후술합니다. "이건희 회장의 결정만큼 리더의 판단력과 결단력이 기업의 존망을 가른 일은 몇 안 될 겁니다. 도시바Toshiba와 NEC는 트렌치를 고집하다가 나중에 서야 스택으로 전환해 고전을 면치 못했습니다. 트렌치를 고수한 미국 기업인 IBM, 텍사스 인스트루먼트Texas Instruments, 지멘스Siemens 모두 (반도체 분야에서) 사라져 버렸습니다. 삼성도 그런 운명이 됐을 수 있습니다."[34]

테슬라를 앞섰던 선견력

일론 머스크는 2010년 중반에 자동차를 '바퀴가 달린 정교한 컴퓨터'라고 정의했는데, 사실 그 원조 격은 이건희 회장입니다. 이건희 회장은 일론 머스크보다 20년을 앞서서 산업 간 구분이 무의미해지는 시대를 살고 있다며 자동차와 전자, 중공업과 전자가 합쳐지면 새로운 장르를 열 수 있다고 내다보았습니다. 그러면서 그는 자동차를 '전자제품'으로 정의했습니다.[35] 그렇게 주장한 때가 1990년대 초중반이었으니 그 선견력이 그저 놀라울 따름입니다.

그는 '누구도 자동차를 전자제품으로 생각하지는 않을 것'이라며 자동차에서 전자 부품이 차지하는 비율이 10년 안에 50% 이상으로 올라갈 것이라고 전망했습니다.[36] 그렇게 되면 그 제품을 자동차라고 불러야 할지, 전자제품이라 해야 할지 구분하기 어려울 것이라 하였습니다. 그는 자동차 산업의 핵심 경쟁력을 전자, 반도체, 그리고 이를 활용하는 소프트웨어 기술로 보았습니다. 거기에 한발 더 나아가 스스로 움직이는 '지능형 자동차'가 나올 거라 예견하기도 합니다.[37]

오랜 고민 끝에 이건희 회장은 자동차 산업에 뛰어들기로 결심합니다. 그 배경은 2가지였습니다. 그는 세계 자동차 산업의 주도권이 유럽에서 미국으로, 다시 미국에서 일본으로 이동해 왔으니 21세기에는 그 주도권을 우리나라가 잡아야 한다고 생각했습니다. 또한 자동차에서 전자 부품이 차지하는 비중이 점차 높아지고 있었기에 삼성이 그간 쌓아온 전자 기술력으로 기존 판도를 뒤엎을 수 있다는 자신감도 있었습니다.

일부는 그가 자동차 광이었기 때문에 단순히 취미로 시작한 펫 프로젝트라고 폄하하곤 합니다. 자동차에 얼마나 빠졌던지 본인 명의로 124대나 되는 슈퍼카를 소유할 정도였습니다.[38] 하지만 그는 즉흥적으로 자동차 산업에 뛰어든 것이 아니었습니다. 아버지 이병철 회장의 치밀하고 꼼꼼한 DNA를 물려받은 그는 자동차 산업에 진출하기 10년 전부터 자동차 잡지를 모두 구독해서 읽었고, 자동차 업계의 유명한 경영진 및 기술자들을 만나서 학습했습니다. '자동차 산업에 대해 누구보다 많이 공부했다'고 자평할 정도였습니다.[39]

마침 1989년이 되자 제5공화국 정권이 지정한 회사만 상용차와 승용차를 생산하고 판매하도록 강제했던 '자동차 산업 합리화 조치'가 해제되었습니다. 삼성도 자동차 시장에 뛰어들 수 있는 계기가 마련된 것입니다.[40] 물론 여전히 넘어야 할 산은 많았습니다. 당시 우리나라 자동차 업계는 모두 연대하여 삼성 그룹의 자동차 산업 진출을 강력히 반대했습니다. 국가적으로 시설이 중복 투자되는 격이고, 지나치게 차량 생산이 많아져서 국내 자동차 회사가 공멸할 것이라는 입장이었습니다. 전방위에 걸친 압박을 피하고자 삼성은 '관련 사업 다각화'를 명분으로 내세웁니다. 승용차 시장에는 관심이 전혀 없고, 당시 건설 중장비를 생산하던 삼성중공업이 대형 트럭과 특장차만 생산하겠다고 선을 긋습니다. 그리하여 1992년에 상용차 시장에 뛰어듭니다.

우여곡절 끝에 삼성 그룹은 1995년 승용차를 만드는 삼성자동차를 설립했고, 부산 신호공단의 55만 평에 달하는 부지에 공장을 짓습니다. 2002년까지 4조 원이 넘는 투자액으로 연간 50만 대를 생산하겠다는 포부도 밝혔습니다. 하지만 결과는 좋지 않았습니다. 무엇보다도 공장 건설에 당초 예상보다 많은 비용이 들어갔기 때문입니다. 설상가상으로 1997년에 외환 위기가 닥치자 부채는 걷잡을 수 없을 정도로 커집니다.

김대중 정부는 그 당시 대우 그룹이 소유한 대우전자를 삼성에 넘기고, 삼성자동차는 대우 그룹에 넘겨서 대우자동차와 합병하는 방향으로 가닥을 잡았습니다. 하지만 정부, 삼성, 대우 간 의견이 상충해 협상이 깨지고 맙니다. 결국 1999년 삼성자동차는 법정 관리를 받다 2000년에 프랑스 기업 르노Renault에 매각되었습니다.

* * *

역사에는 '만일'이라는 가정이 없다 합니다. 하지만 만일 삼성자동차가 IMF 고비를 넘었다면 어떻게 되었을까요? 삼성이 자동차 사업을 계속할 수 있었다면 어떻게 되었을까요? 만일 그랬다면 이건희 회장은 그가 에세이에서 표현한 바처럼, '지능형 자동차'를 추진할 수 있지 않았을까요? 일론 머스크보다도 먼저 시도했을 수 있습니다.

　이 사례는 전략적 사고가 가진 한계를 조명합니다. 전략적 사고는 씨앗에 비유할 수 있습니다. 허리를 굽혀 땅을 파고 그 씨앗을 심어야 합니다. 그리고 매일 물을 주고 두엄도 줘야 합니다. 그래야 비로소 싹이 나고 줄기와 이파리가 생깁니다. 그렇게 잘 자라는가 싶다가도 병충해로 죽거나 폭우에 휩쓸려 가기도 합니다. 씨앗이 아무리 좋다고 해도 그 모두를 수확할 수 없는 법입니다. 전략적 사고도 마찬가지입니다. 아무리 좋은 아이디어와 방향성을 갖고 있다 하더라도, 그걸 실제로 실행에 옮기지 않으면 아무런 가치를 내지 못합니다. 설령 실행에 옮기고 착실히 진척시켜 나간다 하더라도, 때로는 불가항력적인 요인으로 그 일이 무용지물이 될 수도 있습니다.

　그러니 전략적 사고를 잘 활용할 방법을 연습하는 것이 필요합니다. 전략적 사고 개발은 성공 가능성을 높여 주기 때문입니다. 비록 이건희 회장이 꿈꾼 지능형 자동차는 실현되지 못했지만, 시대를 앞섰던 그의 전략적 사고는 그가 삼성을 경영하는 30년 동안 빛을 발했습니다. 그의 재임 기간 동안 삼성은 시총이 396배, 매출이 39배나 뛰어올랐습니다.[41]

전략적 사고에
시간을 투자하라

언제까지 실무에만
갇혀 있을 것인가

전략적 사고를 개발하려면 먼저 해야 하는 일이 있습니다. 시간을 확보하여 전략적 과제를 구상하고 집중하는 일입니다. 그러자면 많은 업무 일과 중 자신은 어디에 시간과 노력을 쏟고 있는지 확인할 필요가 있습니다. 매일 내 머리에 어떤 종류의 업무 콘텐츠를 채울 것인지 스스로 선택할 수 있어야 합니다. 자잘하고 사소한 일들에 치여 산다면, 그래서 조직의 미래와 방향성을 고민할 틈이 없다면 어떻게 사고력을 개발할 수 있겠습니까? 무슨 지적 자극을 받을 수 있겠습니까?

일부 리더들은 "시간이 없어서 고민할 여력이 없습니다."라고 어려움을 토로합니다. 그럴 수 있습니다. 다양한 기능을 동시에 맡고 있거나, 이해관계자가 너무 많거나, 복잡한 문제들로 인해 자기 시간을 통제하기 어려울 수 있습니다. 이런 저런 회의에 끌려 다니다 보면 중요한 일을 하고 있는 것처럼 느껴지고, 리더로서 생존에 대한 불안이 잠잠해지기도 합니다. 그런데 어쩔 수 없는 구조를 탓하기만 하면서 '나는 사고력을 개발할 여력이 없다'는 생각만 가지면 어떻게 될까요? 리더로서 경쟁력을 잃습니다. 리더는 바쁜 상황에서도 어떻게 하면 시간을 살 수 있을지 고민해야 합니다.

한 비즈니스 그룹에서 일어났던 일입니다. 이 그룹 산하에는 첨단 기술을 연구하여 상품을 만드는 A기업이 있습니다. 어느 해 7월, 그룹 회장이 A사 요직에서 일하는 임원 50명과 일대일로 면담을 나누고 싶다고 하였습니다. 그에 A사는 임원 50명을 추려 부랴부랴 면담 일정을 잡았고 회장은 일정대로 50명 임원과 모두 만났습니다. 그러고 나서 A기업 사장에게 "대다수가 전략적 사고가 안되는 것 같습니다."라는 한마디를 건넸습니다.

군대에서 사성 장군이 군을 시찰한 뒤 한마디하고 돌아가시면 무슨 일이 벌어지던가요. 상상하는 그 모습처럼 진행되었습니다. A사 사장님은 다급히 최고 인적 자원 책임자를 불러서 결연한 표정으로 "연말까지 우리 임원들 전략적 사고를 높여야 합니다. 그 방법을 고민해서 실행해 주세요."라고 요구했습니다. 결국 저에게까지 도와 달라는 연락이 왔습니다.

전략적 사고 역량을 어떻게 높일 수 있을까요? 그것도 연말까지 불과 4개월을 남겨 둔 상황에서 말입니다. 전략 수립 프로세스와 분석 기법을 익히는 교육 프로그램을 제공하면 빠르게 개발할 수 있을까요? 이 방식은 A사 내부에서 회의적이었습니다. A사는 그동안 임원들에게 주기적으로 전략 수립 교육을 제공해 왔기 때문입니다.

함께 고민해 달라는 의뢰를 받은 저는 회장이 왜 그렇게 얘기했을지 헤아려 보려 했습니다. 50명 임원과 인터뷰하겠다고 나섰을 때 그가 기대한 바는 무엇이었을까요? 아마도 고객은 무엇을 요구하고 바라는지, 경쟁사들은 어떤 움직임을 보이려 하는지, 기술은 어떻게 변화할지, 그래서 A사가 어떤 방향으로 나아가야 하는지에 대한 생각을 들어 보고 싶었을 것입니다. 그런데 상당수 임원이 자기 업무에 시야가 갇혀서 실무적이고 기술적인 얘기만 늘어 놓는다면 어떨까요? '회사가 나아가야 할 방향과 미래 먹거리를 고민하는 이들이 없다.'라고 여겨질 수 있습니다. 윤태호 작가가 만화 《미생》에서 묘사하듯 '임원은 두 발을 땅에 굳게 딛고서도 별을 볼 수 있는 거인"이어야 함에도, A사 임원 대다수가 땅만 쳐다보고 있다고 느껴질 수 있습니다. 그 옛날 '계장급 임원' '대리급 임원'이라 불리던, 일과 시간 내내 임원으로서 중요한 일에 집중하지 않고 지극히 실무적이고 사소한 일에 천착해서 정작 산업과 경쟁환경이 어떻게 돌아가고 있는지는 관조하지 못하는 리더들처럼 말이지요. 이런 리더들이 적지 않았기에 회장은 '전략적 사고가 안 된다.'라는 한마디로 평했을 수 있습니다. 이와 같은 추론이 근거 없지는 않았습니다. 실제로 그 회사에 축적되어 있는 여러 데이터를 분석해 보니, 상당수 임원이 실무 일에 파묻혀 사는 모습이 드러났기 때문입니다.

여기에 생각이 미치자 문제를 보는 관점이 달라졌습니다. '임원의 전략적 사고를 어떻게 높일 것인가?'가 문제가 아니라, '땅만 향해 있는 눈이 어떻게 구름 너머를 향하도록 촉진할 것인가?'로 바뀌었습니다. 실무에 파묻혀서 정신없이 업무 시간을 보내지 않고, 임원으로서 보다 중요한 업무에 집중하도록 유도하는 방향으로 가닥을 잡았습니다. 무엇보다도 임원 모두가 주간 업무 시간에 자신의 시간과 노력을 어디에 쏟고 있는지, 현 상황을 파악해 보고자 하였습니다.

임원들에게도 블루오션이 필요하다

현 상황을 파악하고자 하는 아이디어는 '블루오션 전략'으로 널리 알려진 김위찬과 르네 마보안Renée Mauborgne의 주장에서 힌트를 얻었습니다. 2014년 《하버드 비즈니스 리뷰》에 '블루오션 리더십'이라는 제목의 기사를 낸 둘은 서두에서 기존 리더십 학자들이 수십 년간 연구로 기여한 바가 적지 않지만, '개인 성격과 가치관이 바뀌면 성과가 개선된다.'라는 가정 때문에 실질적인 변화를 가져오지는 못했다고 지적합니다. 김위찬과 마보안은 성격과 가치관은 쉽게 바꾸지 못한다고 보았습니다. 그래서 성격을 바꾸고 품성을 가꾸기보다는, '어떤 행동과 활동'에 시간과 노력을 쏟아야 하는지를 살펴 자기 역할에 맞게 조정해야 한다고 주장하였습니다.[2]

이들의 주장은 리더십 학자들에게 비판을 받았습니다. 일부는 "무슨 경영전략 학자가 리더십을 얘기해? 이 분야를 얼마나 안다고?"라는 반응을 보였습니다. 혹자들은 리더십 연구에서 행동 이론은 이미 1950년대에 끝난 이야기인데 이제서야 행동에 집중하라는 주장을 한다며 비판하기도 했습니다.

그런데 김위찬과 마보안의 주장은 기존 리더십 이론과 다른 점이 있습니다. 1950년대 리더십 학자들이 집중했던 행동 이론은 '리더는 무엇을 하는가?'에 방점이 찍혀 있고, 리더로서 해야 할 행동들을 얼마나 잘하고 있는지에 집중하였습니다.[3] 반면 김위찬과 마보안은 시간과 노력은 한정된 자원이기에 리더가 몇몇 업무에 더 많은 에너지를 쏟으면 그만큼 다른 업무에 쏟을 수 있는 주의력이 줄어들 수밖에 없다고 가정하고, 리더들이 무엇에 시간과 에너지를 쏟고 있는지를 살펴보자고 제안했습니다. 즉 '회사의 비전과 전략을 달성하는 데 필요한, 정말로 중요한 행동에 시간과 노력을 쓰고 있는가?'가 이들의 관심이었습니다.

대학교에 진학하려는 고등학생을 생각해 보겠습니다. 좋은 대학교에 가려면 기본적으로 지능이 좋아야 합니다. 그런데 그보다 더 중요한 건 자신의 일과 중 상당 시간을 목표 달성을 위해 요구되는 행동인 공부로 채워야 한다는 점입니다. 공부한답시고 책상에 앉아 딴짓을 하거나 게임을 하면 목표를 달성할 수 없습니다. 자신의 일과를 공부하는 시간으로 가득 채운다 하더라도, 영어나 수학과 같은 과목이 아니라 상대적으로 중요도가 떨어지는 과목들에 더 시간과 노력을 기울인다면 어떨까요? 아마도 그 고등학생은 자기 목표를 달성하는 데 어려움을 겪을 겁니다. 리더도 마찬가지입니다. 비전과 전략을 달성하는 데 필요한 업무에 한정된 시간과 노력을 쏟아 붓는 일, 이것이 핵심입니다.

조사 결과는 충격적이었다

저는 A사 임원들이 업무 시간에 실제로 어떤 업무에 집중하는지 측정하고자 하였습니다. 처음에는 소시오메트릭 뱃지 Sociometric badge 같은 웨어러블 기기를 차고 다니게 하자는 아이디어도 나왔습니다. 이 뱃지를 차게 되면 누구와 무슨 대화를 얼마나 하는지 사람 간 상호작용 패턴을 측정할 수 있습니다. 그런데 이 같은 기기는 누군가 자신을 계속 감시하고 있는 기분이 들게 합니다. 더 나아가 이 뱃지를 의식해 의도적으로 평상시와는 다른 행동을 하게 될 수도 있습니다. 마치 오은영 박사가 진행하는 TV 프로그램 〈금쪽같은 내새끼〉에서 평상시에는 자녀들에게 험한 말을 일삼다가 카메라가 있을 때는 이를 의식해 다른 언행을 보이는 일부 부모들처럼 말입니다.

차선책으로 구성원들에게 자신의 상사와 임원이 어떤 업무에 시간과 노력을 기울이고 있는지를 설문 조사하는 방식으로 측정하기로 했습니다.[1] 그리고 리더들이 챙겨야 할 업무를 '운영 업

---

[1] 대다수 설문 조사에서 사용하는 5점척도는 시간과 노력이 한정된 자원이라

무'와 '전략 업무'로 구분하였습니다. 전자는 지극히 실무적이고 행정적인 업무들로, 성과를 내는 데 필요하긴 하지만 과해서는 안 되는 일입니다. 후자는 회사 비전과 전략을 달성하는 데 핵심적이고 중요한 업무들을 의미합니다. 그 조직에 쌓여 있던 여러 데이터를 검토하면서 A사 임원들이 주로 보이는 행동들을 추출하였습니다. 그 후 A사 인사 부서와 함께 6번 정도 보완을 거쳐서 확정하였습니다.

운영 업무	① 일상적인 업무 진척 사항을 확인하고 점검한다. ② 보고서 내용과 그 데이터를 꼼꼼하게 살피고 피드백한다. ③ 부하 직책자(부하 임원이나 팀장)의 업무를 체크하고 조율한다. ④ 본부/그룹/실 단위 업무 회의를 주관하고 진행한다. ⑤ 상위 리더에게 보고할 준비를 하고, 그 의견과 재가를 구한다.
전략 업무	⑥ 성과가 부진한 근본 원인을 파악하고 개선한다. ⑦ 대내외 유관 조직의 역할을 이해하고 담당 업무 방향을 검토한다. ⑧ 담당 조직의 중·장기적 전략과 방향을 수립하고, 구성원에게 지속적으로 설명한다. ⑨ 시장 트렌드와 고객 니즈가 어떻게 변화하는지 파악한다. ⑩ 사업 전반의 기술 변화와 그 영향력을 검토한다.

는 가정을 위배하기 때문에 쌍대비교법을 활용하였습니다. 5점척도법은 전략적 업무의 행동 모두에 시간/노력을 많이 쏟는다고 응답할 수 있습니다. 반면 쌍대비교법은 마치 이상형 월드컵처럼 1번 행동과 2번 행동을 비교하면서 5가지 행동을 서로 일대일로 비교하고 어느 행동에 더 많은 시간과 노력을 기울이고 있는지를 강제적으로 선택하도록 요구하는 설문 기법입니다.

이후 A사의 임원 모두를 대상으로 운영 업무와 전략 업무에 얼마나 시간과 노력을 기울이고 있는지를 측정하였습니다. 그 결과는 다음과 같습니다.[2]

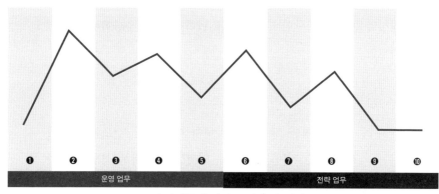

A사 임원들의 시간/노력 측정 결과

A사 임원들은 집단적으로 보고서 내용을 수정하고 그에 담길 데이터를 꼼꼼하게 살피는 데 가장 많은 시간과 노력을 기울이고 있었습니다. 그만큼 회의를 주관하고 진행하는 일에도 시간을 많이 보내고 있었습니다. 이들 행동은 문화적으로 서로 밀접한 현상이기도 합니다. 회의가 많기 때문에 보고서 작성에 더 많은 시간을 들이고, 또 보고서를 더 잘 만들기 위해 회의를 많이 하는 상황이 벌어질 수밖에 없습니다.

---

[2]   기밀 엄수 서약을 지키기 위하여 Y축에 제시된 수치를 제외하고 그래프를 각색하였습니다. 본 사례에서 언급된 주요 인물들의 반응은 사실 그대로 묘사하였습니다.

반면, A사의 비전과 전략을 달성하는 측면에서 가장 중요하고 핵심적인 행동이라 여겨지는 전략 업무에는 시간과 노력을 거의 기울이지 않고 있었습니다. 시장 트렌드와 고객 니즈가 어떻게 변화하는지 파악하고, 사업 전반의 기술 변화와 그것이 미칠 영향력을 검토하는 일에는 과하게 말하면 거의 무관심에 가까울 정도였습니다.

　　이 결과를 보고 받은 A사의 CEO는 상당한 충격을 받고 말했습니다.

　　"우리 회사가 첨단 기술로 무장하여 이 산업을 선도해 나가겠다는 비전을 세운 지가 언제인데, 임원들은 여전히 실무에만 갇혀 있군요. 심각한 문제입니다. 빨리 대책을 세워 봅시다."

리더의 시간 활용이 조직의 성패를 결정한다

조직이 나아갈 방향을 모색할 시간이 필요하다

대다수 조직에서 리더십 평가 설문 조사를 시행합니다. 구성원들이 상사 리더십을 평하는 도구입니다. 그 대부분이 '잘한다/못한다' '역량이 있다/없다'와 같은 형태의 결과를 제공합니다. 각 역량별로 얼마나 잘하고 못하는지 전체 평균과 비교하거나 상위 20%의 고성과자들과 비교하는 멋들어진 그래프를 제공하기도 합니다. 이 결과지를 받으면 마치 초등학교 시절 성적표를 받는 느낌이 듭니다. 그러면서 좋은 점수보다도 나쁜 점수, 그래프에서 가장 낮게 나타난 역량들에 눈이 꽂힙니다. 여러 상념과 복합적인 감정이 휘몰아칩니다. 어떤 이는 화를 내기도 하고, 어떤 이는 자괴감에 빠지며, 어떤 이는 서운한 마음을 가지기도 합니다.

리더십 평가 설문에서 전략적 사고 항목이 가장 낮게 나타났다고 가정해 보겠습니다. 또는 이 결과를 토대로 상사로부터 "전략적 사고가 미흡하니, 앞으로 승진하려면 개발하세요."라는 피드백을 들었다고 생각해 보겠습니다. 가장 먼저 드는 생각은 '그걸 어떻게 개발하지?'라는 질문입니다. '어떤 책을 봐야 하나? 교육을 들어야 하나? 유튜브를 보면 뭐가 나오나?'라는 생각부터 '그런데 그런 콘텐츠를 학습하면 진짜로 전략적 사고가 개발되나?'라는 의구심까지 다양한 상념이 들 수 있습니다.

반면, 블루오션 리더십은 개인 능력을 평가한 성적표가 아니라, 일과 중 주로 어디에 시간과 노력을 쏟고 있는지를 파악한 결과입니다. 따라서 '잘한다/못한다' '우수하다/열등하다' 등의 뉘앙스를 담은 리더십 설문 결과보다 감정적으로 거부감이 덜한 경향이 있습니다. 또한 무얼 해야 하는지가 명쾌합니다. 이 결과지는 '회사 비전 달성에 요구되는 전략적으로 중요한 업무와 과업에 시간과 노력을 기울여라' '실무적인 일은 없애거나 최소화하라'라는 메시지를 줍니다. 현재 당신 역량이 떨어지니 이를 개발해서 앞으로 잘하라는 말이 아니라, 현재 당신에게 기대되는 역할에 맞게 업무 시간을 재조정하라는 의미입니다.

A사는 CEO와 함께 모든 임원들이 한 자리에 모였습니다. 그리고 회사가 집단적으로 어디에 시간과 노력을 쏟고 있는지 살폈습니다. 조사 결과에 어떤 이는 놀랍다는 표정을 짓기도 하

고, 어떤 이는 그럴 줄 알았다는 표정을 지었습니다. 그 자리에서 CEO는 산업과 시장을 선도하는 최고 기업이 되려면 지금과는 다른 접근이 필요함을 강조하였습니다. 임원 모두가 각자 자리에서 전략적으로 요구되는 역할과 행동에 시간과 노력을 쏟아 달라고 요구했습니다. 임원들은 각자 지난 1달 동안의 업무 스케줄을 검토하고, 앞으로 어떻게 재조정할지를 모색하기로 했습니다.

이 과정에서 자연스럽게 따라 나오는 화두가 '권한 위임'이었습니다. 임원들이 지금보다 더 중요한 일들에 시간과 노력을 쏟으려면 기존 업무의 일부는 실무진들에게 위임해야만 가능합니다. 아마도 독자 여러분은 구성원들을 위해서 권한을 위임하라는 얘기를 많이 들었을 것입니다. 구성원들이 진정으로 몰입해서 일할 수 있는 환경을 만들기 위해서, 그들이 일을 통해서 성장할 수 있는 기회를 제공하기 위해서 권한을 위임하라고 말입니다. 그런데 저는 리더 본인을 위해서 위임하라고 말씀드리곤 합니다. '임원이란 두 발을 굳게 땅에 딛고서도 별을 볼 수 있는 거인'이라는 표현처럼, 리더라면 회의와 보고 등으로 정신없는 나날을 보내면서도 한편으로는 조직이 나아갈 방향을 끊임없이 모색해야 합니다. 그러자면 리더로서 정말 중요한 일에 집중할 수 있는 여력과 시간을 만들어 내야 합니다. 상대적으로 덜 중요한 일들은 구성원들에게 위임하고 그들이 스스로 헤쳐 나갈 수 있도록 독려해야 합니다.

워크숍이 끝나고 나서 조직에 어떤 변화가 일어나는지 지켜보았습니다. A사 리더들이 집단적으로 시간과 노력 에너지를 조정한다면, 구성원들이 직접 체감할 수 있는 개선이 일어날 수 있을 터입니다. 워크숍이 끝나고 정확히 29일이 지난 후였습니다. 사내 인트라넷 망에 어느 구성원이 글을 올렸습니다. 최근에 상사와 임원이 일하는 방식이 많이 바뀐 것 같다는 소감이었습니다. 사소하고 실무적인 일들은 대부분 팀장들에게 위임하고, 전략적으로 중요한 업무에 집중한다고요. 그러자 그 글에 댓글이 달리기 시작했는데, 그중 약 70%가 본인 조직도 뭔가 바뀐 듯하다는 의견이었습니다. 구성원들이 핵심 업무들에 집중할 수 있고, 중요한 의사결정이 적시에 이루어진다는 평이었습니다.

시간 자원을 어떻게 활용하느냐에 따라
조직 경쟁력이 달라진다

이 사례에서 얻을 수 있는 시사점은 이렇습니다. 첫째, 전략적 사고를 발전시키려면 무엇보다도 그것을 개발할 시간을 확보해야 합니다. 오늘날에는 경영 환경이 하루가 다르게 변화하는 만큼, 그 안에서 유영하는 리더들도 분초를 다투며 삽니다. 방향성 없이 떠내려가다가는 눈 깜짝할 사이에 이리저리 치는 파도에 휩쓸려 좌초하고 맙니다. 리더는 조직이라는 배의 방향타를 잡고 있기에, 어디로 갈 것인지 목적지를 고심해야 합니다. 망원경을 들어 먼 거리에 있는 땅과 섬을 관찰하고, 현재 배 위치를 정확히 파악해서 항로에 맞게 가고 있는지 끊임없이 살필 수 있어야 합니다. 그러자면 의지를 가지고 시간을 사야 합니다.

둘째, 전략적 사고를 개발하려면 평소 머릿속에 무엇을 집어 넣는지가 중요합니다. 옛말에 '팥 심은 데 팥 나고, 콩 심은 데 콩 난다.'라고 했습니다. 이 속담은 우리 사고와 언행에도 그대로 적용됩니다. 업무를 하면서 머릿속에 지극히 지엽적이고 실무적인 사소한 것을 계속 투입하면, 사고 과정도 그에 머무르고 말과 행동도 그 수준을 벗어나지 못합니다. 리더라면 회사 미션과 비전을 달성하기 위한 중요한 논제를 끊임없이 발굴하고 설정해 나가면서, 지적 자극을 계속 받을 수 있어야 합니다.

셋째, 시간이라는 자원을 어디에 어떻게 사용하는지에 따라서 조직 경쟁력이 달라집니다. 조직은 '희소한 자원을 최대한 효율적으로 활용해서 그들이 가진 목적을 효과적으로 달성해야 하는 개체'라고 말할 수 있습니다. 정부, 공공기관, 공기업, 시민 단체, 스타트업, 대기업 모두 자원이 희소합니다. 대표적인 자원으로는 돈, 사람, 시간을 들 수 있습니다. 흥미로운 것은 대다수 조직이 돈과 사람은 정말 치밀하게 따지고 아끼는 반면, 시간은 물 쓰듯이 막 쓰는 경향이 있다는 점입니다.

'사장>부사장>전무>상무>팀장>팀원' 직급으로 구성된 B 기업을 상정해 보겠습니다. 각 직급마다 1명으로만 구성되어 있는 이 회사는 크게 2가지 운영 방침에 의해서 움직입니다. 무조건 수직적인 방식으로 보고하고 일하며, 무엇이든 문서를 작성해서 정보를 교환하고 결정을 내려야 한다는 방침입니다. B 기업에 새로

부임한 사장이 전임자에 비해서 회의를 2배로 늘렸다고 가정해 보겠습니다. 사장이 회의에 쏟는 시간을 2배로 늘리면 그와 함께 일하는 부사장은 시간을 얼마 쏟을까요? 사장이 참석하는 회의 시간뿐만 아니라 그가 사장에 보고할 문서를 검토하는 시간을 가져야만 합니다. 직장인들에게 부사장에게 필요한 시간을 추정해 보도록 하면 어떤 이들은 2배, 또는 4배, 많게는 8배를 언급하곤 합니다. 응답자들마다 그가 속한 조직 관행을 바탕으로 추정한 답변입니다. 보수적으로 잡아서 사장이 쏟는 시간의 2배를 들인다고 가정해 보겠습니다. 그러면 그 부사장과 함께 일하는 전무와 상무는 어떨까요? 그 아래 팀장은 어떨까요? 역시 보수적으로 잡아도 각각 2배를 쏟을 겁니다. 팀장과 함께 일하는 팀원은 어떨까요? 아무리 적게 잡아도 팀장의 2배를 쏟을 겁니다. 사장은 단지 2배를 늘렸을 뿐인데, 팀원 직급에서는 2의 5승으로 32배 더 많은 시간을 쏟아야 합니다. 사장이 회의를 늘린일 자체가 문제는 아닙니다. 회사 성장과 발전을 위해 전략적으로 필요한 일이라면 반드시 그리해야 합니다. 하지만 기존에 그 조직이 일하는 방식과 문화가 상호작용하면서, 희소한 자원인 시간을 갉아먹는 것이 문제입니다.

앞서 대표적인 희소 자원으로 돈, 사람, 시간을 들었습니다. 저는 여기에 하나를 더 꼽곤 합니다. 그것은 바로 주의집중 에너지입니다. 여러분이 아침에 출근하자마자 중대한 문제가 발생해서 10분간 정신이 탈탈 털렸다고 생각해 보겠습니다. 그러면 나머지 7시간 50분 동안 생산성을 발휘할 수 있을까요? 퇴근까지 시간은 많이 남았지만, 아무런 작업을 할 수 없습니다. 인간이라는 특성상 주의집중 에너지도 조직의 희소한 자원입니다.

평소 조직구성원들의 주의집중 에너지를 어디에 쏟도록 독려하는지가 차별적인 경쟁력이 될 수 있습니다. 회사마다 문제를 발견했을 때 대응하는 양식이 다릅니다. A라는 회사는 문제가 터졌음을 아는 순간, 그 맥락에서 최고 결정권자가 가장 먼저 묻는 질문이 "이거 누가 했어?"입니다. 그러면 그 맥락에 있는 부서들과 구성원들은 어디에 주의집중 에너지를 쏟을까요? 처음에는 자신을 방어하는 데 쏟습니다. 그러다가 다른 부서, 다른 이를 공격하기 시작합니다. 이 관행이 굳혀지면서 문제가 발생할 때마다 소위 '인민 재판'이 벌어집니다. 흥미롭게도 인민 재판은 착시 현상을 유발합니다. 문제를 일으킨 원흉을 발본색원해서 징계를 내리면 문제가 해결된 것처럼 보이게 만들기 때문입니다. 하지만 여전히 그 문제는 상존해 있으며 고객들은 끊임없이 불만을 제기합니다.

반면 A와 같은 산업에 있는 B사는 문제를 인식하는 순간 최고 결정권자가 "빨리 해결합시다. 어떻게 해결할 수 있을까요? 합심해서 실타래를 풀어 봅시다."라고 반응합니다. 그 같은 반응이 계속 반복되면, 관련 부서들과 구성원들은 문제 해결에 주의집중 에너지를 쏟습니다. 건설적으로 아이디어를 내고 서로 협업하려 합니다. A사와 B사 중 어느 곳이 더 경쟁력이 높을까요? 누가 시장에서 경쟁 우위를 차지할까요? 아마도 B사일 겁니다.

조직이 시간을 어디에 어떻게 사용할지, 조직의 주의집중 에너지를 어디에 쏟게 할지를 결정하는 이가 바로 리더입니다. 그런데 제 관찰에 따르면 상당수 리더들은 이를 의식하지 못합니다. 회의를 위한 회의, 결론이 없는 회의를 하고, 보고서에 담기는 문장 표현과 도형 디자인에 천착하고, 백업 데이터의 백데이터를 요구합니다. 실력과 성과가 아니라 의전과 허례허식에 더 신경 씁니다. 그처럼 사소하고 부차적인 일에 시간과 노력을 쏟는 리더는 점차 시야가 닫힙니다. 하늘을 보지 못한 채 땅만 바라보게 됩니다. 더듬이 없는 개미처럼 됩니다. 그가 담당하는 조직 구성원들도 그처럼 하찮은 일, 경쟁 우위를 확보하는 행위와는 전혀 관계가 없는 일에 파묻히도록 만듭니다. 조직은 시나브로 경쟁력을 잃습니다.

* * *

지금까지 전략적 사고를 개발하기 위한 전제를 검토해 왔습니다. 본 장에서 우리가 가져갈 주된 함의를 정리하면 이렇습니다. 현재 나는 업무에서 무슨 일에 시간과 노력을 쏟고 있는지를 파악하고, 전략적 사고를 개발하기 위한 시간과 여력을 어떻게 만들 것인지, 어떤 전략적 논제를 발굴하고 추진하여 그로부터 지적 자극을 끊임없이 받을 것인지를 고민해야 합니다.

나의 시간/노력 투입 평가하기

본인의 시간 자원과 노력 자원을 어떻게 활용하는지 평가해 보겠습니다. 지난 1달간의 업무 스케줄(업무 수첩, 아웃룩 등)을 펼쳐 보시기 바랍니다. 한정된 자원인 개인의 시간과 노력을 100이라 가정하고, 다음 활동에 각각 얼마나 할애하였는지 배분해 보시기 바랍니다. 본인 업무 특성으로 인해 아래에 제시되지 않은 고유한 활동이 있다면 추가할 수 있습니다.

업무 활동	업무 평가
일상적인 업무 진척 사항을 확인한다.	
부하들의 업무 일정을 체크하고 조율한다.	
보고서 내용 및 데이터를 꼼꼼하게 살피고 피드백한다.	
업무 회의에 참여하거나 주관한다.	
상위 리더에게 보고할 준비를 하고 그의 의견과 재가를 구한다.	
본부/부서의 성과 부진에 대한 근본 원인을 파악하고 개선한다.	
다른 유관 부서의 니즈를 파악하고 담당 업무 방향을 검토한다.	
본부/부서의 중·장기적 전략과 방향을 검토하고 구성원과 공감대를 형성한다.	

업무 활동	업무 평가
시장 및 고객의 니즈가 어떻게 변화하는지 파악한다.	
사업 전반을 둘러싼 기술 변화 트렌드와 그 영향력을 검토한다.	
(추가)	

중간 관리자 및 팀장이라면 아래 항목을 활용하시기 바랍니다.

업무 활동	업무 평가
팀원들의 일상적인 업무 진척 사항을 확인한다.	
보고서 내용 및 데이터를 꼼꼼하게 살피고 피드백 한다.	
업무 회의를 참여하거나 주관한다.	
팀원들이 업무적으로 성장하도록 코칭한다.	
긴급한 수명업무에 대응한다.	
기존 방식을 다시 검토하고 새로운 시도를 모색한다.	
성과 부진에 대한 원인을 파악하고 개선한다.	
유관 조직의 니즈를 파악하고 협업을 진척시킨다.	
조직적/사업적 큰 맥락을 이해하고 전략 방향에 대해 구성원과 공감대를 형성한다.	
업계 상황 및 경쟁사 동향 등을 기민하게 파악하고 대응한다.	
(추가)	

법칙 1 전략적 사고에 시간을 투자하라

예시) 홍길동 리더의 평가

홍길동 리더는 지난 1달간 본인이 어디에 시간과 노력을 쏟았는지 성찰하기로 하였습니다. 지난 1달간 쏟은 개인의 시간과 노력을 100이라 가정하고, 홍길동 리더는 다음과 같이 업무 활동을 하였다고 평가하였습니다.

업무 활동	업무 평가
일상적인 업무 진척 사항을 확인한다.	5
부하들의 업무 일정을 체크하고 조율한다.	30
보고서 내용 및 데이터를 꼼꼼하게 살피고 피드백한다.	10
업무 회의에 참여하거나 주관한다.	25
상위 리더에게 보고할 준비를 하고 그의 의견과 재가를 구한다.	10
본부/부서의 성과 부진에 대한 근본 원인을 파악하고 개선한다.	10
다른 유관 부서의 니즈를 파악하고 담당 업무 방향을 검토한다.	10
본부/부서의 중장기적 전략과 방향을 검토하고 구성원과 공감대를 형성한다.	0
시장 및 고객의 니즈가 어떻게 변화하는지 파악한다.	0
사업 전반을 둘러싼 기술 변화 트렌드와 그 영향력을 검토한다.	0

앞에서 평가한 결과를 보며 성찰해 보시기 바랍니다.

▸ 지난 1달간 수행한 업무를 돌아보면서 어떤 생각과 감정이 드
  셨습니까?
▸ 시간과 노력을 중요하고 전략적인 과업에 제대로 투입하고 있
  습니까?
▸ 업무 시간과 노력을 어떻게 변화시켜야 합니까?

자신의
사고 스타일을
파악하라

직관적 사고와
분석적 사고

인지 심리학의 논쟁

경영전략 학자들은 전략적 사고가 체계적이고 절차적인 분석을 하는 능력인지, 직관적이고 통합적인 사고 능력인지, 그 모두를 포괄하는 능력인지로 논쟁을 벌여 왔습니다. 이러한 논쟁은 개인의 고유한 사고 스타일에 따라 마이클 포터가 주장하는 전략적 사고와 헨리 민츠버그가 말하는 전략적 사고 중 잘하는 사고가 다를 수 있음을 시사합니다. 따라서 전략적 사고를 개발하기 전에 내 사고 방식을 이해하는 일이 필요합니다.

그러기에 앞서 경영전략 학자들과 유사한 논쟁을 치른 '인지 스타일 연구'를 소개하고자 합니다. 인지 스타일 Cognitive style 은 정보를 획득하고 처리하는 일에 있어서 개인이 보이는 일관된 인지적 선호를 의미합니다. 기억, 사고, 학습, 그리고 문제 해결 방식을 결정짓는 개인의 선호이자 습관적 양식이기도 합니다.

심리학자들은 인지 스타일을 두고 격론을 벌였습니다. 1950년부터 시작한 이 연구는 양극단에서 서로 상반되는 인지적 특성들에 주목하였습니다. 예를 들어 어떤 연구자들은 사람마다 정보를 받아들이고 해석하는 방식이 다르다는 점에 주목하였습니다. 그리하여 문제를 접했을 때 정보를 광범위하게 탐색하기를 선호하는지, 현재 가지고 있는 제한적인 정보를 활용해서 해결하려 하는지를 살폈습니다.[1] 또는 문제를 단계적이고 절차적으로 해결하기를 좋아하는지, 통합적으로 접근하기를 원하는지를 살피기도 하였습니다.[2] 어떤 연구는 정보를 언어로 기억하고 처리하기를 좋아하는지, 이미지로 저장하고 연상하기를 좋아하는지를 탐구하기도 하였습니다.[3] 이처럼 극명하게 대비되는 특성으로 사람이 어떻게 정보를 입수하고 파악하고 처리하는지를 살피고자 하였습니다.

또 다른 학자들은 의사결정 스타일에 주목하여, 혁신 지향과 적응 지향을 살펴보기도 하였습니다.[4] 이는 곧 의사결정 단계마다 본질을 의심하고 뒤흔들기를 좋아하는지, 주어진 조건에 맞춰서 보다 나은 결정을 내리는지를 살펴본 연구였습니다. 또한 의사결정 과정에서 분석적이고 정량적인 접근을 선호하는 유형 Analytical style, 직관과 직감에 의존하는 유형 Intuitive style, 그리고 상황에 따라서 2가지 유형을 자유자재로 사용하는 통합적인 유형을

탐구하기도 하였습니다.[5]

이처럼 다양한 연구가 수행되던 인지 스타일 연구는 1970년대 들어서 동력을 잃습니다. 통합된 이론적 틀 없이 중구난방으로 연구되었기 때문입니다. 그동안 얼마나 많은 인지 스타일이 연구되어 왔는지 세어 본 연구자들도 있습니다. 어떤 학자는 54개,[6] 또 다른 학자는 71개 유형이[7] 연구되어 왔다고 보고하였습니다. 이들 연구는 마치 엮이지 않은 씨줄과 날줄처럼 서로 독립적으로 다루어졌습니다. 인지 스타일이 다른 심리 변수와 무슨 관련이 있는지도 이해가 부족한 실정이었습니다. 학자들은 인지 스타일과 관련된 개념과 변수에 중복이 너무 많으며, 때로는 연구가 무의미하게 재생산되고 있음을 자각하고[8] 1990년대에 와서 제각각 수행되어 왔던 다양한 인지 스타일을 통합적으로 이해하고자 하는 노력을 시도하기 시작하였습니다. 그 결과, 일군의 학자들은 인간 의식에는 양면성이 있다고 지적하면서 기존에 분절적으로 연구되었던 인지 유형이 하나의 틀 아래 통합될 수 있다고 보았습니다.[9]

예를 들어 심리학자인 레이먼드 니커슨Raymond Nickerson은 이렇게 주장했습니다.[10] "질적으로 다른 2개의 사고 유형이 존재한다는 주장이 보편적으로 받아들여지고 있다. 인지 스타일 연구에서 사용된 단어군을 살펴보면 한 가지 군집은 '분석적, 연역적, 엄격한, 수렴적, 제한적, 공식적, 그리고 비판적'이라는 표현이다. 다른 군집은 '통합적, 귀납적, 발산적, 비공식적, 확산적, 그리고 창의적'이라는 표현이다. 사고 유형을 2가지로 구분하는 일은 지나치다는 비판이 있을 수 있으나, 현실적으로는 상당히 유용하다고 여겨진다."

인지 심리학자들은 인지 스타일을 분석적 유형과 직관적 유형으로 통합하고자 하였습니다.[11] 이들 연구는 인간의 좌뇌는 이성과 합리성을, 우뇌는 창의와 직관을 담당한다는 가정에 기반하였습니다.[1] 대표적으로 영국 리즈대학교 크리스토퍼 앨린슨Christopher Allinson과 존 헤이스John Hayes는 이렇게 주장하였습니다.[12] "우뇌와 좌뇌는 다양한 기능들을 수행할 수 있으며, 각각 관장하는 기능이 다르다고 여겨진다. 우뇌는 여러 정보들을 동시에 통합하고 조합하는 역할을 맡고 있으며, 상징적인 이미지들을 표현하고 공감각을 관장하는 것으로 알려져 있다. 좌뇌는 정보들을 선형적이고 순차적으로 처리하며, 논리적인 생각과 언어 능력, 그리고 수학적인 기능을 담당하는 것으로 알려져 있다. 이와 같은 우뇌와 좌뇌 기능을 대표하는 표현으로 이전 연구자들이 사용한 표현인 '직관Intuition'과 '분석Analysis'이라는 단어를 사용하려 한다. '직관'은 우뇌적 특성을 갖고 있어 주관적인 느낌과 통합적인 관점을 바탕으로 즉시 판단하는 것을 의미하며, '분석'이란 세부 사항들을 꼼꼼히 따져 합리적인 추론을 거쳐서 판단하는 것을 의미한다."

---

[1] 최근 신경과학 이론은 우뇌와 좌뇌를 둘러싼 가정이 과학적이지 않다는 점을 지적합니다. 그것과는 별개로 인지 연구들은 분석적 사고와 직관적 사고에 있어서 개인차가 분명히 존재함을 일관되게 보여 주고 있습니다.

앨린슨과 헤이스는 직관과 분석이 연속선상에 있는 개념으로써 양극단의 특성을 가졌다고 가정하였습니다. 이들은 인간이 우뇌를 주로 사용하든, 좌뇌를 주로 사용하든 어느 하나의 두드러진 특성을 갖는다고 보았습니다. 외부 환경으로부터 정보를 받아들이고 문제를 해결하는 과정에서 어떤 사람은 체계적이고 순차적으로 접근하고 논리적 개연성을 근거로 결정하며, 어떤 사람들은 공감각적인 이미지로 정보들을 저장하고 즉응해서 판단한다고 보았습니다. 모 아니면 도처럼 인간은 이쪽 아니면 저쪽의 사고를 주로 사용한다는 주장입니다. 이를 '인지 연속 이론Cognitive continuum theory'이라 부릅니다.[13]

하지만 대다수 학자들은 앨린슨과 헤이스의 주장에 반박하였습니다. 직관적 사고와 분석적 사고가 연속선상에 존재하기보다는 독립적인 개념으로 보는 것이 더 타당하다고 말입니다. 예를 들어 그들과 같은 리즈대학교 소속 학자들인 제러드 호지킨슨Gerard Hodgkinson과 유진 새들러 스미스Eugene Sadler-Smith는 2번의 연구를 통해 직관과 분석은 서로 양립 불가능한 사고가 아니라는 점을 실증하였습니다.[14] 2가지 사고를 동시에 사용하는 사람들이 적지 않음을 보여 준 것입니다.

오늘날에는 후자의 주장들을 하나로 통칭하는 '이중 인지 과정 이론Dual process theories of cognition'이 널리 받아들여지고 있습니다. 이 이론들은 학문이나 학자에 따라 여러 형태로 제시되곤 하지만 기본 골자는 같습니다. 인간의 사고는 직관과 분석이라는 2가지 유형으로 구성되어 있으며, 이들은 서로 양립이 가능하다는 것입

법칙 2 자신의 사고 스타일을 파악하라

니다.

대표적인 이론들을 몇 가지 소개해 보면 이렇습니다. 토론토 대학교의 키스 스타노비치 Keith Stanovich 와 리처드 웨스트 Richard West 는 '시스템 1, 2 과정 이론 System 1, 2 process theory'을 주장하였습니다.[15] 이들은 인간이 크게 2개의 인지 시스템을 갖고 있다고 주장합니다. 시스템 1은 개인적 경험과 주변 환경의 노출을 통해 습득되는 것으로, 즉응하는 자동적인 사고를 이릅니다. 직관과 직감에 의존하는 사고로, 인지적인 노력이 많이 필요하지 않기에 사고 과정이 상당히 빠릅니다. 시스템 2는 공식적인 교육이나 문화적인 학습을 통해서 습득되는 사고로, 분석적이고 규칙적이며 절차적인 사고입니다. 인지적인 노력이 상당히 필요한 사고 유형입니다.

매사추세츠대학교의 심리학과 교수 시모어 엡스타인 Seymour Epstein 은 '인지적 경험적 자기 이론 Cognitive experiential self-theory'을 주장하였습니다.[16] 이는 앞에서 설명한 바와 크게 다르지 않습니다. 그는 인간의 사고 유형을 경험적 시스템과 이성적 시스템으로 구분하였습니다. 경험적 시스템은 자동적, 연상적, 감정적이며 종합적인 사고가 특징입니다. 이미지, 은유, 상징 등으로 생각을 펼쳐 나가는 방식이며 사고 과정이 매우 신속하고 즉각적입니다. 반면 이성적 시스템은 분석적, 논리적, 의도적이며, 추상적인 단어와 숫자를 활용하여 생각이 전개됩니다.

우월한 사고는 무엇인가

어떤 이들은 논리적이고 분석적인 사고, 직관적이고 통합적인 사고 둘 중에 어떤 유형이 더 좋은지를 따지려 합니다. 이는 '사고력에 있어서 논리성이 강한 이병철 회장이 더 나은가? 직관적 판단이 탁월한 정주영 회장이 더 나은가?'라는 질문과도 같습니다. 과연 어느 누가 더 우월하다고 판단할 수 있을까요?

이에 관한 역사적 논쟁을 하나만 더 살펴보겠습니다. 대니얼 카너먼Daniel Kahneman은 인간이 결정을 내리는 과정에 대해 오랫동안 연구한 이스라엘 출신의 심리학자입니다. 그는 예루살렘의 히브리대학교에서 심리학을 전공하고 이스라엘 군 인사 부서에서 복무를 하였습니다. 당시 그에게 부여된 역할은 장교 후보자를 평가하는 시험과 도구를 개발하는 일이었습니다.[17] 군을 전역하고 나서도 계속 심리학에 심취한 그는 미국으로 건너가 캘리포니아대학교에서 심리학 박사 학위를 받습니다. 그는 후에 행동경제학이라는 학문을 크게 발전시켰고, 이 분야 대가로 널리 인정받게 됩니다.[18] 결국 그는 인간이 갖고 있는 심리적 인지적 편향과 비합리성을 밝히는 일에 이바지한 공으로 2002년 심리학자로서 최초로 노벨 경제학상을 받습니다. 정작 그는 경제학 강의를 한 번도 들어 본 적이 없음에도 말입니다.

카너먼은 키스 스타노비치와 리처드 웨스트가 명명한 시스템 1과 시스템 2의 용어를 받아들였습니다. 그리고 전자에는 '빠른 사고(직감과 직관)', 후자에는 '느린 사고(분석과 논리)'라는 별명을 붙여서 불렀습니다. 그는 빠른 사고가 얼마나 비합리적이고 어리석을 수 있는지 설명하고, 빠른 사고로 인해 잘못된 결론에 이른 사례들을 열거하면서 이렇게 주장하였습니다. "시스템 1은 자동인데다 마음대로 정지할 수 없기 때문에 직관적 사고의 오류를 막기 어려울 때가 많다. 시스템 2(논리적, 분석적 사고)의 노력만으로 간신히 오류를 막을 수 있다."[19]

그는 논리적이고 분석적 사고가 우월함을 여러 실험과 연구로 증명하려 하였습니다. 그 연구를 1969년에 처음으로 시도했습니다.[20] 그는 연구를 통해 전문가들의 직관이 얼마나 위험할 수 있는지를 보여 주려는 시도를 합니다. 카너먼은 통계학 교재를 집필한 저자 2명, 그리고 정교한 방법론을 활용하는 학자 등 통계 전문가들을 불러 그들에게 다양한 상황을 제시하고, 그에 적절한 표본 크기를 추정해 보도록 요청하였습니다. 결국 그는 이 연구를 통해서 전문가들조차도 직관에 의존하여 판단하면 잘못된 결론에 이를 수 있음을 보여 주는 것에 성공합니다.

그 이후로 여러 학자들이 카너먼 연구에 참여합니다. 그들은 일관되게 인간의 직감과 직관이 상당한 맹점을 갖고 있음을 드러냈습니다.[21] 가장 쉬운 사례 하나만 보겠습니다. 다음은 실제 연구에 사용된 문제입니다.

'야구 방망이와 공의 가격은 합쳐서 1,100원입니다. 야구 방망이가 공보다 1,000원 비쌉니다. 그렇다면 공은 얼마일까요?'

이 질문은 즉각적으로 100원이라는 답을 떠오르게 합니다. 그러나 정답은 50원입니다. 공이 100원이라고 가정할 경우 야구 방망이는 1,000원이어야만 하는데, 방망이가 공보다 1,000원 더 비싸다는 가정에 위배되기 때문입니다. 하버드, MIT, 프린스턴 대학교 학생들에게 같은 문제를 출제하면 50% 이상이 틀린 답을 말하곤 하는 것으로 알려져 있습니다. 만일 시스템 2, 즉 느린 사고로 이 문제를 대했다면 정답을 맞혔을 터인데 빠른 사고로 즉흥적으로 떠올린 답을 별다른 견제나 검토 과정 없이 판단하다 보니 틀리게 된 셈입니다.

그런데 카너먼의 주장과 대척점에 서 있는 이들이 있습니다. 이를 대표하는 학자는 게리 클라인 Gary Klein 입니다. 뉴욕시립대학교에서 심리학 학사를, 피츠버그대학교에서 실험 심리학 박사 학위를 받은 그는 몇몇 대학교의 조교수와 부교수로 재직하다가, 1974년에 문을 연 '공군 인간자원 연구소 Air Force Human Resources Laboratory'에서 심리학자로 일하기 시작했습니다.[22] 당시에는 세계적인 석유 파동으로 비행기 연료 공급이 어려웠기에 전투기 조종사들이 상공을 나는 대신 컴퓨터 시뮬레이터로 훈련을 해야만 했습니다. 이를 계기로 게리 클라인은 척박한 환경에서 전문성을 개발하는 효과적인 방법을 찾는 연구를 시작했습니다.

1984년에는 육군 연구소로부터 사람들이 극단적인 시간 압박을 받는 데다가 매우 불투명하고 불확실한 상황에 놓였을 때 생사가 걸린 결정을 내리는 과정에 대해 연구해 달라는 요청을 받습니다. 이를 계기로 그는 '자연주의 의사결정 Naturalistic Decision Making'에 매료됩니다. 자연주의 의사결정은 실험실처럼 인위적인 제

법칙 2 자신의 사고 스타일을 파악하라

약과 조건을 부여하지 않고, 자연스러운 상황에서 인간이 어떻게 결정을 내리는지 이해하려는 분야입니다. 이런 연구에 가장 부합하는 직무가 바로 소방관이었습니다.[23] 소방관은 매우 제약된 시간과 예측하기 어려운 상황 속에서 무시무시한 화마에 맞서 자신의 생명을 걸고 타인을 구출하는 일을 하고 있기 때문입니다.

주택가 1층 집의 화재 현장에 출동한 소방 대장 사례가 대표적입니다. 그는 집 뒤편에 있는 부엌에서 불이 났다는 정보를 접하고, 대원들과 함께 건물 뒤로 가서 물을 집중 살포하기 시작했습니다. 그럼에도 불은 꺼지지 않고 활활 더 타올랐습니다. 그는 불길을 보면서 이상하다고 생각했습니다. 물을 뿌리면 당연히 불꽃의 기세가 줄어야 하는데, 그러지 않았던 겁니다. 바로 그때 그에게 '여기에 계속 있으면 안 돼. 매우 위험해!'라는 생각이 번뜩 들었습니다. 이유는 명확하게 설명하기 어려웠지만 그런 촉이 온몸을 엄습해 왔습니다. 그는 곧바로 대원들에게 "당장 여길 나가!"라고 크게 외치고 함께 벗어납니다. 그렇게 뛰쳐나가자마자 그들이 서 있었던 바닥이 밑으로 훅 꺼지면서 크게 내려 앉았습니다. 꺼진 바닥 아래에는 불구덩이가 엄청난 화염을 내뿜고 있었습니다. 만일 소방 대장이 직감적으로 판단하지 않았다면 그와 대원들은 모두 화마에 휩싸여 죽음을 면하지 못했을 겁니다. 이처럼 초능력에 가까운 사례들을 연구하면서, 클라인은 직감과 직관이 가진 우수함을 주장했습니다.

카너먼은 느린 사고가 **빠른** 사고보다 우월함을 부각하는 진영, 클라인은 **빠른** 사고가 가진 유용성을 옹호하는 진영을 각기 대표하는 인물로 자리 매김하였습니다. 그런데 '내가 맞네, 당신이 틀리네'라면서 서로 경시할 줄 알았던 이들이 어느 날 손을 맞잡고 한 편의 논문을 공동으로 저술하여 출간합니다.[24] 1저자는 카너먼, 2저자는 클라인이었습니다. 서두에서 이들은 "이 논문을 쓰기로 했을 때 우리는 많은 부분에서 서로 의견이 다를 것으로 예상했습니다. (중략) 의견을 나누기 위해 모였을 때, 놀라운 일이 우리를 기다리고 있었습니다. 대부분 의견이 일치하는 것을 발견한 것입니다. 처음에 의견이 달랐던 부분도 대개는 공통의 입장으로 수렴할 수 있었습니다."라고 밝혔습니다.

이들은 직관이 특정 조건 하에서는 상당히 타당하고 정확하여 유용하지만, 때로는 심각하고 체계적인 오류를 만들어 낼 수 있다는 점에 의견 일치를 봅니다. 그들은 전문가로서 빠른 사고를 통해 어떤 이슈에 대한 즉흥적인 대안이 떠올랐다 하더라도, 느린 사고(논리와 분석)를 유발하는 절차를 거치라고 권고하였습니다. 그 예로 '프리모템 pre-mortem, 구상했던 해결 대안이 적용될 때 어떤 문제가 발생할지 사전에 검토하는 과정'을 언급하였습니다. 이 방식은 해결 대안을 설명하는 일로 시작합니다. 그다음 그것이 실패하여 큰 문제를 일으켰거나, 걷잡을 수 없는 재앙으로 변질되었다고 상상합니다. 그런 다음 실패한 이유를 짧은 시간 안에 적어 봅니다. 이 과정이 즉흥적으로 떠오른 대안에 대한 균형적인 시각을 촉진할 수 있다고 보았습니다.

인지 연구의 시사점

경영전략 대가들은 조직 경쟁 우위를 창출하기 위한 전략적 사고에 주목한 논쟁을 벌여 왔습니다. 체계적·절차적·분석적인 사고를 강조하는 마이클 포터, 직관과 창의 그리고 통합을 강조하는 헨리 민츠버그가 대표적입니다. 이들의 상반된 견해는 경영전략 학자들의 주목을 이끌었고, 다양한 학자들이 그 담론에 뛰어들어 각자 의견을 피력하였습니다. 하지만 대다수가 당위와 규범에 대한 논의를 할 뿐인 데다가 리더 사고력을 논하면서도 인간에 대한 심층적인 이해 없이 고찰한 경향이 있었습니다.

물론 헨리 민츠버그가 인간이 가진 인지적 특성을 언급하지 않은 것은 아닙니다. 하지만 그는 상식적인 선에서 인지적 특성을 언급하는 것에 그쳤습니다. 그는 좌뇌는 분석, 우뇌는 창의를 관장한다는 과거 통념에 기반하여 이렇게 주장하였습니다. "조직의 플래너들은 왼손형과 오른손형으로 나눌 수 있다. 왼손형 플래너들은 창의적인 전략적 사고를 북돋우고, 갖가지 종류의 난제들을 제기하며, 조직의 행동 과정에서 전략이 떠오르도록 주위를 탐색한다. 오른손형 플래너들은 안정적이거나 예측 가능한 상황, 조직이 통제 가능한 상황에 적합한 공식적인 전략 분석에 관여한다. 특히 분명하게 의도된 전략인 경우 전략적 프로그래밍에 참여한다. 하지만 극적인 변화가 필요하거나, 조직의 상황이 안정적이지 않아 예측이나 통제가 불가능할 때는 왼손형 플래너들에게 의존하는 편이 낫다."[25]

우리나라에서 《당신은 전략가입니까》라는 책으로 널리 알려진 하버드 경영대학원 교수 신시아 몽고메리 Cynthia Montgomery도 이렇게 주장하였습니다. "지난 25년 동안 전략은 분석적인 문제 해결, 즉 좌뇌의 발휘로 나타났다. 그 결과 MBA 졸업생, 컨설턴트들을 주축으로 한 전문가들이 탄생하게 되었다. (중략) 그러나 우뇌의 역할도 매우 중요하다. 분석 행위만으로는 해소될 수 없는 이슈들에 있어서 창의와 직관은 핵심적이다."[26]

이 둘의 주장에는 구체적인 근거가 없습니다. 이처럼 경영전략 학자들의 논쟁은 실증적인 연구나 근거 없이 펼쳐져 왔습니다. 전략적 사고는 곧 분석, 논리, 합리이고 체계적인 사고라거나, 직관이자 창의이며 통합적 사고라거나, 또는 그 모두를 포괄한다고 말입니다.

그런데 인지 심리학의 연구는 경영전략 학자들의 논쟁이 전혀 근거 없는 일이 아님을 뒷받침합니다. 인지 심리학은 인간의 사고는 분석과 직관으로 이루어져 있으며, 어떤 이들은 한 가지 사고 유형을 선호하지만 어떤 이들은 양자를 모두 사용하고 있음을 데이터로 실증하여 일관되게 보여 주었습니다. 아울러 인지 심리학 연구들은 전략적 사고에 있어서 개인 차이가 있을 수 있음을 시사합니다. 사람마다 자극을 받아들이고, 정보로 가공하고, 이를 토대로 생각을 펼쳐 아이디어를 내는 방식이 다를 수 있습니다. 따라서 회사, 조직, 부서의 경쟁 우위를 창출하고 가치를 만들어 내고자 고민할 때, 리더마다 그 생각의 전개 과정이 서로 다를 수 있습니다.

어느 개인이 분석과 논리에 의존한 사고를 즐겨 한다면 마이클 포터가 말한 전략적 사고를 더 잘할 수 있을 것입니다. 직감과 직관 사용하기를 선호한다면, 헨리 민츠버그가 주장하는 전략적 사고에 보다 적합할 것입니다. 그리고 2가지 사고를 동시에 잘 활용하는 사람이라면 후대의 경영전략 학자들이 논한 통합적인 관점의 전략적 사고, 즉 '조직의 지속적인 경쟁 우위에 대한 체계적이고 절차적인 분석이자, 직관적이고 통합적이며 창의적인 사고'를 잘 개발해 나갈 수 있을 것입니다.

어떤 사고 스타일이
전략적 사고를 촉진하는가

저는 2010년대 중반에 전략적 사고 형성에 영향을 미치는 선행 요인을 찾아보고자 하였습니다. 마침 우리나라 임원들 700여 명을 대상으로 연구할 기회가 있어 그들이 보이는 특성들을 다각도로 포착하려 시도했습니다. 성격, 경험, 가치관 등은 연구 대상자들이 스스로 보고하는 방법으로 수집하였고, 전략적 사고 능력은 그들의 상사가 평가한 결과를 수집하였습니다. 그리하여 100여 가지가 넘은 변수들로 구성된 데이터가 만들어졌습니다.

이 연구는 '데이터 드리븐Data driven' 접근 방식으로 진행되었습니다. 데이터 드리븐 접근 방식은 기존 연구자들의 주장과 학문적 이론을 근간으로 가설을 세우고, 그에 따라 데이터를 입수하고 분석하는 방법인 '가설 주도적Hypothesis driven' 접근 방식과 달리 학문적 이론에 근간하지 않고 가설도 없이 그저 데이터는 무엇을 말해 주는지를 살펴보는 방법입니다. 가설 주도적 접근법은 기존 연구를 바탕으로 만들어지기 때문에 이론적으로 탄탄하여 연구 결과물에 대한 신뢰를 담보할 수 있습니다. 하지만 미리 세운 가설에만 집중하기 때문에 새로운 발견이나 예상치 못한 결과를 간과할 수 있습니다. 데이터 드리븐 접근법은 데이터에 숨겨진 인사이트를 발견하는 일에 집중하기에 새로운 관계나 패턴을 발견할 가능성이 높습니다. 그래서 연구 초기 단계나 새롭게 시작하는 연구에서 주로 활용되는 경향이 있습니다. 하지만 이론적 담론이나 틀이 없기 때문에 그 결과를 일반화하는 데 어려움이 있을 수 있습니다. 물론 저는 전략적 사고를 다룬 논문과 연구들을 모두 검토하였기에 몇 가지 가설을 갖고 있었습니다. 그러나 가설에만 천착해 데이터가 말해줄 수 있는 잠재적 인사이트를 발견하지 못하는 건 아닌가 싶어 데이터 드리븐 접근법으로도 분석을 해 보고자 하였습니다.

우선 기존 학자들의 논지에 따라 타고나는 특성과 개발될 수 있는 특성 2가지로 구분했습니다. 학자들은 '전략가는 타고나는가, 개발되는가'라는 논제로 끊임없이 연구해 왔습니다.[27] 이를 '선천성-후천성 논의'라고 합니다. 조지워싱턴대학교의 연구자 안드레아 케이시 Andrea Casey와 엘렌 골드만은 전략적 사고에 내재적 특성과 습득 가능한 특성이 있다고 주장하였습니다.[28] 이들은 인지 능력은 선천적인 차이가 있으며 전략적 사고도 그러할 수 있음을 시사하는 한편, 초보자가 역량을 습득해 나가듯이 전략적 사고도 개발될 수 있다고 보았습니다. 케이시와 골드만은 양자가 상호 보완적이기에 개인이 가진 선천적인 제약이 있어도 그에게 주어진 전략적 사고 능력의 최대 수준까지는 능력을 습득할 수 있다고 주장하였습니다.

경영전략 학자들 대다수가 이와 같이 선천적인 영향을 무시할 수는 없지만 후천적으로 전략적 사고가 개발될 수 있다고 생각했습니다. 그리피스대학교의 경영대학 교수 잉그리드 본Ingrid Bonn은 전략적 사고를 향상시킬 수 있는 개인과 조직 수준의 방법들을 제안하기도 했습니다.[29] 그는 조직의 경쟁 우위를 창출할 수 있는 참신한 대안을 개발하는 것이 전략이므로, 창의적인 생각을 자극하는 연습을 지속적으로 하다 보면 전략적 사고가 개발된다고 주장했습니다. 또한 관리자들이 전략적인 문제들을 놓고 서로 토론하는 과정에서도 직관과 통찰력을 길러 나갈 수 있다고 주장하였습니다.

저는 학자들의 연구를 토대로 선천적 특성과 후천적 특성이 동시에 영향을 미칠 수 있음을 염두하면서, 데이터가 전략적 사고를 촉진하는 요소들에 대해 무엇을 말해 주는지 분석했습니다. 그 결과 전략적 사고와 통계적으로 유의한 관계가 있는 특성들은 논리적 사고, 직관적 사고, 사업을 수행하면서 겪어온 경험(축적된 경험), 그리고 각 개인이 그동안 참여한 공식적인 교육 프로그램(시간으로 측정된 변수)이었습니다.

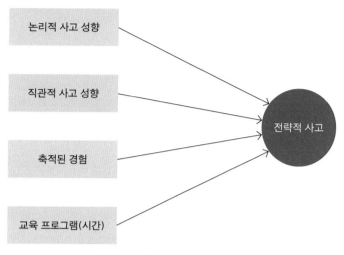

전략적 사고를 촉진하는 4가지 요소

논리적 사고와 직관적 사고는 모두 전략적 사고를 촉진하는 요소로 나타났습니다. 이 분석 결과에 따르면 각각 하나의 사고에만 집중한 마이클 포터와 헨리 민츠버그는 동전의 한 쪽 면에만 집중한 주장을 폈다고 할 수 있습니다. 2가지 사고가 대립적인 관계가 아니라 상호 보완적이라고 보았던 후대 학자들의 관점이 더 타당함을 보여 줍니다.

이 결과는 사람마다 생각을 펼쳐 나감에 있어서 각자 고유한 양식이 있듯, 전략적 사고도 그러할 수 있음을 시사합니다. 어릴 때부터 추리나 문제 등을 이치에 맞게 이끌어 가는 방식을 선호하여 논리적이고 체계적으로 생각하는 일에 익숙한 이들은 마이클 포터가 제시하는 절차적이고 순차적인 사고를 더 잘할 수 있습니다. 반면 여러 경험으로 우러나오는 촉, 감, 직관을 중심으로 생각을 펼쳐 나가는 이들은 헨리 민츠버그가 말하는 전략적 사고를 더 잘할 수 있습니다.

2가지 사고를 동시에 하는 이들은 어떨까요? 집단을 나누어 다시 분석해 봤습니다. 양쪽 사고를 동시에 활용하는 집단, 논리적 사고만을 선호하는 집단, 직관적 사고만을 선호하는 집단, 그리고 그 어떤 사고도 즐겨 하지 않는 집단으로 나누고, 각 집단별로 상사가 5점척도로 평가한 전략적 사고 수준이 어떻게 차이가 나는지를 살펴보았습니다.

그 결과 2가지 사고를 동시에 좋아하는 이들이 소폭 높은 경향이 있었습니다. 하지만 어느 하나에 의존하여 사고하는 이들과 비교했을 때 소수점 둘째 자리 수준의 미미한 차이가 날 뿐이

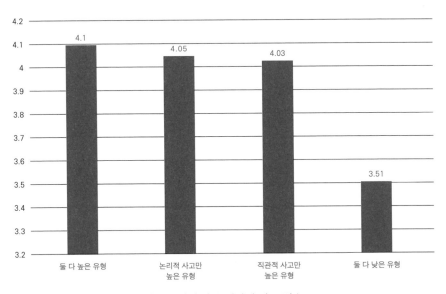

사고 유형에 따른 전략적 사고 점수

법칙 2 자신의 사고 스타일을 파악하라

었습니다. 2가지 사고를 하는 이들이 전략적 사고를 개발하는 데 유리한 경향이 있지만, 그 차이는 불과 반보도 안 된다고 할 수 있습니다.

흥미로운 점은 선천적인 특성(논리적 사고와 직관적 사고)과 조직 내에서 육성되는 변수들(축적된 경험, 교육 프로그램 시간)이 전략적 사고 형성에 미치는 통계적 영향력 수준이 비슷하다는 점입니다. 거의 50%의 비율 수준이었습니다. 이는 선천적인 요소도 강하지만 후천적으로 개발되는 측면도 상당함을 의미합니다. 그래서 이 책에서는 개발 방법으로 경험 자산화를 제시합니다. 경험이 어떻게 전략적 사고 형성에 도움이 되는지는 해당 챕터에서 다루도록 하겠습니다.

경험뿐 아니라 교육 프로그램도 전략적 사고와 유의미한 관련이 있는 것으로 나타났습니다. 교육 프로그램을 많이 받은 이들이 교육 프로그램을 많이 받지 않은 이들보다 전략적 사고 능력이 높은 것으로 관찰된 것입니다.

이같은 결과에 혹자는 2가지 이의를 제기할 수 있습니다. 먼저 교육 프로그램을 시간만으로 측정한 변수가 문제라는 점입니다. 교육 프로그램마다 목적과 내용, 그리고 방식이 다를 수 있습니다. 경영자를 육성하는 목적으로 선발된 소수만을 대상으로 제공되는 교육도 있고, 회사 방침과 제도를 널리 알리고자 임직원 모두가 의무적으로 참여해야만 하는 교육도 있습니다. 이처럼 교육 프로그램마다 차별적일 수 있는 목적·내용·방식을 깡그리 무시하고 오로지 시간만으로 측정한 변수로 교육 프로그램이 전략적 사고와 관련이 있다고 결론을 내리는 일은 무리가 있다는 지적이 있을 수 있습니다. 그러나 현실적으로 교육 프로그램마다 고유한 특징들을 모두 측정하여 데이터로 만들어 내기란 매우 어렵습니다. 그래서 많은 연구자들이 교육 훈련을 받은 시간으로 변수를 만들어서 탐구해 왔습니다. 이 변수에 비판의 여지는 있으나, 그렇다고 해서 그 결과가 무의미하다고 단언할 수는 없습니다.

다른 하나는 임원들에게 교육 프로그램이 많이 제공되면 전략적 사고가 증가한다고 말하기 어렵다는 점입니다. 달리 말하면, 그 역의 관계도 존재할 수 있습니다. 원래부터 전략적 사고가 높았던 임원들을 고위 경영자로 육성하기 위해 회사가 선별하여 더 많은 육성 프로그램을 제공했을 수 있다고 말입니다. 즉, 전략적 사고가 높은 이들에게 회사가 교육 프로그램 참여 기회를 더 많이 주었기 때문이라고 해석될 수도 있습니다. 그 같은 비판이 있을 수 있기에, 회사가 대상자를 선별해서 의무적으로 참가시키는 교육은 애초부터 제외하고, 임원들이 자발적으로 참여한 교육만을 데이터에 포함하여 분석하였습니다.

보다 엄격한 결론을 얻고자, 3~4년 이후에 전략적 사고를 다시 측정하여 변화량을 추적하여 살펴본 결과, 교육 프로그램이 전략적 사고를 높이는 데 기여한다고 결론을 내릴 수 있었습니다. 임원을 대상으로 설계된 교육 프로그램은 그들의 사고를 자극하고 확장 시키는 데 초점을 맞춥니다. 조직을 둘러싼 환경이 어떻게 움직이고 있는지 조망하기도 하고, 조직의 가치를 높이는 방법과 스킬을 제공하기도 합니다.

리더 중에서도 "당장 일이 바빠 죽겠는데, 무슨 교육이야"라거나 "교육으로 내가 얼마나 바뀌겠어"라고 생각하는 이들이 있습니다. 이런 가정을 갖고 있는 이들은 생각이 고립될 수 있습니다. 고객이나 시장, 기술, 정치적 환경이 어떻게 변하고 있는지 모른 채로 과거와 오늘에만 파묻히게 됩니다. 변화의 최전방에서서 예리하고 촘촘한 레이더망이 되어야 할 이들이 되려 구성원들보다 환경 변화에 무뎌질 수 있습니다.

어떤 리더들은 교육을 자기 나름으로 재정의하곤 합니다. 한 리더는 저에게 "교육은 세상을 읽는 창"이라고 말했습니다. 어떤 이는 "단견에 빠질 수 있는 생각을 끊임없이 두들기는 망치와도 같다."라고 얘기했습니다. 또 다른 이는 "그 분야 전문가로부터 짧은 시간에 정수를 전달 받는 멘토링 세션"이라고 정의했습니다. 이들은 시야를 보다 확장하기 위해서, 본인에게 주도적으로 교육 기회를 제공하고 있었습니다.

이처럼 국내 임원들을 대상으로 분석한 결과 논리적 사고, 직관적 사고, 축적된 경험, 교육 프로그램이 전략적 사고 향상과 관련이 있었습니다. 논리적 사고, 직관적 사고는 유년과 청소년 시절을 거치면서 지배적으로 굳어진 특성입니다. 전략적 사고를 개발하려면 무엇보다도 자신의 고착화되어 지배적으로 사용하는 사고 스타일은 무엇인지 알 필요가 있습니다. 그래야 전략적 사고 측면에서 자신만의 결을 낼 수 있기 때문입니다.

나의 사고 유형을
파악해야 한다

$\lceil$

다음은 여러 학자들이 만든 측정 도구에서 대표적인 측정 문항을 제시한 표입니다.[30] 각 문항들을 읽으면서 '전혀 아니다' 부터 '매우 그렇다'까지 자신의 선호를 체크해 볼 수 있습니다. 1~6번은 논리·분석적 사고, 7~12번은 직관·직감적 사고에 해당하는 문항입니다. 1~6번 문항의 합계와 평균, 7~12번 문항의 합계와 평균을 계산한 뒤 두 값을 비교해 보겠습니다.[2]

---

[2]   이와 같은 측정 도구는 다른 이들이 응답한 값과 비교하여 상대적인 위치를 확인하면 더욱 좋습니다. 그러나 그 위치를 계산하기가 조금 복잡하고, 지적 재산권 문제로 그 산식을 공개하기 어렵기에 여기서는 응답 평균 값을 비교해 보도록 하였습니다.

번호	문항	전혀 아니다	아니다	보통이다	그렇다	매우 그렇다
1	단순한 문제보다 복잡한 문제를 더 선호한다.	1	2	3	4	5
2	오랜 시간과 노력을 들여서 심사숙고하는 일에서 만족감을 느끼곤 한다.	1	2	3	4	5
3	추상적인 개념들을 가지고 생각하는 일에 매력을 느낀다.	1	2	3	4	5
4	나는 깊이 고민하고 숙고하는 일을 즐겨한다.	1	2	3	4	5
5	나는 복잡한 문제를 보면 왠지 그것을 분석해 보고 싶은 생각이 든다.	1	2	3	4	5
6	나는 어렵고 시간이 많이 드는 문제라 하더라도 끝까지 풀어 보려고 한다.	1	2	3	4	5
7	나는 매우 직관적인 사람이다.	1	2	3	4	5
8	다른 사람에 대한 내 첫인상은 거의 맞는 경향이 있다.	1	2	3	4	5
9	나는 사람들이 거짓말을 하면 바로 알아챌 수 있다.	1	2	3	4	5
10	사람을 믿을 때는 보통 내 '직감'에 의존한다.	1	2	3	4	5
11	왜 그런지 논리적으로 설명할 수 없더라도 무엇이 옳고 그른 지 대개 느낄 수 있다.	1	2	3	4	5
12	나는 시각적 이미지로 생각을 펼쳐 나가는 경우가 많다.	1	2	3	4	5

사고 유형 검사

어떤 사고 유형이 더 높게 나오는지요? 만일 1~6번에 해당하는 논리, 분석, 이성이 높다면 마이클 포터가 주장하는 전략적 사고에 적합한 사고 유형을 가지고 있다 말할 수 있습니다. 반면 7~12번의 직관과 직감의 영역이 더 높다면 상대적으로 헨리 민츠버그가 정의한 전략적 사고에 더 적합할 수 있습니다. 둘의 평균이 비슷하다면 2가지 방식을 모두 선호하는 유형이라 말할 수 있습니다.

각 유형별로 나타나는 두드러진 특징을 살펴보겠습니다. 다만 유의할 점 한 가지가 있습니다. 각 유형별 지배적인 특징을 사례로 들어 묘사할 예정인데, 이를 보고 '직관적 사고, 혹은 논리적 사고를 좋아하는 이들은 모두 이렇다'는 식으로 단정해 생각하지 않기를 바랍니다. 인간은 다면적이고 다차원적입니다. 직감과 직관적 사고, 그리고 논리와 분석적 사고가 다른 성격적 특성들과 상호작용하면 또 다른 모습을 보여 줄 수 있습니다. 예를 들어, 카너먼이 '빠른 사고'라 별명 붙인 직감과 직관은 생각하는 속도가 매우 빠르고 판단도 빠릅니다. 그런데 직감과 직관적 사고를 즐겨 하는 이들 중에 나중에 후회할 말이나 행동을 하지 않으려고 선택을 조심스럽게 하는 신중성이 두드러지는 이가 있다면, 의사결정을 내리는 모습이 빠르게 나타나지 않을 수 있습니다.

여기서는 각 사고 유형이 다른 성격 특성과 상호작용하지 않은 고립된 상태일 때를 가정하고, 오로지 그 자체로 어떤 모습을 빚어 내는지 그 대략적인 경향성을 설명하고자 합니다.

법칙 2 자신의 사고 스타일을 파악하라

직감과 직관을 사랑하는 스타일

직감과 직관을 더 선호하는 유형의 사람들은 데이터와 분석, 근거와 논리는 별로 중요하게 여기지 않습니다. 그보다는 본인 경험에서 우러나온 감과 촉을 더 신뢰하는 경향이 있습니다. 복잡한 사고 과정을 거치지 않기에 판단과 결정이 빠릅니다.

제가 관찰한 어느 리더는 문제를 접하면 바로 해결 대안이 떠오른다고 밝혔습니다. "구성원들이 어떤 이슈를 얘기하거나, 해결해야 할 과제를 말하면 곧바로 머리 어디선가 여러 가지 이미지들이 떠올라요. 과거에 다루어 봤던, 그래서 무사히 마무리 지었던 일들이 생각나죠. 그러면 곧바로 '아, 그건 이렇게 하면 되겠다.'라는 생각이 들어요." 또 다른 리더는 이렇게 말했습니다. "어떤 아이디어나 기술을 보면 바로 '된다, 안된다'는 판단이 설 때가 많아요. 누군가가 그 이유를 설명해 달라고 요구할 때면 좀 답답합니다. 저도 그 이유를 논리적으로 설명하기 어려울 때가 있거든요. 저는 아니까, 그게 느껴지니까 '바로 해 봅시다.' 라거나, '안 될 것 같으니 접읍시다.'라고 하는 거거든요."

때로는 의사결정의 궤적이 논리적이지 않아 보일 때도 있습니다. 그저께 내린 결정과 어제, 오늘 그리고 내일 내릴 결정이 다른 경우입니다. 이런 모습이 보이는 이유는 이 유형의 사람들이 치밀한 논리와 체계를 따라서 사고를 발전시키기보다 그때그때 처한 현실에 맞는 최적안을 선택하려고 하기 때문입니다. 이들은 행동파인 경우가 많습니다. 책상 머리 앞에서 뭔가를 재고 쪼개고 가르고 분석하는 시간이 아깝다고 여기고, 판단이 서면 바로 행동으로 옮겨야 한다고 생각하는 경향이 있습니다. 그 대표적인 인물이 "이봐, 해 봤어? 해 보고 얘기해."를 상시 말하던 현대 그룹 정주영 회장입니다. 그는 데이터와 분석을 맹신하지 않았습니다. 이유와 논리를 따지고 앉아 있기보다 그래서 뭘 어떻게 할 건지에 집중했습니다.

정주영 회장이 발휘한 직감적인 판단과 행동이 두드러진 사례가 있습니다. 한국 전쟁이 끝나갈 무렵, 남한을 돕기 위해 군대를 파견했던 UN 사절이 내한하기로 결정되었습니다.[31] UN군 묘지에서 영령들을 위로하는 참배 행사도 예정되어 있었습니다. 하지만 전쟁 중에 돌볼 겨를이 없었던 묘지는 흙으로만 덮어 두고 있을 정도로 볼품없었습니다. 미 8군 사령부는 푸른 잔디를 심어서 기념 묘지다운 모습을 갖춰야 한다고 생각했습니다. 그런데 당시는 엄동설한이라 푸른 잔디를 전혀 구할 수 없었습니다. 닷새 이후에 참배 행사가 계획되어 있었으니 시간조차 매우 촉박한 상황이었습니다.

그들은 정주영 회장에게 묘지를 푸르게 만들어 달라는 부탁을 합니다. 부탁을 받은 정주영 회장은 처음에는 머리가 아득해질 만큼 당황했다가, 불현듯 한 아이디어를 떠올립니다. 그는 미군에게 물었습니다. "풀만 파랗게 나 있으면 되는 겁니까?" 그들은 "그렇다"고 대답하였습니다. 정주영 회장은 한겨울에도 푸른색을 띠고 있는 보리 싹을 떠올렸던 것입니다. 그리하여 낙동강 연안 보리밭을 통째로 사서 파란 보리 포기들을 파다가 묘지에 옮겨

　　법칙 2 자신의 사고 스타일을 파악하라

심었습니다. 그 기지 덕분에 기념 묘지다운 분위기를 연출할 수 있었습니다.

이처럼 직관과 직감으로 사고하는 이들은 이미지로 사고하는 경향이 있기 때문에 사고 전환이 매우 빠릅니다. 그러다 보니 생각이 여기저기로 뻗치는 경향이 나타나기도 합니다. 직관적 사고를 가진 상사와 일하는 구성원들은 그 장단점을 이렇게 묘사합니다. "우리 상사는 생각이 통통 뛰는 경향이 있어요. 그래서 때로는 참신한, 결이 다른 아이디어를 내시기도 합니다. 또 여러 분야에 흥미를 갖고 있기도 해서, 어디선가 신문물을 접하면 곧바로 우리에게 말씀하시곤 해요. '오늘 아침에 조찬 모임에서 이런 걸 봤는데, 이걸 우리에게 적용하면 좋을 것 같지 않아?'라고 말입니다. 그래서 때때로 생각이 정리가 안되는 것처럼 보일 때가 많습니다."

회의를 할 때에도 논제 A, B, C, D가 있다면 이들은 A를 논의하다 갑자기 "그런데 Z는 어떻게 되었지요?"라고 말합니다. 그래서 Z를 같이 논의하다가 갑자기 C로, Y로, T로 논의 주제가 옮겨 가곤 합니다. 그래서 구성원들은 "회의할 때마다 이런저런 생각들을 산발적으로 쏟아 낼 때도 있어서 그걸 주워 담고 정리하기 어려울 때가 있어요." 또는 "무엇을 누가 어떻게 해야 할지 명확하지 않은 채로 회의가 마무리되는 경향이 있어요. 체계적으로 구조화되지 않아서 구성원들끼리 알아서 정리해야 합니다." 라고 평합니다.

직감, 직관에 기반한 전략적 사고가 역사적으로 발휘된 경우도 심심치 않게 살펴볼 수 있습니다. 큰 성공을 거두었던 소니 '워크맨'도 직관에 기반한 산물입니다. 창업자 모리타 아키오盛田昭夫와 이부카 마사루井深大는 일본이 2차 세계대전을 벌이던 당시 해군에서 만났습니다. 전쟁이 끝나자 당시 38세였던 이부카와 25세였던 모리타는 의기 투합하여 소니의 전신인 '도쿄통신공업주식회사'를 설립합니다. 설립 초기 휴대용 라디오를 생산하던 이들은 이후 트랜지스터 텔레비전, 트리니트론 텔레비전을 연이어 개발하면서 회사를 반석 위에 올렸습니다. 그로 인해 내로라하는 인재들이 소니에 입사합니다.

그중 산업 디자이너 구로키 야스오黑木靖夫가 있었습니다. 그는 어느 날 입사한 지 얼마 안 된 엔지니어가 기자들이 사용하는 인터뷰 녹음기 '프레스맨'을 개조해서 음악을 듣는 광경을 목격합니다.[32] 프레스맨의 녹음 기능은 제거하고 재생만 가능하도록 개조한 물건이었습니다. 구로키는 근무 시간에 딴 짓을 한 그 엔지니어를 질책하지 않고 되려 그에게 영감을 받습니다.

걸어 다니면서 음악을 즐긴다는 발상은 그에게 매우 매혹적으로 다가왔습니다. 당시만 해도 음악은 집에서 커다란 전축을 통해서 듣거나, 다방이나 음악 감상실과 같은 대중적 공간에서 여럿이 들어야 했습니다. 만일 걸으면서 혼자 들을 수만 있다면 인류가 음악을 감상하는 문화적 양식 그 자체를 획기적으로 바꿔놓을 수 있겠다 싶었습니다. 시장 수요가 상당할 거라는 직감이 들자, 그는 창업자인 이부카와 모리타에게 그 젊은 엔지니어가 개조한 프레스맨을 보여 주었습니다. 그들 반응은 어땠을까요?

근거는 뭐냐, 데이터는 있냐고 추궁하지 않았습니다. 시장 조사를 해 보라고 지시하지도 않습니다. 단지 "꽤 좋아 보이는데"라며 좋아했습니다. 그리고 녹음 기능과 스피커를 빼서 휴대성을 높인 제품을 만들도록 지시합니다. 그냥 감과 촉만으로 결정을 내린 것입니다.[33]

그런데 영업과 제품 관리 부서가 크게 반발합니다. 그들은 이 결정이 고객 니즈를 완전 무시한 처사라고 비판하였습니다. 그당시 영업 부서가 실시한 광범위한 조사에 따르면 고객들은 크게 2가지를 원했습니다. 하나는 스피커가 크면 좋겠다, 다른 하나는 라디오에서 흘러나오는 음악을 소장할 수 있도록 녹음 장치가 우수하면 좋겠다는 의견이었습니다. 그런데 고객들 의견은 깡그리 무시하고 오로지 재생만 가능한, 스피커도 없는 작은 기기를 만들겠다 하니 영업 부서 등이 크게 반발했던 것입니다. 하지만 그런 우려가 무색하게 워크맨은 출시 2달 만에 무려 3만 대나 나갈 정도로 날개 돋친 듯 팔렸습니다.[34]

지금까지 살펴본 것처럼 직감적, 직관적 사고를 하는 이들은 근거와 논리가 아니라 촉과 감에 의존합니다. 사고 전환이 빠르고 판단과 결정이 신속해 곧바로 행동으로 옮기곤 합니다. 하지만 이런 사고 유형이 빚어내는 안타까운 이면도 있습니다. 타당한 논리와 근거가 부족하기에 주변 사람들을 설득하는 일이 어려울 수 있습니다. 아울러 여러 아이디어가 동시에 떠오르기에 생각을 정리하지 못한 채로 이야기하는 경우가 많을 수 있습니다. 또한, 함께 일하는 이들로부터 의사결정이 종종 번복된다는 아쉬움 섞인 얘기를 들을 수 있습니다. 그러니 이 유형의 사람들은 자신이 즐겨 하는 사고의 단점을 파악하고 유의하려는 태도가 필요합니다.

여러분이 직감적, 직관적 사고를 선호한다면 자신은 어떤 특성이 두드러지는지 스스로 관찰해 보시기 바랍니다.

▶ 문제를 접할 때 머리 속에서 어떤 연상 작용이 일어납니까?
▶ 의사결정을 내릴 때 어떤 모습이 자주 나타납니까?
▶ 새로운 지식, 기술을 접했을 때 어떤 태도를 보입니까?
▶ 불현듯 어떤 아이디어가 떠올랐을 때 어떤 모습을 보입니까?
▶ 회의할 때 어떤 태도와 행동이 관찰됩니까?

분석과 논리를 사랑하는 스타일

분석과 논리를 선호하는 이들은 데이터와 근거를 중요하게 여깁니다. 아무리 복잡다단한 현상이라 하더라도 그와 관련된 자료와 데이터를 샅샅이 입수합니다. 오랫동안 검증되어 왔거나 또는 타당하다고 인정받아서 널리 사용되는 프레임워크에 맞춰서 촘촘하게 자료와 데이터를 정리합니다. 그 안에서 일정한 패턴을 발견하고, 그것을 시사점으로 변환해 내곤 합니다.

이들은 어떤 사안을 두고 상당히 심사숙고하는 경향이 있습니다. 암묵적으로 '무지 상태에서는 판단하기 어렵다'라는 가정을 믿습니다. 따라서 그 사안과 관련된 사실을 최대한 파악하고 고려하려 합니다. 그 정보들을 세심히 분석하다 보면 정확한 판단으로 나아갈 수 있다고 생각합니다.

대표적 인물이 삼성 그룹을 창업한 이병철 회장입니다. 그는 20대에 정미, 미곡 거래 사업을 하던 중 토지 가격에 주목합니다. 은행 융자를 받아서 토지를 사 모으기 시작한 그는 1년 여 만에 200만 평의 대지주가 됩니다. 그러던 어느 날 시련이 닥칩니다. 중일 전쟁이 확대되자, 일본 정부가 은행 대출을 모두 중단하라는 지시를 내린 겁니다. 그러자 토지에 투자하고자 은행에서 융자를 받은 이자가 눈덩이처럼 불어나, 그의 능력으로는 어찌해 보기 어려운 상황에 처하게 되었습니다. 결국 그는 모든 사업을 청산해야만 했습니다. 그때 깨달은 바를 이렇게 남겼습니다. "사업을 운영할 때는 국내외 정세의 변동을 적확하게 통찰해야 한다."라고 말입니다.[35]

첫 실패를 뒤로하고 다음번 사업거리를 찾아보고자 여행길에 오릅니다. 국내외 정세 변동을 적확하게 통찰하려고 부산을 시작으로 서울, 평양, 신의주, 원산, 홍남 등 북쪽 도시를 돌아봤습니다. 아울러 만주 여러 도시와 중국 북경, 청도, 상해까지 정보를 파악하러 부지런히 발길을 돌렸습니다. 그는 치밀하고 꼼꼼하게 정보를 입수하고 분석하고 나서 이렇게 결론을 내렸습니다. "2개월에 걸친 조사 결과, 청과물, 건어물, 잡화 등의 무역이 적합하다는 것을 알게 되었다. 일상생활에 불가결한 것이므로, 이것들은 언젠가는 반드시 소비도 늘어날 것이다. 그럼에도 불구하고 아직 우리나라에는 전문화된 업자 하나 제대로 없었다."[36]

이 사고를 즐겨 하는 이들은 일을 단계적으로 추진하기를 즐겨 합니다. 작은 일이든 큰 일이든 가장 먼저 계획을 세웁니다. 일을 마무리 지어야 하는 시간을 정해 놓고, 역으로 주요 분기점을 설정해서 무슨 일이 언제까지 완료되어야 하는지를 촘촘히 따져 정리합니다. 논리적으로나 인과적으로나, 또는 일의 선후를 따져 봐도 빈 구멍이 없도록 계획에 만전의 준비를 다합니다.

이들은 문제에 부딪혔을 때 선형적 인과성을 따집니다. 세상은 원인과 결과로 구성되며, 이를 구분할 수 있다고 생각합니다. 단순히 변죽만 울리는 해결책이나 핵심을 외면한 미봉책은 문제를 제대로 해결할 수 없다고 믿습니다. 현상을 깊게 파고 들어가다 보면 문제를 일으킨 본질적인 원인을 찾을 수 있다고 생각합니다. 대표적인 사고법이 '5 whys'입니다. 어떤 문제를 두고 '왜'를 5번 물으면 근본 원인을 찾을 수 있다는 가정을 가진 분석 도구입니다. 아울러, 사각형 상자와 화살표로 도식을 그리는 일을 즐겨합니다. 의사결정을 할 때면 논리를 추구합니다. 그 일을 왜 해야 하는지, 무엇이 목적인지, 어떻게 할 수 있는지 등을 빈틈 없이 고민합니다. 논리적으로 타당하여 누가 들어도 설득력이 있습니다. 여러 대안을 탐색하고 일정한 기준에 따라 평가하여 최종안을 선택합니다.

이병철 회장이 제조업에 진출한 결정이 바로 분석적 사고에 의한 결정입니다. 토지 투자 실패 이후, 그는 무역업으로 다시 많은 돈을 회수할 수 있었습니다. 하지만 그는 문제 의식을 강하게 느낍니다. 당시 우리나라는 한국전쟁이 한창이어서 국토는 망가졌고, 물가는 따라잡을 수 없을 만큼 치솟고 있었습니다. 국민들은 전쟁과 더불어 인플레이션에 신음했습니다. 이병철 회장은 자신은 무역으로 돈을 제법 만지고 있지만, 그렇게 해서는 자생적인 사업 경쟁력을 갖출 수 없을 뿐더러 국가와 국민에 도움이 되지 못한다고 판단했습니다. 국민 생활에 필요한 물품을 단순 유통으로 외국에서 들여 오면, 우리나라는 경제적으로 독립할 수 없다고 생각했습니다. 사업을 일으키고 또 그걸 통해서 국가를 발전시키려면 원자재를 수입해서 상품으로 가공하여 수출해야만 한다고 믿었습니다. 그리하여 제조업에 뛰어들기로 결심합니다. 이처럼 그는 제조업을 하고자 했던 이유와 목적이 분명했고 그 사고의 과정이 매우 논리적이었습니다.

제조업 중 제당 사업에 투신하게 된 배경도 주목할 만합니다. 그는 "제조업에 대한 여러 가지 조사 결과 제지, 제약, 제당의 국내 생산 능력은 거의 전무한 상태여서, 국민 생활이나 산업 활동에 긴요한 중요 물자이면서도 수입에만 의존하는 실정임을 알았다. 이러한 품목의 수입 대체가 무엇보다 시급하다고 생각했다."라고 밝힙니다.[37] 그리고 그는 제지, 제약, 제당 사업을 깊이 있게 탐구합니다. 그리고 나서 그 당시 삼성이 가지고 있던 자금력과 공사 기간을 고려하여 제당으로 정합니다. 이처럼 촘촘한 근거와 논리로 생각을 발전시키고 결정해 왔습니다.

앞서 살펴본 대로 논리적, 분석적 사고 유형의 사람들은 근거와 논리로 무장하고 생각의 기초 공사를 단단히 하여 강한 지진에도 무너지지 않을 집을 쌓아 올립니다. 생각에 생각을 거듭하기에 실수를 범할 가능성이 낮습니다. 타당하고 합리적인 대안을 찾으려는 태도는 치명적인 실패를 겪을 가능성을 상당히 낮춥니다. 자기 생각과 주장을 체계적인 프레임워크에 맞춰서 설득력 있게 펴 나갈 수 있습니다. 그런데 이 사고 유형 역시 완벽하지는 않습니다. 정보를 찾고 타당한 패턴을 찾아 숙고해야 하는 시간이 필요하기에 의사결정을 내리기까지 시간이 걸릴 수 있습니다. 정보가 충분하지 않거나, 체계적으로 정리가 되지 않았거나, 검증된 방법론이 부재한 상황에서는 판단을 유보하려는 경향이 나타날 수 있습니다.

여러분이 논리적·분석적 사고를 선호한다면 여러분은 어떤 특성이 두드러지는지 자신을 관찰해 보시기 바랍니다.

▶ 나는 아이디어를 어떻게 발전시켜 나갑니까?
▶ 나는 해결해야 할 문제들에 어떤 가정을 갖고 있습니까?
▶ 나는 해결 방안을 고민할 때 어떤 태도와 행동이 나타납니까?
▶ 나는 의사결정을 내릴 때 무엇을 중요하게 여깁니까?
▶ 회의를 할 때 어떤 태도와 행동이 관찰됩니까?

두 사고를 모두 사용하는 스타일

인지 심리학자인 앨린슨과 헤이스는 직관과 분석이 양극단에 놓인 특성이라 간주하였습니다. 직관을 즐겨 사용하는 이는 분석적 사고를 선호하지 않고, 분석을 좋아하는 이는 직관적 사고를 사용하지 않는다는 가정입니다. 하지만 양쪽 사고를 즐겨 사용하는 이들이 있습니다.

이들은 어떻게 2가지 사고를 활용할까요? 제가 관찰한 한 리더는 매우 치밀한 논리로 회사 내부에서 명성이 자자한 인물입니다. 체계적으로 생각을 펼쳐 나가고, 그 과정에서 근거와 자료를 수집하여 보완합니다. 다양한 데이터를 입수해서 분석하고, 다차원적으로 현상을 종합합니다. 무엇을 어떻게 해야 하는지 탄탄한 논리로 무장하여 남들을 설득하고 타인의 신뢰를 얻습니다. 동시에 그는 직감이 말하는 메시지를 예리하게 포착합니다. 휘하 팀장과 실무자들이 기획안을 보고하면 잘 살펴보고 결정을 내립니다. 그러나 잠시 화장실을 다녀 온 뒤에 좀 전에 보고한 이들에게 "다시 오세요. 다시 검토해 봅시다."라고 말하고는 좀 전에 내렸던 결정과 다른 지시를 합니다. 그 리더는 이와 같이 행동한 이유를 이렇게 말했습니다. "화장실을 가는데 뒷목이 좀 쎄해서… 뭔가 좀 이상하다는 생각이 들었습니다. 왜 이상한지는 저도 설명하기 어려웠어요. 제 경험으로 비추어 볼 때 이럴 때는 다시 검토하는 일이 반드시 필요하더라고요. 실무진들과 다시 살펴보는 와중에 왜 뒷목이 쎄했는지 알게 되었습니다. 구체적인 이유들이 떠올랐고, 그래서 전에 내린 결정을 번복하고 달리 지시를 내렸습니다."

2가지 사고를 좋아하는 이들은 자료와 데이터를 분석하다가 불현듯 머리를 스쳐 지나가는 촉을 감지합니다. 직감적으로 '여기 이 부분을 좀 더 깊이 파 봐야 하겠는데? 여기에 뭔가 유의미한 시사점이 있을 것 같아.'라고 느낍니다. 실제로 시사점이 나온다면 그것을 다시 체계적이고 논리적인 순서에 맞게 풀어 냅니다. 어떤 아이디어가 갑자기 떠오를 수 있지만, 그걸 곧바로 얘기하거나 실행하려 들지 않습니다. 이들은 '왜 그 아이디어가 떠오른 거지? 그것이 좋아 보이는 이유는 무엇이지? 그것을 왜 해야 하지? 그것이 갖고 있는 잠재적인 위험은 무엇이지? 위험을 최소화하려면 무엇을 신경 써야 하지?' 등을 계속 따져 묻습니다. 직관적 사고가 분석적 사고로 전환되는 것입니다.

삼성 이건희 회장은 양자의 사고를 동시에 잘 활용한 인물입니다. 그는 매우 체계적이고 논리적으로 사고하는 경영자로 널리 알려져 있습니다. 다양한 근거와 자료, 숫자를 거론하면서 설득력 있는 주장을 펴곤 하였습니다. 그에 더하여 직감, 직관을 간과하지 않았습니다. 일례로 그는 삼성 신경영을 주창한 배경을 이렇게 말했습니다. "1992년 중순부터 고민하기 시작해서, 작년 말부터는 하루에 3~5시간밖에 잠이 오지 않았다. 거대한 풍랑이 몰려 오는 것을 직감해 조바심으로 입술이 타 들어가고, 밤에는 잠도 오지 않았고, 깨어나면 등에서 식은땀이 흘렀다."[38] 이처럼 그는 위기가 닥쳐오는 것을 직감으로 먼저 느끼곤 했습니다.

* * *

　지금까지 설명한 바를 놓고 보면 어느 한쪽을 즐겨 사용하는 이들보다 양자를 함께 선호하는 이들이 더 사고력이 좋아 보일 수 있습니다. 물론 그럴 개연성이 어느 정도 있습니다. 하지만 선호와 역량은 다릅니다. 선호는 좋아하거나 싫어하여 특정 양식 태도와 행동을 더 많이 하는 것을 의미하고, 역량은 특정 과업을 얼마나 잘 수행할 수 있냐는 문제입니다. 제가 노래 부르기를 좋아해서 가수가 되기를 꿈꾼다 해 보겠습니다. 이는 선호입니다. 그런데 누가 들어도 음치, 박치, 몸치라면 가수가 될 역량은 전혀 없다고 할 수 있습니다.

　직감과 직관적 사고, 분석과 논리적 사고는 개인의 선호 체계입니다. 앞에서 우리가 체크한 문항들은 '잘한다/못한다'를 평가한 것이 아니라 자신 어떤 사고 유형을 즐겨 하는지를 스스로 묘사한 결과입니다. 이쪽이든 저쪽이든 또는 그 양자를 즐겨 사용하는 이이든, 의도를 가지고 연마하지 않으면 전략적 사고를 개발하기 어렵습니다.

나만의 고유한 결을
발전시켜라

한 대기업 CEO로부터 임원 A를 도와 달라는 요청을 받았습니다. CEO는 A를 가리켜 "성과는 잘 내는데 전략적 사고가 안되는 경향이 있다. 경영자 후보자로서 미흡한 점이니 사고하는 방식을 세련되게 가다듬을 필요가 있다."라고 평하였습니다.

A를 만나 얘기를 나눠 보니, 그는 직감과 직관을 사랑하는 인물이었습니다. 그 업계에서 오래 일하면서 다양한 경험을 축적해 왔고, 불현듯 떠오른 아이디어들을 곧바로 행동으로 옮겨서 상당한 성과를 내 왔습니다. 그 업계와 전혀 무관한 산업이나 영역에서 성공한 여러 사례들을 눈여겨보면서, 그것을 어떻게 회사에 적용할 수 있을지 끊임없이 고민하여 의미 있는 변화를 이끌어 오기도 했습니다. 그야말로 헨리 민츠버그가 강조한 전략적 사고

를 소유한 인물이라 할 수 있었습니다.

그런데 왜 CEO는 그가 전략적 사고가 안 된다고 평한 것이었을까요? 그 CEO는 논리적이고 분석적인 사고를 구사하는 이였습니다. 데이터와 자료들을 입수하여 다차원적으로 현상을 분석하는 일에 능했습니다. 이를 토대로 거시 환경과 산업 환경이 변화해 나가는 궤적을 추정하고, 앞으로 회사가 가야 할 길을 논리적으로 선택하는 방식을 선호했습니다. 그렇게 체계적으로 의미와 시사점을 모색하는 방식이 바로 전략적 사고의 핵심이라 믿었습니다. 그래서 CEO와 고위 임원들이 회의할 때마다 A가 쏟아 내는 아이디어에 "그걸 왜 해야 하는가?"라고 질문하곤 하였습니다. 그에 대해 A가 이유를 설명하기는 하지만 CEO로서는 그 답변이 성에 차질 않았습니다. 논리와 근거가 부족하고, 치밀함이 없어 보였기 때문입니다. 그래서 A가 전략적 사고가 안된다고 판단하고 코칭을 받으라 지시한 상황이었습니다.

스타트업 공동 창업자 둘이 자주 싸우니 양측을 이해시키고 잘 협업할 수 있게 도와 달라는 부탁을 받을 때마다 이 같은 현상을 종종 봅니다. 한 사람은 직감과 직관을 사랑하는 인물, 다른 이는 분석과 논리를 선호하는 인물인 경우였습니다. 일을 추진하는 과정이 '계획, 실행, 조정'이라고 단순히 말한다면 계획 단계에서는 머리를 맞대고 생각을 교류하는 일이 많을 수밖에 없습니다. 사고하는 방식이 완전히 다른데, 그 차이를 이해하고 포용하지 못해서 초장부터 갈등을 겪곤 합니다. 분석과 논리를 선호하는 창업자는 동료 창업자를 두고 "걔는 생각이 너무 순진합니다. 무슨 목적으로, 왜 해야 하는지에 대한 생각도 없이 일을 벌리려고만 합니다. 답답해 미치겠습니다." 반면, 직감과 직관을 선호하는 창업자는 동료를 두고 "그 친구는 맨날 딴지만 겁니다. 그걸 왜 해야 하냐, 근거는 뭐냐 따져 묻기만 합니다. 곧바로 행동으로 들어가면 되는 일을 말이죠."라는 불만을 토로합니다.

어느 사고 양식이 더 우월하다고 말할 수는 없습니다. 전략적 사고로 가치를 만들어 낸 사례들을 구분해 보면 이쪽이든 저쪽이든 비슷한 비율입니다. 정주영 회장, 이병철 회장이 서로 다른 사고 방식으로 각각 자신의 사업을 일으켰듯 말입니다.

우리는 이런 자세를 지향해야 합니다. 첫째, 직감과 직관을 원료로 삼는 전략적 사고 유형이 있음을 이해하는 일이 필요합니다. 오로지 논리와 분석, 체계적인 프레임과 도구만이 전략적 사고의 핵심 요소라고 믿는 오해는 떨쳐 내야 합니다. 둘째, 본인과 다른 사고를 구사하는 이를 포용하는 자세가 필요합니다. '그 사람은 생각하는 방식 자체가 틀렸다.'라는 태도가 아니라, 그가 구사하는 사고 방식을 잘 살펴보고, 그 장점과 단점이 무엇인지를 균형적으로 보는 자세가 요구됩니다. 그 장점을 어떻게 살리고, 또 어떻게 보완하고, 조화롭게 협업할 것인지를 고민하는 일이 필요합니다. 그렇게 하는 것이 함께 대업을 꿈꾸며 일을 공동으로 발전시켜 나가는 데 도움이 될 수 있습니다. 셋째, 본인이 선호하는 사고 유형을 이해하고 자신을 끊임없이 개발시켜 나가야 합니다. 자기 몸을 맞지 않는 옷에 억지로 자꾸 끼워 넣으려 시도하다가 자포자기하는 게 아니라, 자기 체형에 맞게 맞추는 일이 필요합니다.

대기업 운영체제의 핵심 코드는 2가지입니다. 위에서 아래로는 '지시와 명령', 아래에서 위로는 '설득과 논리'입니다. 그 같은 체제에서는 분석과 논리로 전략적 사고를 구사하는 이들이 우수한 평가를 받고 승진하여 경영자가 되는 경향이 있습니다. 조직은 그 자신과 꼭 닮은 사람을 선택하니 말입니다. 반면 대기업에서 직감과 직관으로 전략적 사고를 구사하는 이들은 상대적으로 설 자리가 좁습니다. 만일 정주영 회장이 오늘날 대기업에 사원으로 입사했다면 적응하지 못하고 튕겨져 나갔을 수도 있습니다. 이런 사고를 즐겨 하는 이들은 자조적으로 이렇게 말하곤 합니다. "저는 경영자는 되지 못할 거 같습니다. 논리적으로 생각을 풀어 나가고, 설득력 있게 방향성을 내세울 수 있어야 하는데 저는 그런 자질이 안 되는 거 같아요." "회사에서 생존해야 하니까 어쩔 수 없이 자료와 근거를 찾고 논리를 만들어 내려 하지만, 다른 동료 리더들과 비교하면 많이 부족하죠. 천성이 그렇게 타고난 리더들을 따라잡을 수는 없는 거 같아요."라고 말입니다.

자포자기하기보다는 자신이 주로 사용하는 사고 양식을 이해하고, 어떤 결을 낼 수 있는지를 확인하는 일이 필요합니다. 그리고 이 책에서 제시하는 개발 방법들을 적용하려 노력해 보고, 그중에서 가장 와닿는 방법으로 꾸준히 사고력을 연마하길 권합니다.

나의 사고 유형 이해하기

본문을 읽으며 파악한 나의 사고 유형을 토대로 아래의 질문에
답해 보시길 바랍니다.

▶ 업무를 하면서 내가 즐겨 사용하는 사고 유형으로 인해 자주
나타나는 태도와 행동은 무엇입니까?
▶ 내가 즐겨 사용하는 사고 유형이 빚어 내는 긍정적인 측면, 부
정적인 측면은 무엇입니까?

여러분과 함께 근무하는 상사, 동료, 구성원들 중에서 분석과 논
리를 극도로 따지는 이, 직감과 직관으로 판단하는 이를 각각
떠올린 후, 아래의 질문에 답해 보시길 바랍니다.

▶ 그들은 생각을 어떤 방식으로 펼쳐 나가며, 무슨 태도와 행동
을 자주 보입니까?
▶ 나와 생각의 결이 맞는 이가 있다면, 어떤 사고 유형을 갖고
있는 이입니까?
▶ 나와 생각의 결이 안 맞는 이가 있다면, 그는 무슨 사고 유형
을 갖고 있는 이입니까?

단어의 본질을
명확하게 정의하라

리더의 사고는
명확해야 한다

대학원 수업에서 제가 제일 강조하는 태도는 '내진 설계'입니다. 사전적 의미로는 어지간한 지진에도 무너지지 않는 건물을 설계하는 일을 일컫습니다. 내진 설계는 물리적인 세계뿐만 아니라 관념적이고 개념적인 학문 세계도 필요합니다. 그래야 오랫동안 고민했던 생각과 아이디어가 물거품이 되지 않을 수 있습니다. 생각의 내진 설계는 무엇보다도 개념을 명확히 파악하고 정의하는 일로 시작합니다. '도대체 이것은 무엇인가?' '쉽게 설명하면 뭐라고 표현할 수 있는가?'로 대변되는 사고 과정입니다.

제가 만난 탁월한 경영자들은 모두 명확한 사고를 하는 사람이었습니다. 그들은 회사의 미션, 비전, 그리고 앞으로 나아갈 방향성을 매우 일목요연하게 정리했습니다. 또 조직이 이를 구현하려면 어떻게 운영해야 하는지, 경영자로서 본인은 무엇을 어떻게 해야 하는지 명확하고 구체적으로 정립하고 있었습니다. 이들이 사고하는 방식을 유심히 살펴보았습니다. 그랬더니 모두 기본적으로 단어와 개념에 정의가 명확하다는 특징이 있었습니다.

"사물의 이름을 아는 것과 사물의 본질을 아는 것은 다르다."[1] 노벨 물리학상 수상자인 리처드 파인먼Richard Feynman은 유년 시절을 회고하면서 이런 문장을 남겼습니다. 그의 아버지는 그를 데리고 뉴욕 근처에 있는 산으로 데려가 산에서 볼 수 있는 꽃과 나무, 그리고 새에 관한 얘기들을 들려주곤 했습니다. 어느 날 아이들끼리 산에서 놀고 있을 때 한 아이가 파인먼에게 "저 새 좀 봐! 저게 무슨 새인지 아니?"라고 묻습니다. 파인먼은 아버지와 그 새에 대해 이야기를 나눈 적이 있었기에 새의 이름을 알고 있었습니다. 그때 아버지는 파인먼에게 이렇게 강조해서 말해 주었습니다. "저 새는 이탈리어로는 '추토 라피티다', 포르투갈 어로는 '봉다 페이다', 중국어로는 '충롱따', 일본어로는 '가타노 데케다'라고 한단다. 이와 같이 세상에 있는 모든 언어로 저 새를 부를 수 있지만, 그러고 나서도 저 새가 어떤 새인지에 대해서는 아무것도 모를 수 있단다. 단지 사람들이 저 새를 뭐라고 부르는지에 대해서만 알게 된 것이지. 그러니까 우리는 저 새를 관찰해서 저 새가 '무엇을 하고 있는지'를 보도록 하자. 그것이 정말 중요한 거다."[2] 라고 말입니다. 파인먼은 아버지를 통해서 그저 사물과 그 이름을 아는 것을 넘어서 그것의 본질을 설명할 수 있어야 제대로 아는 것이라는 점을 어릴 때부터 깨우쳤습니다.

앞서 살펴본 삼성 그룹 이건희 회장도 명확한 사고자로 유명합니다. 이건희 회장은 복잡한 현상을 간단한 단어로 표현하곤 했습니다. 1993년부터 신경영을 외치면서 삼성그룹을 변화시킬 때, 그는 각 계열사가 보이는 복잡다단한 현상들을 인간이 겪는 여러 병증으로 묘사했습니다. "삼성중공업은 영양실조다. 자금과 기술자만 좀 더 넣고 노력하면 살아날 수 있다. 건설은 영양실조에 당뇨병이다. 더 열심히 뛰어야 되고 사람을 많이 넣어야 된다. 특히 중간 관리자를 많이 넣어야 한다."[3] 그는 한 회사 안에서도 같은 용어를 사업부마다 다른 의미로 사용하거나, 같은 내용을 서로 다른 용어로 부르는 현상을 예리하게 파악하고 그것이 유발하는 비용과 부작용을 질타하기도 했습니다. 그러면서 "원래 학문이란 것도 처음 기초는 용어를 배우는 것으로 시작한다. (중략) 삼성의 고유한 용어를 만들어 익숙하게 써 버릇하면 5~6개 단어로 된 말이 요새 내가 3시간 이야기한 내용하고 같아진다. 이것이 초관리고, 효율이고, 경쟁력이다."라고 강조합니다.[4]

우리의 사고는 단어와 개념들로 구성되어 있습니다. 따라서 전략적 사고를 개발하는 가장 기본적인 방법은 무엇이든 개념을 명확하게 정의하고서 생각을 발전시키는 것입니다. 단어가 가진 의미를 명확히 파악하지 못하면 그후로 펼쳐지는 사상들이 뒤틀릴 수 있습니다. 특히 개념이 추상적일수록 더욱 그러합니다.

경영자들이 많이 사용하는 단어인 '혁신'이 대표적입니다. 우리는 일상적으로 무심코 '혁신'이란 표현을 사용합니다. 풍자적인 기사를 쓰는 매체로 유명한 《디 어니언》에서는 'SXSW South by Southwest, 기술, 영화, 음악 등 창조 산업 분야의 축제'에서 사람들이 1초당 8.2회로 '혁신하다'라는 단어를 거론했다고 밝히며[5], 축제가 끝나기 전까지 약 2,400만 번이나 발언될 것이라 추정하였습니다. 미국 네바다주 라스베거스 컨벤션 센터에서 열리는 세계 최대 소비자 가전 산업 박람회인 'CES Consumer Electronics Show'에서도 '혁신'은 빈번하게 언급되곤 합니다.

이 같은 경향은 비단 기술을 다루는 축제나 박람회만이 아닙니다. 우리나라 대기업 회장 또는 대표의 신년사에서도 매년 1순위로 '혁신'이란 키워드가 등장합니다. 그런데 도대체 그것이 무엇을 의미하는지 명확하게 정의하는 조직은 별로 없습니다.[6] 상당수 직장인들은 혁신을 매우 협소하게, 그것도 암묵적으로 정의하곤 합니다. 혁신을 '전례 없는 새로운 기술을 만들어 내는 것' '새로운 비즈니스 장르를 탄생시키는 것'이라 가정합니다. 마치 스티브 잡스가 2007년에 아이폰이라는 전무후무한 장르를 내놓고, Open AI가 2023년에 무서울 정도로 인간적 대화를 나누는 챗GPT라는 인공지능을 발표한 것처럼 말입니다.

이와 같은 암묵적인 가정은 구성원들의 생각을 협소한 울타리에 가두고 손발에 수갑을 채웁니다. 연구개발과 신사업 부서에서 일하는 구성원들은 "하늘 아래 새로운 것이 없다는데 내가 뭘 할 수 있겠어"라며 지레 포기하는 경우도 많습니다. 스태프 지원 조직에서 일하는 구성원들은 본인과 혁신은 관련이 없다고 생각하곤 합니다. 어느 구성원은 "회사에서 혁신하자고 부르짖곤 하는데, 이게 가죽을 벗겨서 새로운 살을 드러내는 행위잖아요. 뼛속까지 바꾸는 일인데, 우리 부서나 제 직무는 그럴 일이 별로 없어요. 아니, 우리 부서는 그렇게 했다가는 큰일 날 걸요?"라고 얘기합니다.

제가 경영자, 리더들과 함께 고민할 때면 "우리 조직에서 혁신은 무엇입니까? 이 단어를 어떻게 정의 내리십니까?"라는 질문을 종종 건넵니다. 그러면 상당수의 리더들이 잠시 얼굴이 멍 해지다가 생각해 내려 애쓰는 표정을 짓습니다. 그러고는 지극히 평이한 대답을 내놓곤 합니다. "새로운 무언가를 만드는 일이지요."라고 말입니다.

혁신이 우리 조직에서 정확히 무엇을 의미하는지 공유되지 않으면 경영진과 구성원 간에 기대하는 바가 서로 다를 수밖에 없습니다. 신입 사원이나 경력자가 좋은 아이디어를 내도 조직 위계를 타고 올라가면서 변질되고 폐기되는 일이 비일비재합니다. 혁신하자는 경영진의 건설적인 의도가 아래로 내려가면서 곡해되는 경우도 많습니다. 그렇기에 경영자가 매년 신년사에서 혁신을 선언하고, 경영 회의 때마다 강조하고, 구성원들에게 촉구해도 정작 혁신은 일어나지 않습니다. 소위 이노간다Innoganda, innovation과 propaganda의 조합어라 불리는 거짓된 선동 문구에 그치곤 합니다.[7] 혹자는 이 모습을 보며 세상이 변화하는 형세를 따라잡는 시늉이라도 함으로써 마음의 위안을 얻으려는 '혁신 연극'에 불과하다고 신랄하게 비판합니다.[8] 구글에서 가장 실험적인 조직이자 베일에 쌓인 회사인 구글 X의 CEO 에릭 아스트로 텔러 Eric Astro Teller 역시 혁신이란 단어를 별로 좋아하지 않는다면서 "혁신이란 단어가 지나치게 남용되고 있습니다. 그걸로 의미 있는 대화를 할 수 있을지 모르겠습니다."라고 밝혔습니다.[9]

'리더십'이란 단어도 그와 마찬가지입니다. 무수히 많은 학자들이 리더십이 팀과 조직의 성과와 관련이 있음을 밝혔음에도 이를 부정하는 리더들이 있습니다. 어떤 임원은 이렇게 말했습니다. "리더십은 포퓰리즘이죠. 구성원 인기 투표에 지나지 않아요. 구성원들에게 오냐오냐 잘해 주는 사람들이 리더십이 좋다고 평가받습니다. 정작 조직을 변화시키기 위해서 강하게 추진하는 리더들, 치열하게 목표를 달성해서 성과를 내는 리더들은 좋지 않게 평가받죠. 구성원들 입장에서는 일이 많아지니까 싫은 거죠. 그런데 기업은 어쨌든 생존을 해야 하니 성과를 내는 리더들이 더 중요한 거 아니겠어요? 우리 회사 관리자들에게 리더십은 필요 없습니다. 성과를 내는 일만 필요할 뿐이죠." 그러나 리더십을 '조직의 목표 달성을 위해 구성원들을 결집시키는 힘'이라고 정의하면 그 이후의 사고가 어떻게 펼쳐질까요? 경영자 본인, 그리고 함께 일하는 고위 임원들, 중간 관리자들이 갖춰야 할 리더십은 무엇인지를 고민할 터이고, 그것을 개발하는 방법을 찾아 실천하려 할 것입니다.

오늘날 경영 환경은 매우 복잡하게 변하고 있습니다. 조직 외부 세계에는 온갖 용어들이 유행처럼 난무하고, 조직 내부는 전문화되면서 다른 부서는 알지 못하는 특수한 용어들이 물밀듯이 들어옵니다. 경영에서 사용하는 용어는 그 추상성이 더욱 높아지고 있습니다. 그럴수록 개념 정의가 중요합니다.

어떻게 개념을 명확하게 정의할 수 있을까요? 이 책에서 다루고자 하는 '전략적 사고'를 가지고 개념을 명확히 하는 방법을 살펴보도록 하겠습니다. 이는 제가 어느 개념의 본질을 관조할 때 사용하는 방법들입니다.

개념을 명확히 하는
6가지 방법

단어를 쪼개서 생각하라

관조하려는 단어가 조합어인 경우에는 각 마디를 분절하여 따져 볼 수 있습니다. 개념어가 나란히 붙어 있으면 그 의미가 더욱더 추상적으로 변하는 경향이 있습니다. 요즘 흔히 사용하는 '조직 문화'라는 표현도 '조직'과 '문화'의 조합어입니다. '조직'도 추상적인데, '문화'라는 단어는 협의와 광의의 연속선 상에서 무수히 많은 정의가 존재합니다. 그 둘이 함께 붙어서 하나의 관용어로 사용되고 있으니 더욱 관념적이고 추상적일 수밖에 없습니다. 단어가 추상적이면 사람들이 각자 다른 의미로 사용하고 해석하게 됩니다. 이런 경우 조직과 문화를 따로 떼어 놓고 각각을 음미해야 합니다. 각 개념의 본질이 무엇인지를 따져 보고, 그것이 서로 합쳐지면 어떤 의미가 되는지를 숙고해 보는 것입니다.

학자마다 다르지만, '문화'의 가장 좁은 의미는 '다양한 사람들이 함께 살아가는 방식'이라 할 수 있습니다. 한 사회에 문화라는 현상이 없으면 어떨까요? 온통 혼란과 무질서로 뒤죽박죽일 것입니다. 한 예로 결혼을 둘러싼 여러 문화적 관행을 생각해 볼 수 있습니다. 서로 다른 배경의 두 가족이 하나로 합일되는 과정은 만만치 않은 일입니다. 서로의 욕구, 상대 집안에 바라는 바가 다를 수 있기 때문입니다. 이때 한 사회에 관습법처럼 이어져 온 문화적 관행은 그 과정이 최대한 잡음없이 진행될 수 있도록 도와줍니다.

'조직'은 자연 발생적인 집단이 아닙니다. 특수한 목표를 달성하기 위해서 만들어진 인위적인 집단입니다. 이 작은 단위의 사회에 문화라는 현상이 없으면 어떻게 될까요? 어떻게 소통하고, 정보를 공유하고, 보고하고, 결정을 내리고, 문제를 해결할지를 몰라 혼란스러울 것입니다. 그 자체로 이합집산이기에 집단이나 조직이라 부를 수 없습니다. 그냥 단지 '무리'에 불과할 뿐입니다. 이렇게 각 단어를 하나하나 뜯어 본 후 '조직'과 '문화'를 합쳐 보면, '조직 문화'란 '조직의 목표를 달성하고자 형성된 구성원 간의 상호 작용 방식'이라 정의할 수 있게 됩니다.

리더십도 단어를 쪼개서 생각해 보면 의미가 분명해집니다. 'lead/er/ship'에서 'ship'은 스포츠맨십처럼 그 일을 하는 사람의 자질과 태도를 뜻하는 표현이고, 'er'은 사람형 어미입니다. 이들

법칙 3 단어의 본질을 명확하게 정의하라

은 본질이 아니라 변죽에 가깝기 때문에 제외한다면 'lead', 즉 '이끌다'라는 의미의 동사만 남습니다. 그러면 여기서 '무엇을 이끈다는 말인가?'하는 질문이 떠오릅니다. 좀 더 고민하다 보면 다음과 같은 질문이 생깁니다. '누가 이끄는 걸 말하는가?' '어떻게 이끄는 거지?' '언제 이끄는가?' '어디서 이끄는가?' 그리고 '왜 이끄는가?' 이에 대한 고민들이 곧 리더십이라 할 수 있습니다. 흥미롭게도, 기존 리더십 이론들 상당수가 이 틀 안에서 정리가 됩니다. 일례로 1950년대를 풍미한 리더십 행동 이론은 '무엇을 이끄는가?'를 고찰한 학문입니다. 이 질문에 답을 해 보면 리더십은 곧 업무와 사람을 이끄는 일을 의미한다는 것을 알 수 있습니다. 이처럼 단어를 쪼개서 고찰하다 보면 그 본질을 꿰차는 데 도움이 됩니다.

에티몬을 찾아라

또 다른 방법은 에티몬Etymon, 즉 단어의 어원을 따져 보는 것입니다. 어원학Etymology은 단어가 어디서부터 시작되었는지, 시간이 흐르면서 그 형태와 의미가 어떻게 변용되어 왔는지를 탐구하는 학문입니다. 어원학자들이 오랫동안 역사를 거슬러 올라가면서 조심스럽게 파헤친 결과물은 우리의 생각을 명징하게 발전시키는 데 도움이 됩니다.

'단어를 쪼개서 생각하라'와 '에티몬을 찾아라'라는 2가지 방법을 전략적 사고에 적용해 보겠습니다. 전략적 사고는 '전략'과 '사고'로 이루어져 있습니다. 각 단어의 어원을 먼저 살펴볼 수 있습니다. '전략'의 영어 표현인 'strategy'를 어원학 사전에서[1] 검색해 보면 이렇게 나옵니다.

"장군의 직책이나 명령을 뜻하는 그리스어 strategia, 또는 군대의 지휘관이나 장군을 뜻하는 strategos에서 유래되었다. strategos는 무리나 군대처럼 '퍼져 있는 것'을 의미하는 stratos와 리더를 의미하는 agos의 조합어이다."10

이 내용을 통해 우리는 '전략'의 본질적인 특성을 몇 가지 유추할 수 있습니다. 먼저, 전략은 군사학이 먼저 사용한 용어라는 점입니다. 전략은 군대를 이끄는 수장과 그가 내리는 명령 또는 그 내용을 일컬었습니다. 또한 '여기저기 흩어져 있는 군사나 무리들을 한 방향으로 이끄는 행위(stratos+agos)'에서 유래된 것으로 보아 이 단어는 암묵적으로 싸워서 이겨야 할 적(들)이 존재할 때 주로 사용되어 왔음을 알 수 있습니다. 이들로 미루어 볼 때, 전략은 '전쟁 상황에서 군사를 이끌어 승리를 쟁취하기 위한 우두머리의 계획 또는 계략'이라 말할 수 있습니다.

'사고'의 영어 표현인 'thinking(동사 원형 think)'을 검색해 보면 그 어원이 2가지로 추정됩니다. 하나는 고대 영어 'þencan'이라는 '상상하다, 명상하다, 의도하다, 고려하다' 등의 뜻을 가진 단

---

[1] https://www.etymonline.com을 추천합니다. 이 사이트는 단어의 기원을 찾는 사람들을 위한 우수한 사이트로 평가받고 있습니다.

어, 다른 하나는 '자기 자신에게 나타나다(마음 속에 나타나다)'라는 뜻을 가진 원시 독일어 'thankjan'에서 유래된 것으로 보고 있습니다. 예나 지금이나 그 의미가 크게 다른 것 같지는 않습니다.

이제 둘을 붙여 보면 '전략적 사고'를 이렇게 정의할 수 있습니다. '군대를 이끄는 장군이 적으로부터 승리를 거두기 위한 방책이나 계획을 구상하는 사고 과정'이라고 말입니다. 이를 군사학이 아닌 경영학 언어로 치환해 보면 '기업을 이끄는 리더로서 경쟁자들보다 우위에 서기 위한 방책을 고민하는 과정'이라 표현할 수 있겠습니다. '전략적 사고' 외에도 내가 명확하게 그 의미를 파악하고 싶은 단어를 쪼개고 어원을 찾아 생각해 보면 핵심을 파악하는 데 도움이 됩니다.

비유해 보라

또 다른 방법은 그 단어를 비유해 보는 것입니다. 비유는 추상적이고 불명확한 개념을 구체적이고 이해하기 쉬운 것으로 바꿔 줍니다. 특히 비유는 복잡한 현상이나 개념의 가장 대표적인 특징을 극적으로 부각시키기도 하기에, 그 핵심을 빠르고 쉽게 파악할 수 있습니다.

삼성전자의 한 관리자가 기가 막힌 비유로 이건희 회장을 설득한 사례가 있습니다. 90년대 초 삼성전자는 컴퓨터 사업을 새로운 성장 동력으로 삼기 위해 본격적으로 해외 법인을 세우기 시작했습니다. 유럽 지역 관리자들이 모인 어느 자리에서 이건희 회장은 한 관리자에게 무슨 일을 하다가 여기로 왔냐고 묻습니다.[11] 그 관리자가 "영국에서 가전 영업했습니다."라고 대답하자, 이건희는 임원들을 둘러보며 "가전 하던 사람이 왜 여기 있나요?"라고 묻습니다. 그 옆에 있던 유럽 총괄 법인장이 "가전에서 영업을 가장 잘 한다고 해서 데려 왔습니다."라고 지원 사격을 합니다. 그러자 이건희는 "가전을 잘하면 그거 잘하게 놔둬야지 왜 컴퓨터 영업에 데려다 놓고 바보 만들려고 하나요? 당장 원래 자리로 돌려 보내고, 외부에서 이 분야 최고 전문가를 데려와요."라고 지시합니다. 다음 안건으로 넘어 가려 하는데 이건희 회장과 그 관리자 눈이 서로 마주칩니다. 이건희는 그에게 "자네 생각은 어떤가?"라고 묻습니다. 이때 그 관리자는 통찰력 있는 비유를 합니다. "말씀하신 대로 세상에는 훌륭한 컴퓨터 전문가들이 많습니다. 그런데 제가 6개월 정도 일해 보니, 이전에 하던 가전 제품 영업이 건어물 장사라면 새로 시작한 컴퓨터 영업은 생선 장사쯤 된다는 감을 익힌 것 같습니다. 기회를 주신다면 생선 장사를 제대로 해 보고 싶습니다."라고요.

그가 컴퓨터 시장을 건어물이 아니라 생선 장사라 정의한 이유는 이렇습니다. 당시 컴퓨터 시장은 가전 제품들과는 다르게 무섭도록 빠르게 발전하고 있었습니다. 그런데 유럽 법인에서 한국 본사에 컴퓨터 구매 발주를 넣으면 몇 개월이 지나서야 제품이 유럽에 도착하곤 했습니다. 고객들은 이미 그 다음 버전의 CPU나 기술이 적용된 컴퓨터를 원했습니다. 이 상황을 파악한 관리자가 신선한 상태로 팔아야 하는 생선처럼, 컴퓨터도 신선함과 빠른 대응이 중요함을 비유적으로 지적한 것입니다. 이 대답을 듣자마자 이건희 회장은 그 관리자가 사업의 핵심을 꿰뚫고 있다고 판단한 것 같습니다. 그는 자신이 지시한 내용을 곧바로 취소하고, 계속 컴퓨터 영업을 하도록 합니다. 이처럼 비유는 때때로 모호하거나 복잡한 개념을 간명하게 이해할 수 있도록 도와줍니다.

전략적 사고는 무엇에 비유해 볼 수 있을까요? 비유를 들려고 머리를 쥐어 짜내려 하니 골치가 아픕니다. 생각을 돕는 도구인 챗GPT의 도움을 받아 보겠습니다. '전략적 사고를 비유할 수 있는 단어 20개를 알려 주세요.'라고 입력하니, '지도 탐험, 군사 전술, 공연 연출, 퍼즐 완성, 바둑, 길 찾기 앱, 미로 찾기, 자동차 경주, 시험 공부' 등을 예시로 보여 주었습니다. 가장 궁금한 단어 몇 가지를 꼽아 구체적인 이유를 물어봤습니다. 그랬더니 챗GPT는 "'지도 탐험'은 어디로 가야 하는지 계획하고 목적지에 도달하기 위한 최적의 경로를 선택하는 일이기에 전략적 사고와 유사합니다."라고 표현하였습니다. 다음으로 '군사 전술'은 "전투 상황에서 적과 아군의 움직임을 고려하여 승리를 이끌어 내는 것이 전략적 사고와 유사합니다."라고 응답했습니다. 이들 비유로 전략적 사고의 의미를 추출해 보자면 '우리 조직이 무슨 방향으로 갈 것인가, 그곳에 어떻게 도달할 것인가, 경쟁자들과는 어떻게 싸울 것인가를 고민하는 과정'이라 말할 수 있을 것입니다.

단어 사용 맥락을 살펴보라

또 다른 방법은 다른 사람들이 그 단어를 사용하는 맥락을 살펴보는 것입니다. 이 방법을 통해 사전적 정의와 현실적 의미 간의 괴리를 파악하고, 화자와 청자 간에 무슨 오해가 발생할 수 있는지 가늠할 수 있습니다.

'전략적 사고'보다는 '전략'이 훨씬 더 빈번하게 사용되기에 이 단어가 사용되는 맥락을 예시로 살펴보겠습니다. 현실에서 '전략'은 암묵적으로 어떻게 사용되고 받아들여질까요? 이를 확인해 보고자 임원급 30명, 과·부장급 40명에게 "전략이란 단어가 주로 어떤 상황에서 언급되거나 사용됩니까?"라고 물었습니다. 조를 이루어서 논의한 결과, '전략'은 다음과 같은 상황에서 사용되는 경향이 있다고 정리되었습니다.

▸ 어려운 목표를 달성해야만 할 때
▸ 목표를 달성하는 데 시간이 오래 걸릴 때
▸ 돈이나 인력 같은 자원이 부족할 때
▸ 이겨야 하는 대상이 있을 때

이상은 전략이 본질적인 내용에 맞게 사용되는 상황입니다. 그리고 다음 상황에서도 자주 나타나는 경향이 있다고 하였습니다.

▸ 멋져 보이도록 포장해야만 할 때

법칙 3 단어의 본질을 명확하게 정의하라

▶ 나름 중요한 거니까 제발 주목해 주기를 바랄 때

▶ 깡통과도 같은 별 볼일 없는 내용을 말해야 할 때

▶ 깊이 고심한 결과물임을 강조하고 싶을 때

　이들로 미루어 볼 때, 전략은 '부족한 자원으로 경쟁에서 이겨서 목표를 달성하는 계획'이며, 때때로 '실무자 또는 실무 부서가 절박한 심정으로 포장하거나 고심한 결과물'로 여겨지는 경향이 있다는 것을 파악할 수 있습니다.

　사람들이 특정 단어를 어떤 맥락에서 사용하는지 파악하는 과정은 경영자들에게 효용을 제공합니다. 지금까지 암묵적으로 정의해 온 개념들을 타인의 관점으로 바라보고, 내가 사용하는 의미와 관용적으로 이해되는 의미의 간극을 느낄 수 있기 때문입니다. 이 과정을 거치면 자신의 생각을 구성원들에게 전달하고자 할 때 보다 명료한 단어를 선택하여 사용할 수 있습니다. 구성원들의 생각과 의견을 청취할 때, 어느 리더나 구성원이 특정 맥락에서 특정 단어를 사용했을 때도 사전적인 정의를 넘어 그들이 의도한 미묘한 의미를 포착할 수 있습니다.

공출 표현을 살펴라

　또 다른 방법은 그 단어와 함께 빈번하게 나타나는 표현들을 살펴보는 것입니다. 오래전 독일의 사회학자 막스 베버Max Weber는 의미망Web of meaning이란 개념을 제시하였습니다. 그에 따르면 인간은 의미의 거미줄을 내뿜는 존재이며, 한 사회는 다양한 주체들이 복잡한 의미 구조 안에서 상호작용하는 장이라고 보았습니다. 단어도 마찬가지입니다. 단어 자체에도 의미가 담겨 있지만, 거미줄처럼 연결되어 있는 다른 표현들과 함께 고려할 때 그 뜻이 더 명징해집니다. 데이비드 그레이버David Graeber라는 학자는 '빨간색'이라는 단어를 예시로 들며, 그 단어 하나만으로는 그것이 가진 의미와 가치를 정의할 수 없고, 다른 색에 비해서 무엇이 어떻게 다른지를 알아야 한다고 주장합니다.[12] 특정 색을 지칭하는 단어의 가치를 알려면 그 언어에서 색을 칭하는 단어 체계를 확인해야만 하는 것입니다. 이처럼 우리가 어느 개념을 명확하게 정의하려면 그와 관계된, 또는 빈번하게 함께 출현하는 단어를 살펴보는 일이 필요합니다.

이를 위해 빅데이터를 활용할 수도 있습니다. 제가 수행한 '꼰대' 연구가 대표적 사례입니다.[13] 저는 어느 순간부터 우리 사회에 널리 사용되기 시작한 이 단어가 도대체 무엇인지를 정의하고 싶었습니다. 특히 조직 맥락에서 어떤 의미로 사용되는지를 살피고자 했습니다. 이를 위해서 직장인들이 자기 회사의 장단점을 평가하는 사이트들에서 약 15만 건의 데이터를 크롤링하였습니다. 그 결과 '꼰대'라는 단어는 2016년부터 출현하기 시작해 2018~2019년에 본격적으로 사용되는 경향을 보였습니다. 함께 공출하는 단어들은 '문화, 젊은' 등이었습니다. 이 결과를 바탕으로 저는 꼰대를 '상대방의 의사와 관계없이 자신이 옳다고 믿는 가치나 신념을 강압적이거나 고압적인 자세로 주입하고 강요하려는 태도 또는 그런 사람'이라고 정의를 내릴 수 있었습니다.

'저는 빅데이터가 없어서 못하겠는데요?'라면서 포기하실 분도 있을지 모릅니다. 그런데 이제는 챗GPT가 우리를 도와줄 수 있습니다. 예를 들어, '전략이라는 단어와 함께 빈번하게 나타나는 표현을 알려 주세요'라고 챗GPT 프롬프트에 입력하면 '비즈니스, 기업, 비전, 목표, 자원, 경쟁, 차별화, 실행, 계획, 관리, 성장, 성과, 전술, 성공' 등의 표현을 제시해 줍니다. 이를 토대로 개괄적인 정의를 내린다면 전략은 '기업의 비전과 목표를 달성하고 성장과 성공을 거두기 위한 실행 계획'이라 할 수 있습니다. 그렇다면 전략적 사고는 그 실행 계획을 고민하는 과정이라 말할 수 있을 것입니다.

학문적 정의를 살펴라

마지막 방법은 특정 단어나 개념을 정의하고자 했던 학자들이 내놓은 결과물을 살펴보는 일입니다. 혁신을 제대로 관조하려면 그것을 오래 고민한 학자들을, 리더십에 관점을 명확히 하려면 그것을 연구한 학자들의 생각을 청해 볼 수 있습니다.

예로 전략적 사고에 대한 학문적 정의를 살펴보겠습니다. 전략적 사고를 두고도 학자들은 오랫동안 논쟁을 벌여 왔습니다. 정반합으로 나아간 담론을 주요 인물 중심으로 살펴보겠습니다. 가장 먼저 살펴봐야 할 인물은 마이클 포터입니다. 전략경영론 분야에서 권위적인 학자인 그는 1987년에 전략적 사고가 이성적이고 논리적인 분석 과정이라고 주장합니다.[14] 그는 이렇게 말했습니다. "전략적 사고는 다음 2가지 중요한 화두에 답을 찾는 과정이다. 첫째, 소속 회사가 처한 산업 구조는 어떻게 구성되어 있는가? 시간 흐름에 따라 그것은 어떻게 진화 발전할 것인가? 둘째, 그 산업에서 소속 회사의 상대적인 위치는 무엇인가?"[15]

그와 견해를 같이 하는 학자들은 전략적 사고에서 분석적 접근을 매우 강조하고,[16] 체계적인 절차와 널리 검증된 도구를 선호합니다. 예를 들어 포터는 '산업 구조 분석'이나 '가치 사슬' 같은 프레임 활용이 전략적 사고의 핵심이라고 말했습니다.[17] 그는 전략을 지속 가능한 경쟁력을 창출할 수 있는 특정한 형태의 가치 사슬이라고 보았으며, 체계적인 분석 기법으로 그와 같은 전략을 도출할 수 있다고 주장하였습니다. 이를 통해 경쟁자들이 쉽게 모방하기 어려운 포지셔닝을 할 수 있는 것으로 보았습니다.

어떤 학자들은 체계적인 분석 과정을 통해 리더가 전략적 사고를 개발할 수 있다고 주장하면서 6가지 사고 단계를 제시하였습니다.[18] 목적을 설정하고, 그에 근거하여 전략적인 질문들을 던지고, 정보들을 수집하고, 장기적인 재무 계획을 설정하여 전략을 수립하고, 단기적으로 치밀하게 계획을 세우고, 해당 계획들을 실행하는 데 필요한 기술들을 개선하는 등의 절차로 전략적 사고 역량이 향상될 수 있다고 주장하였습니다.

반면, 캐나다 맥길대학교의 헨리 민츠버그는 마이클 포터 주장을 정면으로 반박하며 전략적 사고는 분석, 논리가 아니라 직관이자 통합이라고 주장합니다.[19] 그는 주요 경영자들이 전략적으로 사고했을 때를 살펴보라고 촉구합니다. 여러 데이터와 자료를 체계적으로 분석하고 논리와 근거를 따져 가면서 인과관계를 복잡하게 설명하는 도식들은 찾아볼 수 없다고 말합니다. 오히려 그들이 사업을 하면서 겪었던 경험, 다양한 시행착오로 얻은 현장 감각, 오랜 경험에서 나오는 통찰에서 전략적 사고가 나왔다고 지적합니다. 마이클 포터와 같은 이들은 객관적 자료와 정교하고 세밀한 분석이라는 그럴듯한 말로 통찰, 영감, 직감과 같은 소중한 자산들을 간과하거나 배격한다고 비판하였습니다. 그는 전략적 계획 Strategic planning과 전략적 사고 Strategic thinking로 용어를 구분하고, 전략적 계획은 마이클 포터가 주장하는 바와 같이 체계적인 절차와 세밀한 분석에 의존하지만 비즈니스에 대한 통합적 관점인 전략적 사고는 직관과 창의적 사고가 그 밑바탕이 된다고 주장하였습니다.

　　다른 학자들도 그에 동조하여 '조직에 대한 거시적이고 종합적인 관점, 하늘에서 헬리콥터처럼 내려다 보는 시야'[20] '조직이 나아가야 할 방향과 전략에 대한 통합적, 창의적, 직관적, 혁신적인 사고'[21] '기존의 경쟁의 법칙을 뒤바꿀 수 있는 참신하고 창의적인 전략을 세우고, 현재와는 차별적으로 다른 미래 모습을 그릴 수 있는 사고'[22] '현재 가용한 정보를 이해하고 미래 경쟁 환경에 적합한 전략을 개발하는 역량으로, 이해력에 더하여 호기심, 상상력, 유연성, 직관력을 포함하는 사고'[23]로 정의하였습니다.

한동안 서로 논쟁이 벌어진 이후에 비로소 학자들은 양자를 포용하는 관점을 취하기 시작합니다. 체계적인 절차와 분석을 강조하는 마이클 포터의 주장이나, 창의적 사고를 바탕으로 통합적인 관점을 강조하는 헨리 민츠버그의 주장을 모두 수용합니다. 각 사고 유형이 독립적으로 존재할 수 있는 것이 아니라 상호 깊이 연관되어 있고, 보완적이라고 주장합니다.[24] 버지니아대학교의 진 리드카Jeanne Liedtka는 기존 연구들이 지나치게 이분법적인 틀 안에서 논의되었다고 비판하면서, 어느 하나의 사고 유형은 다른 유형이 뒷받침되지 못하면 효과적이지 못하다고 주장했습니다.

이처럼 한 단어에 대한 학문적 정의를 살피다 보면 단어의 의미가 어떻게 해석되어 왔으며 어떤 논의를 거쳐 지금에 이르렀는지 알 수 있습니다. 수십 년 혹은 수 세기 동안 학자들이 고민해 온 내용을 단시간에 습득할 수도 있습니다. 이러한 과정은 단어의 의미를 분명하게 정의하는 데 도움이 됩니다.

* * *

탁월한 전략가들은 사고가 명징합니다. 그 사고는 단어와 개념으로 이루어져 있습니다. 전략적 사고를 개발하려면 경영 현장에서 흔히 사용되는 단어와 개념들을 제대로 정립하는 일이 필요합니다.

본 장에서는 단어의 개념을 명확하게 정의하고 생각의 원자를 단단히 만드는 6가지 방법을 살펴보고, 그 방법에 따라 '전략적 사고'라는 개념을 정립하고자 하였습니다. 이 과정을 거쳐서 이 책에서는 전략적 사고를 '회사 전체 또는 하위 조직(사업부, 팀 등)이 종사하는 고객에게 더 나은 가치를 제공하기 위해 그 방향성과 방법을 지속해서 고민하는 과정' '경쟁 우위를 창출하는 방안을 의도적으로 끊임없이 탐색하고 구체화하는 총체적 사고 과정'이라 정의합니다. 여러분도 여러분이 명확하게 생각해야 하는 단어가 무엇인지 파악하고, 그 단어를 하나하나 뜯어서 살펴 보기를 바랍니다.

보편-맥락-실천 프레임으로
깊이를 더하라

지금까지 살펴본 6가지 내진 설계, 즉 개념을 단단하게 정의하는 방법은 일반적으로 널리 통용되는 의미를 소화시키는 방법입니다. 여기서 한발 더 나아갈 필요가 있습니다. 바로 생각의 깊이를 더하는 일입니다.

제가 만난 탁월한 경영자들 중 상당수는 사고가 명징한 데다 깊었습니다. 도대체 어떻게 그럴 수 있을까 궁금하여 관찰하다가 그들에게 한 가지 패턴을 발견할 수 있었습니다. 의식적으로 수련한 바는 아니지만, 그들은 어떤 개념을 고찰할 때 3단계를 암묵적으로 거치는 경향이 있었습니다.

먼저 그들은 '보편적 정의'를 알고자 노력합니다. 이는 다양한 상황과 맥락에 적용될 수 있는 널리 인정받는 정의를 말합니다.

법칙 3 단어의 본질을 명확하게 정의하라

앞서 살펴본 6가지 방법이 이를 도와줄 수 있습니다. 다음으로 그들은 '맥락적 정의'를 내립니다. 그 개념이 가진 일반적인 정의를 알고 나서 자신이 처한 상황과 맥락에 맞게 적용해서 재해석하는 일입니다. 마지막으로 그들은 '실천적 정의'를 구체적으로 고민합니다. 그래서 무엇을 어떻게 해야 하는지를 정의하는 과정입니다.

어떤 이가 보편적 정의는 알고 있는데, 맥락적 정의와 실천적 정의가 없다면 어떻게 될까요? 이론적인 지식이나 개념에 대한 폭넓은 이해를 가질 수 있지만 그것을 실제 상황에 적용하거나 가치를 만들어 내는 데는 한계가 있습니다. 맥락적 정의만 갖고 있다면 어떨까요? 그 개념을 중심으로 펼치는 그의 생각들은 보편 타당하지 않습니다. 자칫 주관적 편견으로만 가득 채워질 수 있습니다. 다른 사람들과 의사소통이나 협력에서 문제를 일으킬 수 있습니다. 어떤 이에게 실천적 정의만 있다면, 그는 상당히 활동적일 수 있지만 본인 행동이 더 큰 목표나 원칙에 과연 부합하는 일인지 판단하지 못합니다. 그의 행동에는 아무런 논리도 명분도 없습니다. 무턱대고 돌진하는 행동 대장에 가깝습니다.

그러나 보편-맥락-실천 프레임으로 사고하는 이들은 그 생각의 질감이 매우 단단합니다. 그만의 관점이 타당하면서도 주체적으로 세워져 있습니다. 일례로, 어느 임원은 리더십을 논하면서 이렇게 말했습니다. "조직은 큰 목표를 달성하고자 수많은 사람들이 모인 곳이지요. 리더는 그 목표를 달성해 내기 위해서 구성원들을 한 방향으로 이끌고 나가는 사람이라 합니다(보편적 정의). 그런데 저에게 있어서 리더십은 '병참기지'입니다. 우리 실원들 모두는 이 분야 전문가들로 스스로 일을 구상해서 추진하는 이들입니다. 제가 나서서 '이렇게 해라, 저렇게 해라'라고 업무를 지시할 필요가 없습니다. 하지만 그들도 도움이 필요할 때가 있습니다. 그때 병참기지로서 그들에게 필요한 연료도 주고 탄약도 지급하는 일이 제 역할인 것 같습니다(맥락적 정의). 그래서 저는 평소에 실원들과 잡담을 자주 하려 합니다. 그날 기분은 어떤지, 이번 주에 예상되는 장애 요인은 무엇인지, 윗선에서 교통 정리가 필요한 항목들은 무엇인지, 성과를 더 높이려면 예산이 더 필요하지는 않은지, 중요한 일에 집중할 수 있도록 업무 조정이 필요하지는 않은지를 세심하게 살핍니다. 그리고 그들이 도움을 청할 때마다 그때 제가 후방 지원을 하는 거지요(실천적 정의)."

어느 군 장성은 리더십을 이렇게 정의하였습니다. "군에서 리더십은 반드시 승리를 거두고자 부하들을 결집시키는 힘이라 정의를 내리곤 합니다(보편적 정의). 그런데 그런 역량은 기본이라고 생각합니다. 저에게 리더십은 그보다 한 걸음 더 나아간 개념입니다. 바로 전쟁터에서 우리 전우들을 모두 생환시켜서 조국으로 돌려보내는 일입니다. 전쟁에서 이겼지만 사랑하는 전우들, 안타까운 청춘들을 다 잃고 돌아오면 무슨 의미가 있겠습니까(맥락적 정의). 그래서 저는 평소에 이런 일들에 시간과 노력을 기울이고 있고, 또 이런 이런 일들은 미리 준비하고 있습니다(실천적 정의)."

어느 소프트웨어 개발 회사에서 전략적 사고를 중요하게 여겨 온 경영자는 이렇게 정의하였습니다. "전략적 사고는 일반적으로 고객에게 더 나은 가치를 제공하여 회사의 영속성을 높이는 일, 목표를 달성하고자 자원을 효율적으로 그리고 효과적으로 사용하는 일을 고민하는 과정이라 합니다(보편적 정의). 그런데 제가 처한 산업과 회사 상황을 고려하면 제게 전략적 사고는 레이더, 혹은 더듬이라고 말할 수 있습니다. 업계 트렌드를 기민하게 읽고 급부상하는 기술과 더불어 시장의 잠재적인 니즈를 빠르게 파악하는 일이 핵심입니다(맥락적 정의). 그래서 저는 경영자로서 매일 기술 변화, 시장 변화를 탐색하는 일들에 시간과 노력을 많이 기울입니다. 아울러 고객의 목소리와 더불어 기술 최일선에 있는 우리 구성원들의 의견을 최대한 많이 듣고자 합니다. 일선 구성원들이야말로 기술 변화를 가장 빠르게 감지하는 센서이기 때문입니다. 그리고 누군가가 새로운 기술을 습득해서 시도하겠다고 하면 적극적으로 장려합니다. 그 기술이 언제 어디서 시장의 니즈와 만날지 모를 일이거든요(실천적 정의).

* * *

경영자들은 사업에 관한 굳건한 관점이 있어야 합니다. 책에서 읽은 내용이나 어디선가 들었던 지식을 그대로 받아들이기보다 본인이 영위하는 비즈니스에 맞게 주체적으로 해석하고 소화할 수 있어야 합니다. 오늘날처럼 추상적이고 관념적인 경영 용어가 범람하는 시대일수록 더욱 그렇습니다. 보편-맥락-실천 프레임은 선명한 관점을 세우는 데 도움이 됩니다. 이 프레임을 통해 최근 유행하는 경영 용어나 개념을 접했을 때 일반적으로 널리 통용되는 정의는 무엇인지, 내 맥락에 맞춰서 재해석하면 어떻게 볼 수 있는지, 그래서 경영자로서 그 개념과 관련하여 무엇을 어떻게 해야 하는지 등 생각을 구체화해 보시기를 바랍니다.

단어와 개념 명확하게 정의하기

경영자나 리더라면 자주 접하는 단어들이 있습니다. 아래 단어들 중 본인이 빈번하게 사용하는 단어 1~2개를 골라 이 책에서 다룬 6가지 방법으로 '내진 설계'를 하고 생각의 깊이를 더해 보길 권합니다.

조직, 비전, 미션, 전략, 원가우위, 차별화, 경쟁 우위, 역량, 시장, 고객, 혁신, 변화, 자원, 목표, 수행, 성과, 업적, 실적, 매출, 이익, 실행, 추진, 경쟁, 의사결정, 문제, 이슈, 리스크, 성과관리, 평가, 생산성, 팀, 팀워크, 협력, 소통, 리더십, 조직문화, 협업

▶ 해당 단어를 쪼개 보면 단어에서 어떤 의미를 발견할 수 있습니까?

▶ 해당 단어의 에티몬(어원)에서 무엇을 발견할 수 있습니까?

▶ 해당 단어를 무엇에 비유할 수 있습니까? 그 비유에서 발견할 수 있는 것은 무엇입니까?

▶ 해당 단어의 사용 맥락은 어떻게 됩니까?

▶ 해당 단어의 공출 표현은 무엇입니까?

▶ 해당 단어에 대한 학문적 정의는 무엇입니까?

내진 설계를 마쳤다면 다음 질문에 답해 보시길 바랍니다.

- 내진설계를 토대로 해당 단어와 그를 둘러싼 현상을 어떻게 설명할 수 있습니까?
- 그 단어가 우리 회사/조직에서 잘못 사용되고 있다면, 그것이 유발하는 문제는 무엇입니까?
- 그 단어와 관련된 본인의 생각 구조가 달라진 점이 있다면, 그것은 무엇입니까?
- 해당 단어의 보편적 정의, 맥락적 정의, 실천적 정의는 무엇입니까?

법칙 4

이분법 틀에서
벗어나라

성과를 내는 방법은
모 아니면 도가 아니다

이분법적 사고Binary thinking는 '모 아니면 도' 또는 '이것 아니면 저것'처럼 하나를 선택하면 다른 하나는 버려야 한다는 사고 방식입니다. 오로지 양극단에 존재하는 사례나 특성에만 초점을 맞추며 그 사이에 있는 다양한 양태를 배제합니다. 세상을 흑백 논리로만 따지려 들며, 회색지대 또는 다른 컬러는 존재하지 않는 것으로 가정합니다. 다양성이 넘치는 세상을 양극단적 사례만으로 바라보기에 인지적인 왜곡을 유발하는 단점이 있습니다.

아직 정신적으로 성장하지 못한 어린 아이에게 이와 같은 태도가 나타나곤 합니다. 아이에게서는 '사람은 선하거나 악하다' '엄마와 아빠는 좋거나 나쁘다' '친구들은 똑똑하거나 바보다' '삶은 성공하거나 실패하거나 둘 중 하나다' 등과 같은 이분법적 사고가 발견됩니다. 주말마다 놀아 주던 아빠가 어쩔 수 없이 회사에 나가야 하는 어느 일요일이라면 놀아 달라고 졸라 대던 아이는 출근하는 아빠의 등 뒤에 대고 이렇게 외칠 수 있습니다. "아빠, 나빠!" 이처럼 어린 아이는 아빠라는 존재를 '좋다 나쁘다'의 양극단으로 평가하고 인식하려 합니다.

그런데 성인들에게서도 이런 사고가 종종 나타납니다. 한 스타트업 대표를 만났습니다. 자문을 의뢰받는 첫 자리였습니다. 그는 이렇게 물었습니다. "요즘 사람을 뽑는 일에 고민이 많습니다. 인성이 좋은 사람을 뽑아야 할지, 일을 잘하는 사람을 뽑아야 할지 고민입니다. 좀 더 구체적으로 말해서 성과는 좋지 않은데 인성이 좋은 사람, 인성은 나쁜데 성과가 탁월한 사람, 둘 중에 누구를 뽑는 게 좋습니까?"

리더십을 소재로 임원과 긴밀한 고민을 나누는 자리에서도 자주 접하곤 합니다. 임원 A는 이렇게 말했습니다. "저는 전략 부서와 기획 부서에서 15년 가까이 일했습니다. 그러다 보니 보는 눈이 높고 성과 기대 수준이 높습니다. 반면, 우리 부서는 만들어진 지 얼마되지 않아서 경력을 이제 시작한 신참 구성원도 많고, 다른 직종에서 넘어온 경력직도 적지 않습니다. 그러다 보니 제 기대 수준이 너무 높아서 힘들다고 불만을 토로합니다. 종종 이런 경우가 있습니다. 제가 팀장들에게 뭔가를 지시하면 팀장이 팀원들에게 지시를 내리고, 팀원이 작성한 기획서를 팀장이 여러 번 피드백해서 수정한 다음 저에게 보고합니다. 그런데 제가 아무리 긍정적으로 그 기획서를 평한다 하더라도 제 기대 수준 미달인 경우가 많습니다. 그래서 일을 다시 시작해야 하는 경우가 벌어집니다. 이러니 문서 작업이 많을 수밖에요. 팀원들은 이 산(팀장)과 저 산(임원)이 달라서 두 산을 정복하는 데 지친다고 말하고, 팀장들도 힘들어 합니다. 상황이 이러하니 제가 기대 수준을 낮추는 게 맞을까요?"

이런 질문도 이분법이라 할 수 있습니다. '낮은 기대 수준 ↔ 높은 기대 수준' 양극단 그 어딘가 자신이 취할 태도를 고민하고 있기 때문입니다. 이런 틀로 고민하면 서로 불만을 주거니 받거니 하는 격 밖에 되지 않습니다. 임원이 기대 수준을 낮추면, 구성원은 불만이 줄겠지만 임원은 불만이 더 많아질 것입니다. 속으로 끙끙 앓다가 삭히겠지요. 기대 수준을 그대로 고수하면 구성원들의 불만은 여전할 것입니다. 이렇게 닫혀서 고민하면 불만의 핑퐁 게임에 지나지 않습니다.

이 문제를 해결하기 위해서는 몇 가지 원칙을 되짚어 볼 필요가 있습니다. 첫째, 조직은 성과를 내야 하고, 리더는 성과를 내기 위해 최선을 다하는 사람입니다. 둘째, 리더에게는 구성원들이 성장하고 발전할 수 있도록 촉진하는 책임이 있습니다. 구성원들이 역량이 낮다면 '거인의 어깨 너머'를 보면서 성장할 수 있도록 다른 차원의 관점을 끊임없이 제시해 줘야 합니다. 이에 비추어 볼 때 '기대 수준을 낮춘다 vs 그대로 유지한다'의 문제로 고민해서는 안됩니다. "높은 기대 수준을 유지하면서도, 무엇을 어떻게 바꾸면 구성원들이 이 산 저 산을 걱정하지 않고 보다 속도감 있게 일할 수 있을까?"라고 다시 질문해야 합니다. 이분법 틀을 깨야만 이쪽 저쪽에 놓인 덫에 빠지지 않고 새로운 차원으로 생각 에너지가 뻗어 나갈 수 있습니다.

또 다른 임원 B는 이런 고민을 하고 있었습니다. 어느 날 상사가 "당신에겐 남에게 쓴소리하는 것을 어려워하는 착한 아이 증후군이 있는 것 같다. 회사는 성과를 내는 곳이다. 그 같은 성격이 성과 내는 데 도움이 될까 숙고해 봐라."라고 진중하게 말하더랍니다. 상사는 목표 달성에 물불을 가리지 않고 매우 치열하게 일해 온 이였습니다. 그런 성과지향적 스타일로 인정받아 높은 자리까지 올라간 상사가 보기에는 B 임원의 일하는 방식과 태도가 탐탁치 않았던 것입니다. B는 부드럽고 따스합니다. 실수가 생기면 화를 내지 않고 조용한 목소리로 조곤조곤 짚어서 말하는 사람입니다. 그러면서도 회사의 명운을 바꾸는 굵직한 프로젝트에서 성과를 낼 만큼 우수한 역량을 갖고 있습니다. 그런데 상사가 그같은 피드백을 하니 꽤나 고민이 될 수밖에 없었던 모양입니다. 그는 이렇게 물었습니다. "제가 부드럽고 온화한 성품을 죽이고, 구성원들에게 가혹하게 대해야 할까요?" 이 역시도 '온화 ↔ 가혹'이라는 양극단 사이에서 자신의 태도를 고민하여 정하려 하는 전형적인 이분법 틀입니다.

B임원이 고민한 바와 맥이 같은 연구가 존재하긴 합니다. 일련의 연구자들은 CEO의 '친화성', 즉 다른 이들에게 공감하며 친절하고 따스하게 대하는 성격이 기업 성과와 어떤 관련이 있는지 보고자 하였습니다. 몇몇 연구 결과를 바탕으로 엘레나 보

텔로 Elena Botelho 등은 아래 그래프와 같이 CEO의 친화성이 기업 성과와 역U자 형의 관계가 있다고 정리하였습니다.[1]

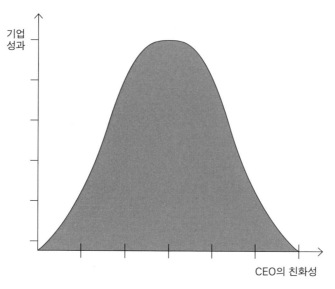

기업 성과와 CEO의 친화성의 관계

　이 그래프에 따르면 친화성이 너무 부족해도 기업 성과에 좋지 않습니다. CEO가 타인의 입장을 헤아리지 못하는 그야말로 냉혹한 사람이라면 고객의 입장을 이해하지 못하고 그에 반하는 의사결정을 내릴 수 있기 때문입니다. 반면 친화성이 너무 높아도 기업 성과가 좋지 않았습니다. 이런 이들을 두고 흔히 우리는 "사람이 너무 좋아서 탈이야"라고 표현합니다. 이런 성격을 가진 이들은 사람들 각자가 처한 상황을 지나치게 고려하고 배려한 나머지, 또는 그들 입장에 깊이 공감한 나머지 CEO로서 적시에 의사결정을 내리지 못하는 상황들이 벌어질 수 있습니다.

이런 리더에게 "성과를 높이려거든 당신의 친화성과 온화함을 줄이세요."라고 제언하는 게 맞을까요? 친화성과 기업 성과 간에 위 그림과 같은 관계가 있는 것은 사실일 수 있습니다. 하지만 팩트라고 그 단면만을 곧이곧대로 믿어서 적용하려 하면 안 됩니다. 몇 가지 고민할 점이 있습니다.

하나, 위의 연구는 친화성과 기업 성과 간의 관계를 본 것일 뿐, 성과에 미치는 다른 수많은 변수를 고려하지 않았습니다. 우리가 실존하는 현상은 위 연구처럼 그리 단순하지 않습니다. 우리 머리로는 헤아릴 수 없는 수많은 변수들, 요소들이 거미줄처럼 얽혀 있습니다. 그럼에도 이 연구 결과는 현상의 극히 일부인 2가지(CEO의 친화성, 그리고 기업 성과)만을 포착해서 그들 간의 관계를 단선적으로 보여 줬을 뿐입니다.

둘, 인간은 복합적인 존재입니다. 친화성이라는 성격 특성 외에 다른 수많은 특성들이 존재합니다. 이들 서로가 상호작용하면서 특정한 태도를 형성하고 행동으로 발현됩니다. 단순히 친화성이라는 하나의 렌즈만으로 인간을 해석해서는 안 됩니다.

셋, 무엇보다도 친화성은 그 자체로 인간이 가진 장점 중 하나입니다. 저명한 심리학자인 크리스토퍼 피터슨Christopher Peterson과 마틴 셀리그먼Martin Seligman은 이 특성을 성격 강점 중 하나로 꼽았습니다.[2] 부모, 배우자, 자녀, 친구 중에서 친화성이 높은, 즉 따스하고 사려깊고 배려심 많고 역지사지를 잘하는 이가 우리 주변에 가까이 있다면 얼마나 큰 축복인지 생각해 보세요. 이처럼 친화성은 인간이 가진 찬란한 장점 중 하나인데 기업 성과에 저해된다는 이유로 그 리더에게 "친화성을 조금만 낮추세요."라고 말하는 일은 사리에 맞지 않습니다.

넷, 실물 세계에서는 "오디오 볼륨을 조금만 낮춰 주세요." "에어컨 온도를 조금 낮춰 주세요." 같은 요구가 가능합니다. 그런데 눈에 보이지 않는 추상적 개념인 친화성은 어느 정도로 낮춰야 하는지 그 기준을 알 수도 없고 제시할 수도 없습니다. "친화성을 조금만 발휘하세요."라는 조언은 되려 그의 태도와 행동을 계속 어색하게 만들 뿐입니다.

"좋은 성품을 죽이고 구성원들에게 보다 가혹하고 냉정하게, 엄격하게 대해야 할까?"라는 질문이 아니라 다음과 같이 질문을 바꿔야 고민을 제대로 할 수 있습니다. "다른 사람들에게 부드럽고 따스하게 대하는 내 장점을 제대로 활용하면서, 그와 동시에 무엇을 겸비하면 조직 성과를 높이는 데 더 도움이 될까?"라고 말입니다. 이분법 틀에서 벗어나야만 보다 넓은 시야로 고민할 수 있습니다.

이분법 사고로 중대한 의사결정을 내려서 종국엔 파산한 기업이 있습니다. 미국 미시간주 앤아버에 본사를 둔, 서적 체인점을 운영하고 있던 보더스 그룹Borders Group입니다. 이들은 반스앤노블Barnes&Noble에 이어 미국에서 두 번째로 큰 서점 체인점으로, 한때는 《포춘》 500대 기업으로 선정될 정도로 성공가도를 달려왔습니다. 그러나 2000년 초, 보더스 그룹이 선택의 기로에 놓이는 때가 옵니다. 당시에는 전자상거래가 급격히 성장하고, 디지털 콘텐츠 수요가 점차 늘고 있었습니다. 보더스 그룹은 책 향기가 짙게 나는 오프라인 매장에 더 집중해야 하는지(선택지 A), 인터넷과 전자상거래를 활용하여 디지털 서적을 판매하는 새로운 유통 방식에 투자해야 하는지(선택지 B) 고민하다가, 종국에는 A안으로 결론 내립니다.[3] 이유는 3가지였습니다. 첫째는 B를 선택하게 되면 보더스 그룹이 운영하고 있던 기존 오프라인 매장이 크게 위축될 수 있다는 생각 때문이었습니다. 그 당시 캐시카우Cash cow, 즉 그들에게 안정적인 현금 흐름을 확보해 주는 수익성 높은 서비스가 잠식당할 것이 걱정되었습니다. 또한 경영진은 오프라인 매장이야말로 보더스 그룹이 가진 핵심 경쟁력이라고 믿었습니다. 경쟁사 서점들은 협소한 공간 때문에 극히 일부 책만 구비할 수밖에 없었지만, 보더스는 매장마다 수만 권에 달하는 방대한 양을 진열하였습니다. '보더스에 가면 없는 책이 없다'는 평으로 명성을 쌓아 왔습니다. 아울러, 미국 전역에서 소비자가 구매할 책을 최적화하고 심지어는 수요를 예측할 수 있는 우수한 재고 시스템을 갖추고 있었습니다.[4] 그에 더해 경영진은 일반 대중들이 책에서 나는 향을 맡고 종이를 직접 넘기면서 읽는 방식을 좋아한다고 가정했습니다. 그들은 고객이 온라인으로 책을 주문하고 컴퓨터로 읽으리라고 전혀 기대하지 않았습니다.[5] 그들은 새로운 기술에 경거망동하지 말고, 이럴 때일수록 그들이 가진 경쟁력을 극대화하는 선택을 해야 한다고 믿었습니다.

그리하여 보더스 그룹은 오프라인 매장에 더욱 집중하기로 결정합니다. 여기에 어처구니없는 결정을 덧붙입니다. 디지털 서적 수요를 무시할 수는 없으니, 온라인 책 판매는 아마존에 외주를 주기로 결정한 것입니다. 서적 판매, 유통, 취급 등 업계 관행을 파괴하려고 시장에 들어온 아마존에게 안방을 내준 일과 다름 없는 결정이었습니다. 온라인 제휴는 보더스 그룹이 경쟁자인 아마존에게 더욱 의존하게 만들었습니다. 2001년에 이 같은 결정을 내린 보더스 그룹은 2006년까지 그럭저럭 버티다, 결국 2011년에 완전히 파산하고 맙니다.

왜 그들은 이 중대한 사안에 '모 아니면 도' 식으로 접근하였던 것일까요? 생각이 없는 이들은 아니었을 텐데 말입니다. 왜 사람은 이분법 사고에 갇히는 걸까요?

왜 이분법 사고에 빠질까?

이분법 사고에 자주 빠지는 몇 가지 원인이 있습니다. 첫째, 어릴 때부터 학습한 사고 습관입니다. 우리는 세상을 겪으면서 단어를 익히고, 또 단어로 세상을 이해하고 파악합니다. 그런데 잘 생각해 보면 우리는 어릴 때부터 서로 반대되는 단어 쌍을 배우며 자랐습니다. 양극단에 두드러진 사물과 현상을 외우면 그 특성이 극명하게 대비되어 기억에 오래 남기 때문입니다. 이를 두고 프랑스 인류학자 클로드 레비스트로스Claude Lévi-Strauss는 인간 사고의 기본 구조가 이원적 대립Binary opposition이라는 2가지 서로 상반되는 개념 쌍으로 구성되어 있다고 주장했습니다.[6] 남자와 여자, 하늘과 땅, 양과 음, 선과 악, 악마와 천사, 이성과 감정, 이상과 현실, 동양과 서양, 물질과 정신, 동물과 식물, 삶과 죽음 같이 말입니다.

둘째, 시간과 자원이 부족한 상황에서는 쉽사리 이분법 사고에 빠지곤 합니다. 스마트폰 사용자들의 편의를 돕는 애플리케이션을 서비스하는 어느 스타트업 창업자의 사례를 예로 들겠습니다. 이 앱의 사용자들은 앱이 제공하는 편의를 인정하면서도 불만이나 개선 아이디어를 지속적으로 피드백하고 있었습니다. 그런데 투자받은 자금이 1년 안에 바닥을 드러낼 상황에 처합니다. 다음 라운드 투자를 이끌어 내기 위해서는 다운로드 횟수와 MAU Monthly Active Users 를 높여야만 했습니다. 이 상황에서 그는 2가지 선택지를 고려합니다. 하나는 소프트웨어 개발자들을 추가로 고용하여 개발 역량을 강화하는 일에 투자하는 것이었습니다(선택지 A). 기존 고객의 수정 보완 요구에 빠르게 대응할 수 있도록 조치하려는 목적이었습니다. 다른 하나는 다운로드 횟수를 늘리고 더 많은 사용자를 유치하기 위해 마케팅에 투자하는 일이었습니다(선택지 B). 그는 이 2가지 선택지 사이에서 무엇을 택할지 고심에 고심을 거듭하고 있었습니다. 시간과 자원이 부족한 상황이 그의 사고를 가두고 있었습니다.

셋째, 위험 회피 성향이 이분법 사고를 하게 만들 수 있습니다. 생각이 리스크에만 매몰되면 안건을 높은 리스크를 안아야 하는 선택지와 그렇지 않은 선택지로만 구분하게 됩니다. 한 회사 사례를 보겠습니다. 경쟁이 치열해지면서 기존 제품군만으로는 시장 점유율을 높이기 어려운 상황이 되자, 제품 관리 책임자는 새로운 제품 개발을 고민하고 있었습니다. 일부 부서원들은 획기적인 기능을 갖춘 제품을 개발하자고 주장합니다. 하지만 획기적인 제품은 기능적으로는 시장 판도를 크게 바꿀 수도 있어도 개발 비용도 상당할 뿐더러 소비자들에게 얼마나 주목과 선택을 받을지 예측하기 어렵습니다. 일부 부서원들은 기존 자사제품들이 갖고 있는 강점을 바탕으로 다른 경쟁사보다 기능이 좀 더 향상된 제품을 개발하자고 주장합니다. 그 부서장은 2가지를 두고 마음이 갈팡질팡하고 있었습니다. 혁신적인 제품으로 자신의 직을 걸고 승부수를 걸어 보고 싶은 마음도 있었지만, 한편으로는 위험을 감수하고 싶지 않은 마음도 컸습니다.

넷째, 충분한 정보를 갖고 있지 못할 때 이분법만으로 관조할수 있습니다. 어느 중견 기업은 최근 2년 사이에 이직율이 크게 늘었습니다. 열심히 일하면서 성과를 내는 직원들이 다른 회사로 떠나가고 있었습니다. 회사 경영자는 그 이유가 보상에 있다고 생각하고, 직원들을 붙잡아 두기 위해 업계 평균 이상으로 급여를 높이는 안을 타진하고 있었습니다. 헌데 그렇게 하자니 인건비가 대폭 늘어나고, 앞으로 사업에 투자해야 할 비용을 생각하니 재무적인 부담이 만만치 않았습니다. 그래서 임금 구조를 기존대로 유지한 채 계속해서 새로운 인력을 채용하는 또 다른 안을 생각합니다. 하루는 전자에 마음이 갔다가, 비용 지출이 심한 날에는 또 후자에 마음이 가곤 하였습니다. 이 회사 경영자가 직원들이 이직하는 진짜 이유를 제대로 알았다면, '임금을 높이느냐 동결하느냐'와 같은 이분법으로만 고심하지 않았을 것입니다.

다섯째, 사회 문화적인 영향을 무시하기 어렵습니다. 우리가 소셜 미디어 플랫폼을 개발하는 한 스타트업을 창업했다고 가정해 보겠습니다. 사용자들 상당수는 개인 정보를 바탕으로 자기 기호와 관심에 맞는 콘텐츠를 제공하는 방식을 선호합니다. 한편으로는 최근 사회적으로 개인정보 악용 사례가 늘어나면서 데이터 보호를 강조하는 소비자 권익 집단이 늘어나고 있습니다. 이 상황에서는 흔히 2가지 선택지 사이에서 고민하게 됩니다. 하나는 맞춤형 콘텐츠와 서비스 제공을 우선하여 사용자 정보를 광범위하게 수집하고, 이를 토대로 개인화된 경험을 제공하는 안입니다. 다른 하나는 개인 정보 보호를 최우선으로 하여 사용자 데이터를 최소한으로 수집하고, 고객에게 맞춘 콘텐츠를 제한하는 안입니다. 이처럼 사회 문화적으로 양극화된 현상을 접근할 때, 그 양극단에 존재하는 두드러진 쟁점만으로 사고하려는 경향이 나타날 수 있습니다.

여섯째, 카니발라이제이션 Cannibalization, 즉 자기 시장 잠식이 이분법 사고를 유발하기도 합니다. 회사가 출시한 신제품이 자사의 기존 제품 매출이나 시장 점유율을 빼앗는 상황을 말합니다. 신제품이 성공해도 기존 제품을 희생시키기 때문에 전체 매출이 감소할 위험이 발생합니다. 너무나도 유명한 코닥 Kodak 사례가 그러합니다. 코닥은 1970년대에 이미 디지털 카메라 기술을 개발했음에도 기술 활용을 망설였습니다. 엄청난 수익을 거두고 있는 필름 사업이 위축될 거라 우려했기 때문입니다. '디지털 카메라를 출시해야 하나 말아야 하나'의 기로에 서서 결국 그들은 자기 시장 잠식을 걱정하여 뛰어들지 않기로 했습니다.

앞서 살펴본 보더스 그룹의 파산은 6가지 원인 중에서 무엇때문이었을까요? 하나는 자기 시장 잠식에 대한 과한 우려입니다. 오프라인 매장의 매출을 우려한 것이 '인터넷으로 디지털 서적을 판매해야 하는가, 말아야 하는가'라는 이분법 질문에 천착하게 하였습니다. 또한 인터넷과 전자상거래 기술이 만들어 갈 세상에 대한 충분한 정보도 없었습니다. 그들은 오프라인 매장이 갖고 있는 경쟁력에 대해서는 잘 알고 있었지만, 온라인 서점이 창출하게 될 가치에 대해서는 정확히 파악하지 못하고 있었습니다.

이분법 사고의 장점

물론 이분법 사고가 마냥 나쁘지는 않습니다. 장점도 분명 존재합니다. 첫째, 간결성을 높여 줍니다. 이분법 사고는 복잡한 사건이나 문제를 2개 범주로만 나누어 조명하기 때문에 그 문제의 두드러진 특징을 빠르게 파악할 수 있고 이해하기 쉽습니다. 둘째, 명확성을 확보할 수 있습니다. 양극단에 위치한 특성을 바탕으로 현상을 설명하기에, 혼란과 혼동을 줄여 줍니다. 그래서 종종 자료와 데이터를 분석할 때 자주 활용되곤 합니다. 셋째, 의사결정이 편해집니다. 상황을 단순하게 만들어서 선택지를 빠르게 평가할 수 있도록 만듭니다. 즉 복잡한 상황이나 문제를 간단히 2가지 카테고리로 구분해서 인지적인 편의성을 제공하는 일이 이분법 사고의 매력입니다. 이분법 사고를 효과적으로 사용한 이가 바로 스티브 잡스입니다. 그는 1998년 애플이 변화할 방향을 제시하면서 이분법 사고를 활용했습니다.

1985년, 애플에서는 충격적인 사건이 벌어집니다. 애플 이사회가 회사 영혼과도 같은 창업자, 스티브 잡스를 축출한 일이었습니다. 잡스는 열정적이고 창조적인 기업가였지만, 권위적이고 통제적이었으며 때때로 인격 모독을 서슴지 않았습니다. 그의 리더십 스타일은 항상 애플 내부에 분열과 갈등을 일으키곤 하였습니다. 또한 스티브 잡스는 자신이 CEO로 영입하였던 존 스컬리John Sculley와 전략과 경영 방식을 둘러싸고 자주 싸우곤 했습니다. 더구나 매출은 떨어지고 점유율은 경쟁사에 밀리는 상황이었습니다. 스티브 잡스는 소비자 니즈와 구매 여력을 전혀 고려하지 않은 채, 그만의 성을 쌓아 자신이 구상하는 제품 개발에만 몰두하고 있었습니다. 이사회는 더 이상 횡포에 가까운 그의 행동을 묵과할 수 없었고, 그를 축출하는 결정을 내렸습니다.

애플에서 쫓겨난 스티브 잡스는 이후로 괴로워하다가 넥스트NeXT를 창업해서 컴퓨터 하드웨어와 더불어 그에 맞는 운영체제를 개발합니다. 하지만 스티브 잡스를 축출한 애플은 10년이 지나서도 고전을 면치 못했습니다. 1996년 애플의 CEO로 부임한 길버트 프랭크 아멜리오Gilbert Frank Amelio는 애플이 새롭게 개발하고 있던 운영체제에 희망을 걸고 있었지만, 막상 뚜껑을 열어보니 죽도 밥도 아니었습니다. 얼마나 어려웠던지 1997년《와이어드》가 "애플을 구하는 101가지 방법"이란 기사를 싣기도 합니다.[7]

마음이 급했던 애플 CEO 아멜리오는 넥스트 인수를 타진합니다. 스티브 잡스의 넥스트는 기술적으로는 성공적인 회사였지만, 컴퓨터 가격이 너무 높아 시장에서 큰 성공을 거두지 못하고 있었습니다. 마침 자금난에 시달리고 있었기에 잡스도 아멜리오의 제안을 반겼습니다. 더 나아가 애플이 넥스트를 인수하면 스티브 잡스는 애플 일원으로 합류할 수 있었습니다. 마침내 인수와 매각이 진행되었고, 스티브 잡스는 비공식 파트타임 고문 자격으로 10년만에 다시 애플로 돌아갑니다. 그러다 1년 후에 그는 다시 CEO 자리로 올라섭니다.

스티브 잡스는 본격적으로 애플의 방향타를 잡고 제품 라인을 처음부터 다시 고민합니다. 당시 애플은 파워북Powerbook 1400, 2400, 3400, 4400, 5400, 창사 20주년 기념 맥Mac, 이메이트e-Mate, 뉴턴Newton, 피핀Pippin 등 중구난방으로 제품을 만들고 있었습니다. 이를 두고 스티브 잡스는 그 속내를 이렇게 밝혔습니다. "회사에 다시 돌아왔을 때, 15개 제품과 수백 가지 변형품이 있었다. 3주가 지나도 나 자신조차 각 제품의 차이를 이해할 수가 없었다. 주변 친구들에게 어떤 제품을 추천해야 할지 모르는데, 고객들에게는 어떻게 설명할 수 있을까? 나는 다시 기본으

로 돌아가야 한다고 믿었다."⁸

'고객들은 도대체 무엇을 원할까'라는 질문을 스스로에게 던진 스티브 잡스는 2x2 매트릭스를 이용하여 제품을 단순하게 정리합니다. 한 축은 '범용적인 소비자를 위한 제품인가, 전문가를 위한 제품인가', 다른 한 축은 '집에 두고 사용할 데스크톱인가, 이동하면서 사용할 제품인가'였습니다. 그리하여 그는 각 4분면을 대표하는 제품 4가지만 개발하고 판매하기로 결정합니다. 그가 사용한 2x2 매트릭스는 전형적으로 이분법이 근간이 되는 분류 방법입니다. 일반용과 전문가용 사이에도 매우 많은 변주곡들이 있을 수 있습니다. 그럼에도 스티브 잡스는 양극단을 대표하는 제품만 정하여 판매하기로 한 것입니다.

이 같은 결정은 2가지 효익을 가져왔습니다. 먼저, 희소한 내부 자원을 분산시키지 않고 4개 제품에만 집중하여 효율적으로 활용할 수 있었습니다. 이를 두고 스티브 잡스는 "우리가 4가지 카테고리에서 최고의 제품을 가지고 있다면, 각 제품에 최고의 개발 팀을 배치할 수 있습니다. 그리고 18개월이 아니라 9개월마다 업그레이드할 수 있습니다. 4개만 있으면 1세대를 소개할 때 다음 세대 또는 그 다다음 세대까지 미리 준비할 수 있다는 장점도 있습니다."라고 말했습니다. 이런 조치 덕분에 산더미처럼 쌓여 있던 재고를 처리하고, 물류 취급 비용도 대폭 낮출 수 있었습니다.

더 나아가 스티브 잡스가 본질적으로 고민했던 바도 해결할 수 있었습니다. 기존 제품 라인은 난해하기 이를 데 없고 제품끼리 어떤 차이가 있는지 고객들에게 설명하기 어려웠습니다. 그런데 2가지 축으로 제품 컨셉을 정하고 나니, 소비자들에게 자사 제품을 명확히 이해시킬 수 있다는 장점이 있었습니다. 고객들도 데스크톱인지 노트북인지, 일반용인지 전문용인지 따져 보고 자신에게 맞는 제품을 빠르게 확인할 수 있게 되었습니다. 고객들이 고려해야 할 요소가 줄어들어 의사결정 과정이 단순하게 바뀐 것입니다. 이분법 사고는 애플 제품 포트폴리오를 명확하게 만들어 주었고, 고객이 쉽게 결정할 수 있도록 도움을 줬습니다.

이분법 사고에
빠지지 않는 3가지 방법

이분법 사고가 마냥 나쁜 것이 아니라 두드러진 장점이 있는 만큼, 전략가라면 이분법 사고를 잘 활용하는 일이 필요합니다. 이해관계자들의 인지적인 부담을 줄여 주는 목적이라면 의도적으로 이분법 사고를 활용해야 할 것이고, 대세에 별 영향을 미치지 않는 작은 일이라면 이분법 사고를 허용해도 무방합니다. 하지만 중대한 사안에 대해서는 의식적으로 이분법 사고 양식에서 벗어나야 합니다.

물론, 모든 문제가 이분법 사고 틀을 탈피할 수 있는 것은 아닙니다. 불가피하게 양자택일, '모 아니면 도'로 선택할 수밖에 없는 상황도 분명 있습니다. 삼성이 D램 설계 방식을 두고 스택 방식과 트렌치 방식 사이에서 고민하던 때로 돌아가 보겠습니다.

당시 이건희 회장은 이분법적 사고의 함정에 빠질 수 있다는 사실을 잘 알고 있었습니다. 그는 한국인들이 하루 빨리 양자 택일의 사고, 대립적 사고에서 벗어나야만 한다는 의견을 피력하였습니다. 21세기는 서로 모순되고 대립되는 것들이 융합하는 시대라고 보았기 때문입니다. 강하면서도 부드럽고, 남성적이면서도 여성적이고, 서구의 이성과 동양의 직관이 만나서 공존하고 어우러지는 시대가 열린다고 믿었습니다. 그는 구체적으로 "우리 주변에 널려 있는 이분법적 사고, 즉 흑백 논리에 따르다 보면 이것이 상당히 경직돼 있고 위험하다는 것을 알 수 있다. 세상에는 흑과 백 말고도 수없이 많은 색이 있고, 흑과 백 사이에도 다양한 명도의 회색이 있다. 이 다양성을 수용하는 것이 필요하다."라고 주장하였습니다.'

하지만 그도 D램 설계 방식 문제에서는 양자택일을 할 수밖에 없었습니다. '스택이냐, 트렌치냐'라는 틀을 벗어나는 방법은 회로 면적을 넓히는 일이었습니다. 하지만 이는 사실상 불가능한 일이었습니다. 컴퓨터가 작아지면서 D램 크기도 줄여야 하는 상황이었기 때문입니다. 입체적인 사고를 즐겨 하던 이건희 회장답게 처음에는 그 외에 다른 제3, 제4의 방식을 찾아보려 시도했지만 어쩔 수 없이 회로를 위로 쌓던지 아래로 파고 들던지 둘 중 하나만 선택해야 했습니다.

이처럼 어쩔 수 없는 이분법 문제도 있습니다. 그러나 여기서 중요한 점은 이분법 이외의 선택지들이 분명히 존재함에도 그 틀 안에 갇히는 일은 지양해야 한다는 것입니다. 그 덫을 피하는 몇 가지 방법을 고찰하고자 합니다.

질문 프레임을 해체하고 환언하라

우리는 누군가에게 질문을 받으면 바로 대답해야 한다는 강박이 있는 듯합니다. 초·중·고등학교를 거치면서 그런 강박이 굳어진 것일까요? 사고력을 높이는 방법 중 하나는 질문에 바로 대답하기보다 먼저 질문을 고찰하고 질문 틀을 해체하는 것입니다. 고민하다가 어떤 질문이 떠올랐다면 그 질문이 가진 프레임이나 가정을 먼저 생각하고, 그 질문이 인지적 함정을 유발하는지 숙고해 볼 수 있습니다.

앞서 언급한 어느 CEO가 제기한 질문을 다시 인용해 보겠습니다. "인성이 좋은 사람을 뽑아야 할까요, 일을 잘하는 사람을 뽑아야 할까요?" 직장 내에서 흔히 발견되는 이분법 사고입니다. 회사 내에서 누군가를 평가할 때도 "애는 좋은데 능력은 영 꽝이에요."라거나 "일을 잘하긴 하는데 좀 까칠해요."라는 얘기를 종종 들어 보았을 것입니다.

사람은 인간적 따뜻함과 업무적 탁월함이라는 2가지 축으로 남을 평가하는 경향이 있습니다.[10] 전자는 '친근하다, 성실하다, 믿을 만하다, 윤리적이다, 배려심이 깊다'로 표현되는 개념이고, 후자는 '영리하다, 유능하다, 독창적이다, 창의적이다, 효율적이다, 선견지명이 있다'로 대변되는 개념입니다. 이에 대한 연구는 역사가 깊습니다. 애쉬Asch라는 학자는 사람 인상이 어떻게 평가되는지 탐색하였습니다.[11] 그 결과, 일반 대중은 다른 이를 '따스함'과 '똑똑함'이란 축으로 인식한다는 점을 확인하였습니다. 그후 1964년에 러커스대학교 시모어 로젠버그Seymour Rosenberg도 동료들과 함께 연구를 수행했습니다. 이들은 심리학 학부생들을 대상으로 사람을 묘사하는 64가지 표현을 알려 주고, 주변 지인 1명을 선정해서 그 특성을 묘사해 달라고 요청합니다. 연구 결과, 그 역시도 따스함과 유능함으로 인식하는 경향이 있음을 재차 확인하였습니다.

저에게 질문했던 CEO도 2가지 축으로 사람을 구분하면서 양극단 유형들을 고민하고 있었습니다. 그러나 누군가가 인성은 좋지만 일은 못하는 사람, 일은 잘하지만 인성이 좋지 못한 사람 중에 누구를 뽑아야 하냐고 질문했을 때, 우리는 먼저 그 질문 유형을 확인하는 일이 필요합니다. 전형적인 이분법 질문이기 때문입니다. 머릿속에서 경고등을 활짝 켜고 상대방조차도 의식하지 못하고 깔아 둔 함정에 걸려 들어서는 안됩니다.

질문 유형을 확인하고 함정에 빠져들지 않기 위한 방법 중 하나는 그 같은 질문을 하게 된 이유와 맥락을 역으로 물어보는 것입니다. 질문이 이분법 사고로 표현된 배경과 이유를 탐색해 보면 사고를 넓힐 수 있습니다. 이유와 맥락을 이해했으면, 그 질문을 다른 표현으로 환언해 보는 것도 도움이 됩니다. 닫힌 생각을 활짝 열어 젖힐 수 있는 질문으로 바꿔 보는 것입니다.

이는 남에게 질문을 받았을 때도 유용하지만 나에게 던지는 질문에서도 유효합니다. 우리는 무언가 고민할 때 주로 질문을 하는 경향이 있습니다. 마치 햄릿이 "이대로 살 것인가, 아니면 죽을 것인가, 그것이 문제로다."를 스스로 읊조린 것처럼 말입니다. 마음 속에 떠오른 질문을 가지고 몇 날 며칠을 고민하고 있다면, 그 질문을 먼저 해체하는 작업이 필요합니다. 이분법적 틀에 자신을 가두고 있지는 않은지, 무슨 가정을 갖고 있는지, 어떻게 인지적인 함정을 유발하는지, 어떤 정서적인 자극을 가하는지를 면밀히 살펴볼 필요가 있습니다.

프리미엄 제품을 판매하는 한 회사를 예로 들어보겠습니다. 이 회사는 최근 저가 제품으로 공략하는 업체들과 경쟁이 심해지면서 점차 시장 점유율이 줄어들고 있었습니다. 내부에서는 의견이 엇갈렸습니다. 일부 임원들은 프리미엄급 제품을 생산하고 판매하는 현재 전략을 유지하면서 브랜드 이미지 향상과 판매 증진을 위한 마케팅 활동에 집중해야 한다고 주장했습니다. 반면 다른 임원들은 생산 비용과 제품 가격을 낮춰서 저가 업체들을 압도하여 시장 점유율을 높여야 한다는 주장을 폈습니다. 양 극단에서 치열한 주장을 듣다 보니 어느덧 CEO는 다음과 같이 이분법으로 사고하게 되었습니다. "고품질, 프리미엄 제품을 생산하며 브랜드 이미지, 마케팅 활동에 집중해야 할까? 아니면 생산 비용과 제품 가격을 낮춰 저가 업체와 경쟁하고 시장 점유율을 확보해야 할까?"

이 CEO는 자신이 고민하는 틀이 이분법에 갇혀 있음을 먼저 자각하고 고민이 어떤 맥락에서 나왔는지 살펴 봐야 합니다. 그리고 사고의 지평을 넓혀 주는 질문으로 다시 표현해 볼 수 있습니다.

"어떻게 하면 고품질 제품과 브랜드 이미지를 유지하는 동시에 저가 경쟁업체가 일으키는 도전에 대응하고 시장 범위를 확대할 수 있을까?"

수준을 잘게 쪼개 보라

이분법 사고는 양극단에 있는 전형성을 띤 현상 또는 대상을 두고 '이거냐 저거냐'를 따지게 만듭니다. 그러다 보니 그 양자가 서로 양립할 수 없는 것처럼 우리 생각을 몰고 갑니다. 그런데 그 현상 또는 대상을 잘게 쪼개 보면, 양자를 동시에 취할 수도 있습니다.

기업 현장에서만 이분법 사고가 흔해 보이지만 학계도 예외는 아닙니다. 대표적인 사례가 바로 '활용'과 '탐색'입니다.[12] '활용'은 성과 개선에 초점을 둔 것으로, 현재 가지고 있는 강점이나 지식, 자산을 최대한 효율적으로 활용하는 활동입니다. 반면, 후자인 '탐색'은 향후 먹거리를 찾고 미래 경쟁력을 만들기 위해 새로운 지식과 기술 등을 탐험하고 학습하는 활동입니다.

초기 학자들은 이 2가지 활동이 양극단에 있고 그래서 어느 한쪽이 두드러지면 다른 한쪽은 취할 수 없는 '트레이드 오프Trade off '관계가 있다고 보았습니다.[13] 이 주장은 현상적으로 그럴 듯해 보였습니다. 과거 우리 기업들을 예로 보겠습니다. 빠른 추격자 전략을 구사하면서 활용에는 매우 유능한 모습을 보였으나, 탐색에는 매우 부진하였습니다. 선진 기업의 전략을 모방해 적용하기는 잘하지만, 새로운 아이디어로 전에 없던 장르를 만드는 측면은 매우 부족하였습니다. 탐색은 잘했지만 활용은 못했던 사례도 있습니다. 제록스 팔로알토 연구소PARC가 대표적인 예입니다. 지금은 누구나 사용하는 마우스 같은 혁신적 기술을 한 세대 앞서 탐구하고 개발해 왔으나(탐색), 이를 상업적으로 활용해서 성과를 만드는 일(활용)에는 미진했습니다. 이들을 보면 활용과 탐색은 동시에 추구하기 어려운 특성 같아 보입니다.

그런데 이런 가정을 무력화시키는 사례가 있습니다. 애플은 혁신적인 제품과 기술을 시장에 선보이면서(탐색), 극도로 효율을 추구하여 성과를 극한까지 높이는 일(활용)에 유능합니다. 학자들도 점진적으로 그와 같은 이분법 사고 틀에서 벗어나 분석 수준을 달리하면 그 양자를 동시에 추구하거나 공존이 가능할 수 있음을 깨닫기 시작했습니다.[14]

예를 들어 하나의 기업 안에도 성격이 다른 사업부 2개를 둘 수 있습니다. SK하이닉스에는 현재 지식과 기술을 가지고 품질과 효율을 따져서 성과를 내는 제조 기술 조직이 있는 반면(활용), 반도체 미래 기술을 선험적으로 탐색하고 연구하는 조직이 있습니다(탐색). 이런 상황도 생각해 볼 수 있습니다. 탐구심이 강한 어느 엔지니어가 자기 분야에서 새로운 트렌드를 탐색하다가 혁신적인 기술을 만들어 냈습니다. 그가 속한 팀과 사업부가 그 기술이 적용된 시제품을 만들어 상용화하였고 시장 수요가 폭증하여 엄청난 성과를 거두었다고 가정해 봅시다. 전자는 개인 수준의 '탐색' 활동, 후자는 조직 수준의 '활용' 활동으로, 양자가 한 조직 안에서 상호작용하는 현상도 존재할 수 있습니다. 이처럼 수준을 나눠 보면 동시 양립하는 방안이 도출될 수 있습니다.

한 비영리 환경 단체는 최근 자원 봉사자들이 줄줄 이탈하고 있어서 골머리를 앓고 있었습니다. 이들은 더 많은 자원 봉사자를 새로 유치하기 위해 마케팅 캠페인에 투자할지, 아니면 기존 봉사자들의 이탈을 막기 위해 그들의 봉사 경험을 개선하는 일에 더 집중할지 고민하고 있었습니다. 비영리 단체는 그 어떤 조직들보다도 자원이 턱없이 부족한 집단입니다. 앞에서 살펴봤듯이 시간과 자원이 부족한 상황에서는 이분법 사고가 더욱 두드러지게 발휘되는 경향이 있습니다. 한정된 자원을 효율적으로 사용해서 효과를 보려면 하나만 선택해서 집중해야 한다는 강박을 만들어 내기 때문입니다. 그러나 이 문제를 여러 수준으로 나누어서 구분하면 포괄적인 해결 대안을 모색할 수 있습니다.

첫째는 개인 수준입니다. 자원 봉사에 더 이상 참여하지 않는 이들을 인터뷰하고 그 이유를 확인할 수 있습니다. 아울러 현재 활동 중인 이들을 대상으로 그들이 겪는 경험들을 분석하고, 그들의 열정을 이끌어 내는 긍정적 경험, 의욕을 떨어뜨리고 이탈을 결심하게 만드는 부정적 경험을 파악할 수 있습니다. 이를 토대로 개인 봉사자들의 자발적 참여와 몰입을 이끌어 낼 수 있는 방법들을 모색합니다.

둘째는 프로젝트 수준입니다. 현재 조직에서 진행하고 있는 프로젝트들을 점검해 보는 일입니다. 이들은 자원 봉사자를 나무 심기, 산 쓰레기 청소, 바다 폐기물 수거 등의 활동에 참여시켜 왔습니다. 그 프로젝트들이 자원 봉사자의 관심과 흥미, 그리고 소명에 얼마나 부합하는지를 평가하고, 그들로부터 더 많은 관심과 참여를 이끌어 낼 수 있는 프로젝트를 만들 수도 있습니다.

셋째는 조직 수준입니다. 먼저 자원 봉사자들의 참여도에 영향을 미칠 수 있는 조직 차원의 정책, 제도, 문화적 요소를 파악해 볼 수 있습니다. 겉과 속이 다른 일부 비영리 단체들이 있습니다. 겉으로 표방하는 미션과 비전에 매료되어서 봉사를 하기로 결정하였는데, 막상 그 조직 정책이나 관행 또는 그곳에서 근무하는 이들이 보이는 언행에서 상당한 괴리를 발견하고 실망을 느껴서 그만두는 사례도 있습니다. 그 같은 요소가 조직에 존재하는지 확인하고 제거할 수 있습니다. 또한 일반 대중들에게 조직의 존재감을 알리고 높이는 방법도 모색할 수 있습니다. 이를 통해 현재 자원 봉사자의 자부심을 높이고, 자원 봉사에 관심 갖고 있는 잠재적인 지원자들을 유인할 수 있습니다.

공존하는 상황을 탐색하라

세 번째 방법은 공존하는 상황을 탐색해 보는 일입니다. 레고 그룹 사례로 살펴보고자 합니다. 레고Lego 그룹은 덴마크 출신의 올레 키르크 크리스티얀센Ole Kirk Christiansen이 1932년에 창업한 회사입니다.[15] 그는 작은 마을에서 사다리, 의자, 다리미 판 같은 이동식 목재 가구를 생산하는 목수였습니다. 실력이 좋았기에 꽤 돈벌이가 되었고, 사업을 확장하려던 차였습니다. 하지만 호사다 마였던 모양입니다. 두 아들이 가게에서 놀다가 나무 조각 더미에 불을 지르는 사고가 일어나 어마어마한 화염으로 가게뿐 아니라 집마저도 전소되고 말았습니다. 더구나 1920년대 미국 주식 폭락은 세계를 불황으로 빠뜨렸는데, 이는 덴마크에 있던 작은 마을도 크게 영향을 미쳤습니다. 뭐라도 해야 했던 그는 자투리 나무를 활용해서 싸구려 장난감을 만들어 팔기 시작했습니다. 회사 이름도 덴마크어로 '잘 놀다, 재밌게 놀다'라는 뜻인 'leg godt'를 줄여서 Lego, '레고'라 정합니다. 그는 기발한 아이디어로 덴마크 전역에 있는 아이들 마음을 사로잡습니다. 당기면 부리가 열리고 닫히는 오리 장난감은 베스트셀러가 되었습니다. 그리고 1940년대부터는 플라스틱 사출 성형으로 오늘날 블록 장난감을 만들기 시작하였습니다.

그런데 1990년대 컴퓨터 게임, 콘솔 게임이 비약적으로 성장하면서 아이들 장난감 산업이 크게 위축되기 시작했습니다. 승승 장구하던 레고는 2004년 파산 직전에 이르렀습니다. 레고는 회사를 되살리기 위해 맥킨지 컨설팅 출신인 크누스토르프Jørgen Vig Knudstorp를 CEO로 영입합니다. 그 결정이 신의 한 수였던 모양인지, 다행히 레고는 해가 지날수록 점차 매출이 증가해 2020년 기준으로 순이익 1조 8,000억 원을 거두었습니다.

레고가 이분법 사고에 갇힐 뻔 했던 사례가 있습니다. 레고는 1999년부터 〈스타워즈〉, 〈해리포터〉 같은 유명한 영화들을 재현해 블록 장난감을 만들어 팔았습니다. 레고 블록으로 단편 애니메이션을 제작하기도 했습니다. 〈레고 스타워즈〉 같은 단편 애니메이션은 적지 않은 성공을 거두었습니다. 이에 고무된 크누스토르프는 할리우드에 있던 유명 영화 제작사와 계약을 맺고 〈레고: 클러치 파워의 모험〉이란 애니메이션을 제작하였습니다. 엔터테인먼트 시장에서 적지 않은 성공을 거두어 왔고, 또 그 분야 다양한 기업과 협력해 왔기 때문에 이 장편 영화가 성공하리라 믿어 의심치 않았지만 결과는 참패였습니다. 레고라는 브랜드를 지키고 홍보하는 일에 천착했기에 스토리가 지루하고 재미없다는 평이 주를 이뤘습니다.

참패하고 나서 크누스토르프는 교훈을 얻습니다. 레고 브랜드와 이야기를 홍보하듯이 만들면 실패할 수밖에 없다고 말입니다. 그는 레고 브랜드를 지키면서도 흥미롭고 재미있는 이야기를 엮어 낼 다른 이들이 필요하다고 생각했습니다. 베스트셀러 소설을 영화로 만드는 경우를 생각해 보겠습니다. 보통은 소설 원작자가 영화 시나리오까지 쓰지 않습니다. 소설은 분량에 제한이 없지만, 영화는 짧은 시간에 개연성 있고 재밌는 서사를 담아야 합니다. 그러자면 핵심적인 줄거리는 남기되 완전히 다시 쓸 수 있는 다른 작가가 필요합니다. 원작자는 자신이 상상하고 창조해 낸 모든 인물과 스토리에 애착을 갖고 있기 때문에 그 원작을 벗어나 재구성하기 어렵기 때문입니다. 이는 레고 상황과 같았습니다. 레고가 직접 스토리를 만들면 브랜드에 집착하게 됩니다. 마치 2시간이나 되는 홍보, 광고 영화가 될 수밖에 없었습니다.

그래서 크누스토르프는 영화 제작사에 모든 권한을 주는 방식을 고려합니다.[16] 제작사가 등장인물, 시나리오 등을 모두 결정하는 방식입니다. 레고 그룹이 개입할 여지를 최소화하는 것입니다. 이 선택지는 감독과 시나리오 작가 자율권을 보장해서 그들 창의성을 극대화할 수 있는 장점이 있습니다. 하지만, 레고 브랜드와 직결되는 일을 외부인에 오롯이 맡기면 위험 부담이 적지 않았습니다. 자칫하면 브랜드에 장기적인 악영향을 줄 수 있기 때문입니다. 이 리스크를 최소화하려면 전에 개봉했다가 처참히 실패했던 〈레고: 클러치 파워의 모험〉처럼, 레고 그룹이 모든 권한을 갖고 제작하는 방식을 취해야 합니다. 시나리오 작가, 감독을 레고 그룹이 직접 선별하여 고용을 하고, 기업 브랜드 방향에 맞게 스토리를 구상하여 제작하는 일입니다. 이 선택지는 레고 그룹이 브랜드 이미지를 유지하고 강화하는 일을 직접 통제할 수 있는 장점이 있었습니다. 하지만, 이 분야에서 창의적이고 유능한 작가와 감독을 유인하기는 어렵습니다. 어느 누가 아무런 권한이 없는 일에 흥미를 보이려 할까요? 독자 여러분은 이 상황에서 어떤 선택을 하시겠습니까?

레고 그룹이 바랐던 바는 브랜드를 지키면서도 흥미진진한 영화를 만드는 일이었습니다. CEO인 크누스토르프는 이분법 틀을 벗어나, 2가지 장점이 동시에 공존할 수 있는 방식이 무엇인지를 고민합니다. 마침내 그는 제작사, 영화감독, 그리고 시나리오 작가에게 온전한 자유를 주되 브랜드를 지킬 수 있도록 감독과 작가가 레고 세계관에 동화될 수 있는 방법을 선택합니다. 그 일환으로 감독과 작가에게 팬들을 만나도록 권고하였습니다. 다양한 연령대 팬들이 레고 그룹에 보내는 팬 레터를 읽어 보고, 그들과 만나서 대화를 나누도록 요청하였습니다. 레고 팬들이 자발적으로 만든 팬클럽 모임에도 참석해 보도록 권합니다. 이를 통해서 감독과 작가는 레고 팬들의 다양한 이야기를 들었습니다. 그들 삶에서 레고가 어떤 의미인지, 무엇에 열광하며 무엇을 싫어하는지를 말입니다. 일례로 그들은 팬들이 접착제를 사용해 레고를 조립하는 것을 극도로 혐오한다는 점을 알게 되었습니다. 레고 블록으로 상상하여 만들고, 고치고, 도전하는 것이 레고가 가진 세계관이었기 때문입니다. 이 과정에서 감독과 작가는 브랜드를 이해하고, 팬들과 동화되었습니다. 마침내 레고와 사랑에 빠지게 되었습니다. 그들은 레고를 둘러싼 세계를 이해하고 자유롭게 상상하면서 창의적인 스토리를 만들었습니다. 그들이 제작한 〈레고 무비〉는 엄청난 성공을 거두었습니다. 그리고 레고 그룹은 두 자릿수 매출 증가를 이루었습니다.

크누스토르프는 CNN과의 대담에서 《위대한 개츠비》 저자인 스콧 피츠제랄드의 명언 "최고의 지성이란 2가지 상반된 아이디어를 동시에 염두하면서도 흔들리지 않는 것이다."를 인용하면서 이렇게 말했습니다.

"상당수 CEO가 단순한 가정을 하는 경향이 있습니다. 모든 문제는 정답이 하나라고 말입니다. 그러나 당신이 모든 것을 하나의 가설에 강제로 욱여 넣는 대신, 다양한 가설을 동시에 고려할 수 있다면 보다 더 현명해질 수 있습니다. 스콧 피츠제랄드가 말한 바와 같이 말입니다."[17]

지금까지 우리는 이분법 사고가 무엇인지, 그것의 장점과 단점은 무엇인지를 동시에 살펴봤습니다. 그리고 이분법 사고에 빠지지 않는 방법들을 살펴봤습니다. 이제 이분법 사고에서 벗어나는 연습을 해보겠습니다.

이분법 사고 벗어나기

최근에 독자 여러분이 마주한 이분법 사고, 또는 질문을 떠올려 보겠습니다. 다음 질문을 통해 이분법적 사고에서 벗어나는 연습을 해 보시기 바랍니다.

▶ 그것은 무엇이었습니까?

▶ 그 당시 독자 여러분은 그에 어떻게 접근하셨습니까?

▶ 그 상황으로 다시 돌아간다면 어떻게 하시겠습니까?

▶ 독자 여러분이 평소 이분법 사고를 자주 사용해 왔다면 그 습관의 원인은 무엇입니까?

독자 여러분이 일하는 조직 맥락에서 보았을 때 이분법 사고가 유발하는 장점과 단점을 평가해 보겠습니다.

▶ 장점:

▶ 단점:

▶ 독자 여러분의 조직과 업에 있어, 어느 상황에서 이분법 사고가 도움이 될 수 있습니까?

▶ 어느 경우에 이분법 사고를 지양해야 합니까?

메타 질문으로
생각의 함정에서
탈출하라

전략적 사고의 핵심,
메타 질문

좋은 아이디어는 진지한, 때로는 가벼운 질문에서 촉발되곤 합니다. 드롭박스Dropbox를 창업한 드루 휴스턴Drew Houston은 뉴욕에서 대학을 마치고 보스턴에 살고 있었습니다.[1] 어느 주말, 그는 친구가 있는 뉴욕으로 놀러 가려는 계획을 세웁니다. 4시간 반 동안 버스를 2번이나 갈아타고 가는 긴 여정이었지만, 시간 낭비라 느끼지 않았습니다. 버스 안에서 노트북으로 일하면 된다고 생각했으니까요. 그런데 집에서 늦게 나선 탓에 다급히 버스에 올라탄 그는 뭔가 크게 잘못되었다는 느낌을 받습니다. 자료가 가득 담긴 USB 메모리를 집에 놓고 온 사실을 깨달은 것입니다. 전에도 이 같은 실수를 여러 번 한 적이 있었습니다. 처음에 그는 '세상에, 난 진짜 바보야! 맨날 이러고 있네!'라며 자책했습니다. 하지만 이내 스스로 '언제까지 이런 식으로 살 거야?'라고 질문합니다. 그리곤 이렇게 결심합니다. '내가 직접 대안을 만들고야 말겠어!'라고 말이죠. 그는 그 자리에서 아이디어를 구상하고 코딩을 시작했습니다.

전략적 사고를 연구하는 토니 그룬디Tony Grundy는 전략적 사고가 "분석이나 추론이 아니라 질문에서 시작되는 경우가 많다."라고 주장하였습니다.[2] 그러면서 그는 '계층구조적 전략적 질문Hierarchy of strategic questions'이란 개념을 제시하였습니다.

서두에서 테슬라를 창업한 에버하드와 타페닝을 살펴봤습니다. 이들은 두 번째 창업을 할 때 '석유가 인류에게 주는 폐해는 무엇인가?'라는 질문으로 출발하였습니다. 그 심각성을 확인하고 나니 질문은 화석 연료 중심의 자동차 산업을 친환경으로 바꿔야 한다는 신념으로 발전하게 되었습니다. 그에 따라 계층적인 질문이 연달아 이어졌습니다. "누가 자동차를 판매하는가? 어떻게 판매하는가? 그렇다면 누가 차를 사는가? 그들이 차를 구매하는 기준은 무엇인가? 자동차 영업사원들에게 차 사기를 좋아하는 사람들이 있는가?"와 같은 질문들 말입니다.[3]

우리나라 창업자들에게도 계층구조적 전략적 질문이 관찰됩니다. 이병철 회장은 1951년에 삼성물산주식회사를 설립했습니다. 외국에서 생필품을 수입해서 유통하는 회사였습니다. 사업 1년 만에 3억 원의 출자금은 그 20배인 60억 원으로 늘었습니다. 엄청나게 성공한 것처럼 보이지만 이는 당연한 결과였습니다. 한창 전쟁 중이었던 탓에 생필품 판매가가 크게 올랐기 때문이었습니다. 비상시국에 생필품을 수입하여 국민들에게 기여한다는 보람도 있었지만 한편으로는 마음이 무거웠습니다. 인플레이션으로 우리나라 국민들이 크게 고통받고 있었기 때문입니다. 여기서 그는 스스로 질문을 던집니다. "스스로 택한 사업의 길이지만, 과연 무역업에만 만족하고 있을 것인가? 달리 더 중요한 일은 없다는 말인가?"라고 말입니다.[4] 그는 원자재를 수입한 뒤 상품으로 가공하여 우리나라 국민들에게 제공해야, 그리고 해외로 수출을 해야 생존할 수 있다고 생각했습니다. 그 결과로 제조업을 하기로 결심합니다. 여기서 그는 또 자문합니다. "어떤 제조업에 뛰어들 것인가?" 그 결과 제지, 제약, 제당이 이 땅에 가장 필요한 분야라고 생각하고 해당 제조업 시장에 뛰어듭니다.

이처럼 전략적 사고는 질문으로부터 촉발되는 경우가 많습니다. 계층구조적 전략적 질문은 스타트업 투자자들이 사용하는 기법이기도 합니다. 창업자를 돕고자 하는 투자자들은 여러 가지 질문으로 아이디어를 구체화하고 정련할 수 있도록 돕습니다. 초기 스타트업의 투자와 성공을 돕는 스타트업 엑셀러레이터 기업, 와이콤비네이터Y Combinator의 CEO이자 챗GPT의 아버지 샘 올트먼Sam Altman은 창업가는 명확하게 사고할 수 있어야 한다고 강조합니다.[5] 아무리 잠재력이 큰 아이디어가 있다 하더라도 이를 구체적으로 구상하지 못하면 투자금을 유치하기도 어렵고 채용도 어려우며 고객에게 자사 서비스를 매력적으로 소구하지도 못하기 때문입니다. 그래서 올트먼은 창업가들에게 다음과 같은 순차적인 질문을 합니다. "무엇을 만들고 있나요?" "그걸 왜 만들고 있나요?" "누가 그 제품을 절실히 필요로 하나요?" "시장의 규모와 성장 속도는 어떻습니까?" "10년 후에는 그 시장이 어떻게 변화해 있을 거라 예상합니까?" "그런데 왜 창업을 하려 합니까?" "이 일에 대한 당신의 사명은 무엇입니까?" 등의 질문입니다.

질문은 전략적 사고에서 핵심적인 역할을 합니다. 본 장에서 다루고자 하는 '메타 질문'에서 '메타'라는 표현은 그리스어 'meta'에서 유래된 표현으로 '초월적인, 한 차원 높은, 가장 근본적인 일들을 다루는'이란 뜻을 가지고 있습니다. 즉 메타 질문은 '질문에 관한 질문' '지금 고민하는 질문에 대한 한 차원 높은 근본적인 질문'이라 할 수 있습니다.

쉽게 빠지는
생각의 함정 3

'이 문제를 어떻게 해결해야 할까' 고심하다 보면, 어느새 광부가 지하로 수 킬로미터를 파고 들어가듯 고민의 결이 깊어집니다. 문제를 깊이 들여다보고 고민하는 태도는 좋지만 한편으로는 외통수에 막힌 듯 생각의 함정에 빠지기도 합니다. 그 몇 가지 원인을 살펴보겠습니다.

고민하다가 본질을 놓친다

우리가 자주 범하는 실책 중 하나는 고심을 거듭하다 일의 본질을 잊곤 한다는 점입니다. 목표 설정 제도인 OKR Object(목표)와

Key Result(성과 지표)를 이르는 말을 회사에 도입하려던 어느 CEO가 있었습니다. 그는 자사에서 시행하던 MBO Management By Objective, 목표에 의한 성과관리와 KPI Key Performance Index, 핵심성과지표에 문제가 있다고 생각했습니다. 각 조직과 구성원들이 도전적으로 일을 수행하려 하기보다는 사전에 계산된 목표를 세우는 경향이 있었기 때문입니다. 구성원들 다수가 '이 정도로 목표를 설정하면 남들에게는 달성하기 어려워 보이는 도전적인 과제로 보이겠지. 사실은 연말까지 달성할 수 있는 수준이니 고과도 잘 받고 그만큼 보상도 잘 받을 수 있을 거야.'라는 태도를 보이는 게 문제라 생각했습니다. 그는 어떻게 하면 구성원들이 도전적인 과업을 설정하고 주도적으로 일하게 독려할지 계속 고민하였습니다.

마침 경영자 조찬 모임에 나갔다가 조직과 구성원들이 원대한 포부를 함께 꿈꾸도록 촉진시킨다는 OKR을 소개받습니다. 이 제도 덕분에 구글이 엄청난 성공을 거두었다는 부연 설명과 함께 말입니다. CEO는 회사로 출근하자마자 관련 서적들을 구입하고 학습하기 시작하였습니다. 아울러 기획 부서에도 OKR 도입을 검토해 보도록 지시합니다. 업계 전문가들을 회사로 초청해서 OKR이 실제로 어떻게 운영되고 있는지 강의를 듣기도 하였습니다. 그리고 CEO와 기획 부서가 함께 성과 관리 제도를 설계하였습니다.

그런데 그 CEO와 주무 부서를 만나 대화를 나눠 보니, OKR을 도입하려던 초기 의도를 망각한 건 아닌가 하는 생각이 들었습니다. 실무적으로 지나치게 촘촘하고 치밀하게 설계를 해 두었기 때문입니다. 예외 하나 없이 완벽하게 설계해야만 제도가 제대로 운영된다는 강박이 있는 것 같았습니다. 큰 꿈을 꾸도록 구성원을 독려하는 게 아니라, 되려 통제하고 숨통을 조이는 방식으로 설계되어 있었습니다. 원대하고 위대한 이상을 꿈꾸게 하려면, 제도는 누구나 쉽게 이해할 수 있어야 합니다. 그러자면 제도는 단순하고 거칠고 성겨야 합니다.

더구나 그들이 설계한 제도는 실패를 고려하지 않고 있었습니다. 비록 의도한 바는 아니었지만 목표 달성에 한번 실패하면 그 후로는 도전할 의욕이 사라지게 만들어 놓았습니다. 큰 꿈은 실패가 상수입니다. 실패하지 않을 일이 어떻게 원대한 목표가 될 수 있겠습니까? 누구나 '그게 어떻게 되겠어? 실패할 게 뻔한데 뭐 하러 해!'라고 말하는 일이야 말로 진짜 원대한 목표 아니겠습니까?

저는 CEO와 기획 부서가 설명하는 내용을 다 들은 다음에 이렇게 물었습니다. "OKR을 도입하려는 원래 목적이 무엇이었습니까?" 이 질문에 CEO는 얼굴 표정이 순간 굳었습니다. 아차 싶었던 모양입니다. CEO가 눈을 감고 생각에 빠져 들자, 기획 부서의 수장이 대신 "MBO와 KPI의 불합리성을 성토하면서, 도전적인 목표를 구성원들이 자발적으로 세우길 바라는 마음으로 OKR을 도입하려 합니다."라고 피력하였습니다. 그래서 제가 물었습니다. "지금 설계해 놓은 OKR 제도 면면을 다시 보시기 바랍니다. 이 제도를 새로이 적용해서 실행하면, 구성원들이 그렇게 행동할까요? CEO께서 실무자라면 어떠시겠습니까?" 이 말에 그 CEO는 이렇게 결론을 내렸습니다. "기존 제도나 다를 바가 없군요. 우리가 하려던 그 본질에 맞게 제도를 다시 설계해야 하겠습니다."

실무적인 일에 깊이 발을 담가 고민하다 보면, 본래 취지와 목적을 잊는 경우가 많습니다. 방법론을 고민하다 보면 실무적인 이슈가 도처에서 튀어나옵니다. 빈틈을 최소화하고 완벽한 상태를 추구하려다 보니, 어느새 주의집중이 방법론에 쏟아지고 그걸 '왜' 하려 했는가를 망각하는 사태가 종종 벌어집니다.

실무적으로 깊이 고민하다가 어느 순간 방향을 잃은 느낌이 든다면, 이때 자신에게 이런 질문을 해 볼 수 있습니다. "이 문제의 본질은 무엇인가? 원래 우리는 무엇을 하고자 했는가? 우리의 최초 의도는 무엇이었는가? 지금 고민하는 방식이 과연 그 본질을 제대로 구현할 수 있는가?"

망치를 든 사람은 못만 보인다

고심을 거듭하다보면 어느 순간 막다른 골목을 만나곤 합니다. 아무리 고민해도 타개점이나 돌파구를 찾지 못해서 골머리를 앓습니다. 인간은 한 가지 문제 또는 목표에 집중하다 보면 다른 가능성을 보지 못하는 경향이 있기 때문입니다. 생각을 틔워 주는 새로운 정보가 들어와도 기존에 고민하던 방향과 관점에 맞춰서 정보를 왜곡하거나 변용하기도 하고, 그에 맞지 않으면 무의식적으로 외면하거나 배척하기도 합니다.

왜 이런 현상이 생길까요? '멘탈 모델Mental model' 때문입니다. '모델'이라는 표현은 '규모에 맞춰서 만들어진 형상, 건축가가 만든 모형'이라는 뜻을 가진 프랑스어 'modelle'라는 단어에서 유래되었습니다. 이 단어를 이해하는 첫 번째 키워드는 '대표성'입니다. 어떤 인물, 사물, 또는 대상이 대표하는 특징을 형상화한 것입니다. 이를 내포하여 사용되는 단어로는 '롤 모델' '패션 모델'을 들 수 있습니다. 두 번째 키워드는 '축소, 또는 환원'입니다. 크기가 큰 대상을 축소하여 보여 주는 것입니다. 이 의미로 사용되는 단어는 '프라 모델' '건축 모델' 등입니다.

멘탈은 곧 마음과 정신을 뜻합니다. 두 단어의 조합인 '멘탈 모델'은 한 개인이 자신을 둘러싼 세상을 바라보는 현실 축소판이라 할 수 있습니다. 우리는 세상의 모든 세부 사항을 머리 속에 간직할 수 없습니다. 그렇기 때문에 크기와 규모가 매우 크고 복잡한 세상 현실을 축소하여 마음에 모델처럼 갖게 됩니다.[6] 이 모델에는 세상이 무엇인가, 무엇으로 구성되어 있는가, 어떻게 작동하는가, 무엇이 중요하고 중요하지 않은가 등에 관한 개인적 가정과 신념이 담겨 있습니다. 우리는 이를 토대로 정보를 받아들이고 이해하며 의미를 부여합니다.

멘탈 모델은 상당한 효익을 제공합니다. 무엇보다도 질서와 체계를 찾도록 도와줍니다. 환경과 세상은 무수히 많은 신호를 보내지만 그중 대부분은 우리에게 불필요한 잡음입니다. 이때 멘탈 모델이 우리에게 필요한 정보만 입수할 수 있도록 도와줍니다.

시끄러운 카페나 공공장소에서 앞이나 옆에 앉은 사람들과 나누는 대화를 잘 들을 수 있도록 도와주는 일도 멘탈 모델 덕분입니다.[7] 멘탈 모델이 우리에게 필요한 정보에 집중하고, 나머지는 무시할 수 있도록 만들어 주기 때문입니다.

이처럼 유익한 멘탈 모델은 종종 우리를 지극히 불완전한 인간으로 만들기도 합니다. 세상을 보는 시각을 갖도록 해서 복잡하고 혼란한 현실 세계에 압도당하지 않도록 돕지만, 한편으로는 그와 다른 시각을 인정하지 않거나 배척하게 만들 수 있습니다. 또는 현재 우리가 집중하는 이슈와 관련된 정보만 받아들이고, 그와 무관하게 보이는 자료들은 배제시켜 버립니다. 이는 '인지적 터널 시야Tunnel vision'라 부르는 현상으로 이끕니다.[8] 한 가지 문제나 원인에 집착하여 객관적이고 종합적인 판단을 그르치는 것을 말합니다. 인지적 터널 시야에 갇히게 되면 자신이 내린 결론에 유리하거나 부합한 증거만 받아 들이거나, 그에 반하는 사실은 무의식적으로 밀어 냅니다. 그래서 전문가들이 자기 분야에서 판을 뒤엎을 수 있는 정보, 또는 발견을 목도했음에도 그것을 외면하거나 배척하는 일들이 벌어집니다.[9] 멘탈 모델이 사고의 경직을 유발하기 때문입니다.

페니실린 발견을 둘러싼 일이 그 전형입니다. 1928년 9월, 스코틀랜드 미생물학자인 알렉산더 플레밍 Alexander Fleming 은 여름 휴가를 끝내고 자기 연구실로 돌아왔습니다. 그는 몇 개월 전부터 포도송이처럼 모여 있어서 '포도상구균'이라 이름 붙여진 세균을 연구하고 있었습니다. 여드름, 무좀, 뾰루지를 일으킬 뿐만 아니라 식중독을 일으키는 세균이었습니다. 포도상구균이 순수한 배양에서 다양한 형태의 군락이 생성될 수 있다는 연구 결과를 보고, 그 변이를 관찰해 보고자 준비하던 중이었습니다.[10] 휴가를 가기 전, 플레밍은 접시에 포도상구균을 배양하고 이를 실험실 구석에 두었습니다. 그런데 휴가에서 돌아온 그는 곰팡이로 오염된 배양 접시 하나와 그 안에 곰팡이를 둘러싸고 있는 포도상구균 군락이 파괴되어 있는 것을 발견합니다. 반면, 곰팡이와 멀리 떨어져 있던 다른 포도상구균 군락은 정상적으로 자란 것으로 보였습니다. 한 접시에 실험 집단(곰팡이로 파괴된 군락)과 통제 집단(정상적 집단)이 우연하게 생겨난 셈이었습니다. 그는 곰팡이가 미치는 현상을 흥미롭게 여기고 다른 세균들과 곰팡이의 관계를 연구하기 시작했습니다. 그러자 곰팡이가 만든 페니실린 물질이 포도상구균, 폐렴구균, 임질균, 수막구균, 디프테리아 박테리아를 죽인다는 사실을 발견할 수 있었습니다. 이 결과를 바탕으로 페니실린이 상처와 농축성 질병을 치료하는 국소 소독제로서 잠재력이 있다고 믿게 되었습니다. 1929년 이 결과를 〈영국 실험병리학 저널British Journal of Experimental Pathology〉에 투고한 플레밍은 세계적인 의학자로 이름을 남기게 됩니다. [11]

페니실린이 발견되기 전만 해도 세균 감염이 패혈증으로 번져서 죽는 경우가 많았습니다. 페니실린이 실제 항생제로 사용되기까지 10여 년의 세월이 걸리고 그 사이 여러 우여곡절이 있었지만, 1928년 플레밍이 페니실린을 발견한 덕분에 인류는 세균 감염으로부터 벗어날 수 있었습니다. 한 연구에서는 2022년 기

준으로 페니실린이 약 2억 명을 구했다고 추정합니다. [12]

이 이야기에서 주목할 점은 여기에 있습니다. 곰팡이가 세균을 파괴한다는 사실을 최초로 발견한 사람이 플레밍이 아니었다는 것입니다. 최초 발견은 플레밍으로부터 60년 전인 1870년으로 거슬러 올라갑니다. 영국인 생리학자 존 스콧 버든-샌더슨John Scott Burdon-Sanderson은 곰팡이가 있을 때 세균이 자라지 못한다는 점을 최초로 관찰합니다. 1875년에는 존 틴들John Tyndall, 1925년에는 안드레 그라티아Andre Gratia [13], 그 이후로도 이탈리아, 프랑스 국적 과학자들이 동일한 현상을 관찰했습니다.[14] 플레밍도 '페니실린 발견'이라는 1944년 회고 논문에서 "모든 세균학자가 곰팡이로 오염된 배양 접시를 여러 번 경험했을 겁니다."라고 지적하였습니다.[15] 그런데 왜 기존 과학자들은 곰팡이가 세균을 죽이는 현상에 관심을 갖지 않았을까요?

그들의 멘탈 모델이 새로운 발견을 배제해 왔던 것일 수 있습니다. 생리학자, 미생물학자들에게 배양 접시는 그야말로 '순수'해야 합니다. 그들이 목표한 바, 의도한 바에 맞게 양생되어야 하지요. 그런데 곰팡이 같은 다른 미생물이 이 접시에 침습했다는 것은 곧 그들이 초기에 의도한 바와 맞지 않는 결과물인 셈입니다. 그래서 그들은 종종 '오염되었다'라는 표현을 사용합니다. 오염된 접시는 곧 '쓸모없는' '연구에 부적절한' '버려야 하는' 것으로 여겨집니다. 플레밍도 회고 논문에서 그 같은 점을 이렇게 지적하였습니다. "일부 학자들은 (제가 관찰한 바와) 유사한 변화를 발견했지만, 자연적으로 발생하는 항균 물질에 대한 별다른 관심이 없었기 때문에 오염되어 버린 배양액을 그냥 버렸을 가능성이 높습니다."[16]

1875년에 같은 현상을 발견한 존 틴들, 1925년의 안드레 그라티아도 곰팡이의 작용이 흥미롭다고 생각을 했지만, 더 이상 관심을 두지 않았습니다.[17] 인류 역사상 큰 획을 그을 대발견을 눈앞에 두고도 자신과 무관하거나 쓸모없는, 오염되어서 버려야 할 쓰레기처럼 여겼습니다. 그들의 멘탈 모델이 그들에게 필요한 정보에만 집중하게 했고, 나머지는 무시하게 만들었기 때문입니다.

감정적 애착이 구석으로 몬다

감정적 애착 역시 우리 생각을 벽 구석으로 몰아넣습니다. 스탠포드 의과대학 성형외과 의사였던 도널드Donald Laub는 구순열로 고통을 받다가 스탠포드로 수술을 받으러 온 13세 멕시코 소년 안토니오를 만나게 되었습니다. 구순열은 윗입술 한가운데가 갈라져 있어서 음식을 제대로 섭취하기도 어렵고, 말할 때 발음이 새기도 하는 기형증입니다. 외모가 흉하게 보이기 때문에 학교 같은 공동체 생활을 하기도 어렵습니다. 태어나면서부터 구순열을 갖고 있던 안토니오는 학교를 가지 못해 또래 친구들과 어울리지도 못했습니다. 구순열 수술은 불과 30분에서 1시간 정도 걸리는 수술인데도, 안토니오는 좋은 환경에서 자라지 못해서 고통을 받고 있었습니다. 이를 안타깝게 여겼던 도널드는 '안토니오 같은 아이들이 많을 텐데, 우리가 도와주면 좋지 않을까?'라는 생각으로 멕시코를 정기적으로 방문하면서 구순열을 무료로 치료해 주기 시작했고, 1969년 구순열 자원 봉사 단체인 '인터플라스트Interplast'를 설립합니다.[18] 이 단체를 통해 지난 수십 년간 수많은 의사와 간호사가 봉사에 참여하여 라틴 아메리카, 아시아 등지에서 수술 수천 건을 진행하였습니다. 아이들 수천 명에게 새로운 삶을 부여한 것입니다.

이들 업적에 자극 받아 다른 봉사 단체도 비슷한 활동에 뛰어들기 시작했습니다. 그러자 인터플라스트를 포함해서 이 분야 단체들 간에 기부금과 봉사자를 확보하려는 경쟁이 벌어졌습니다. 새로운 경쟁 환경에서 인터플라스트를 유지하기 위해서는 경영진이 바뀌어야만 한다고 생각했습니다. 설립자인 도널드가 물러나고, 수전 헤이스Susan Hayes라는 인물이 조직을 이끌기로 하였습니다.

헤이스는 임기 첫 해에 까다로운 문제 2가지를 다뤄야만 했습니다. 하나는 "의사가 봉사지에 가족을 데려가는 것을 금지해야 하는가?"라는 문제였습니다. 자발적으로 봉사에 참여하는 의사들은 인터플라스트의 주요 고객 집단이었습니다. 그들이 무임금으로 의술을 베풀기에 이 조직이 존재할 수 있었습니다. 그들은 봉사 목적으로 여러 나라를 방문하면서 배우자나 자녀를 데려가곤 하였습니다. 봉사하면서 배우자와 자녀에게 이색적인 경험을 부여하고 싶은 마음, 그리고 가족들과 함께 하면서 추억을 쌓고 싶은 마음이 드는 것은 인지상정입니다. 그런데 이는 현실적으로 봉사지에서 여러 문제를 야기했습니다. 상당수 의사들이 수술실에 자기 자녀를 데려가거나 현지 의료진에게 자녀를 돌봐 달라고 부탁하는 일이 종종 있었는데, 이는 미국에서는 절대 있을 수 없는 일이었습니다.

다른 하나는 "자기 병원 소속의 레지던트를 봉사 활동에 참여시킬 것인가?"라는 문제였습니다. 봉사 활동은 외과, 소아과, 마취과의 젊은 수련생들이 다양한 경험을 쌓을 수 있는 좋은 기회였습니다. 그런데 이들의 존재는 구순열로 고통받는 아이들을 빠르게 구제한다는 미션을 달성하는 데 걸림돌이 되었습니다. 현지 의사들은 선진국의 수술법을 간절하게 배우고 싶어했지만, 주치의가 레지던트들을 지도하는 일에 더 많은 에너지를 쏟기 때문에 배울 수 있는 기회가 줄어들었습니다.

인터플라스트 이사진은 2가지 의제로 토론하였습니다. '가족과 레지던트들을 데리고 가지 말아야 한다'는 의견과 '가족과 레지던트에게 소중한 기회이니 허락해야 한다'는 의견이 양쪽으로 갈려서 치열한 접전이 벌어졌습니다. 서로 적개심을 드러낼 정도였습니다. 이틀간 12시간씩 토론을 해도 결론이 나질 않았습니다.

그런데 누군가 근본적인 질문을 던졌습니다. "인터플라스트는 누구를 위해 존재하는가? 자발적으로 의료 활동에 참여하는 의사들인가? 구순열을 앓는 어린 환자들인가?"[19] 이 질문에 대한 오랜 논의 끝에 이사진 대다수가 의견 일치를 보았습니다. 구순열을 앓는 어린 환자들을 돕기 위해 존재하는 조직이라고 말이지요. 그에 집중하려면 가족과 레지던트를 데리고 가지 말아야 한다는 데 합의를 보았습니다. 다시 누군가 본질적인 질문을 던졌습니다. "현지에서 고통을 받는 어린 환자들을 돕는 최선의 방법은 무엇인가?"라고 말입니다. 의사가 봉사지에 가서 많은 환자를 수술하고 돌아오는 일보다도, 현지 의사들을 훈련시키는 일이 더욱 빠르고 효과적이라는 결론을 내렸습니다. 물고기를 잡아주기보다, 잡는 방법을 알려 주는 것이 더 효과적이라고 말이죠. 최근 인터플라스트는 봉사 현장에서 현지 의사들이 상당 비율의 수술을 수행할 수 있도록 돕고 있습니다.

이 사례를 읽고 나서 어떤 생각이 드십니까? 지극히 이성적이고 합리적인, 그래서 교과서적이기까지 한 결정을 내렸다는 생각이 들지는 않나요? 결론은 단순하고 명확한데 왜 인터플라스트 이사진들은 그토록 갑론을박하면서 서로에게 적개심을 드러내고 싸웠을까요? 우리는 이해가 되지 않을 수 있습니다. 당연합니다. 그 상황에 들어가 보지 못했기 때문입니다.

아마 독자 대부분도 타 회사의 사례를 연구하다가 때때로 '이 회사 경영진들은 왜 이렇게 바보 같은 선택을 했지?'라면서 비난하는 마음이 들었던 경험이 있을 것입니다. 그런데 그 사례 연구에 나오는 경영진들도 머리가 없는 이들이 아닙니다. 그들 나름대로 심사숙고했을 것입니다. 그러나 기존 사업과 관행에 깊게 뿌리 박힌 감정적 애착이 그들을 구석으로 몰았습니다. 우리에게는 그들이 오랫동안 쌓아 왔던 경험과 추억들, 그리고 그 잔향처럼 남은 감정들이 없기 때문에 '너무 당연하고 뻔한 결론을 어렵게 내린 것 아닌가'라거나 '왜 이런 비합리적인 결정을 내렸는지 이해가 안 되네'라는 생각이 들 수 있습니다.

우리가 인터플라스트에서 오랫동안 봉사해 온 의사이자 이사진이라 가정하여 상상해 보겠습니다. 우리는 어느 찢어지게 가난한 후진국 동네에서 구순열로 놀림받아 집밖을 나서기조차 두려워하는 아이들을 무료로 수술해 주었습니다. 수술이 끝나고 그 아이들은 우리에게 수줍지만 해맑은 미소를 보여 줍니다. 이 활동은 기쁨, 보람, 만족 등 다양한 감정을 우리에게 선사합니다. 수년 동안 해 왔던 일에 애착감이 클 수밖에 없겠지요. 더구나 가족들을 봉사지에 대동하면서 함께한 추억들이 가슴 속에 켜켜이 남아 있습니다. 우리 자녀 중 하나는 같이 따라왔다가 감동을 받은 나머지 자신도 커서 의사가 되어 어려운 곳에서 자원 봉사자로 일하겠다고 말하기도 했습니다. 또한 우리가 아끼는 제자들과 함께 자원 봉사를 하고 그들이 성장하는 모습을 보면 한없이 뿌듯한 마음이 들기도 했습니다.

이처럼 봉사지에서 수많은 추억과 감정을 갖고 있는 우리에게, 누군가가 가족과 레지던트를 데려가는 일에 이의를 제기했다고 생각해 봅시다. 쉽사리 결정할 수 있을까요? 아마도 그러기 쉽지 않을 겁니다. 경험과 추억들, 그리고 감정이 그 맥락에 진하게 녹아 들어 있기 때문입니다. 이처럼 감정적 애착이 우리를 생각의 벽으로 밀어 붙일 수 있습니다.

메타 질문으로
본질을 꿰뚫어라

사고가 닫혀 있을 때, 벽에 부딪혔을 때, 진퇴양난에 빠졌을 때, 돌파구가 없는 것처럼 느껴질 때 자신에게 본질적인 질문, 한 차원 높은 질문을 하는 일도 사고를 확장하는 데 도움이 됩니다. 이를 저는 메타 질문이라 부릅니다.

앞서 인터플라스트 사례에서 이사진은 "가족과 레지던트를 데리고 갈 수 있는가?"라는 문제를 두고 두 파벌로 나뉘어 치열하게 갑론을박을 벌였습니다. 양측 주장이 팽팽하게 맞서고 있어서 합의점을 찾기 어려워 보였습니다.

이때 누군가 상위 차원의 메타 질문을 꺼냈습니다. "인터플라스트는 누구를 위해 존재하는가?"였지요. 감정 대립에 물꼬를 트는 질문이자 격정적 구렁텅이에서 이사진을 끌어올려 주는 질문이었습니다. 인터플라스트는 사회적으로나 경제적으로 성공한 외과 의사들을 위해 탄생한 조직이 아니었습니다. 물론 그들이 자발적 의료 서비스를 제공하는 핵심 역할을 수행하고 있지만, 진정한 고객은 그들이 아니었습니다. 인터플라스트는 개발도상국에서 구순열 때문에 따돌림 받고 은둔해 있는 아이들을 위해 탄생했습니다. 고객 집단이 명확해지자 또 다른 메타 질문이 뒤따릅니다. "그 어린 환자들에게 도움을 주는 최선은 무엇인가?" 이 질문은 인터플라스트가 무엇을 어떻게 해야 하는지 향후 방향에 가닥을 잡도록 도와 주었습니다.

인텔Intel의 고든 무어Gordon Moore와 앤드루 그로브Andrew Grove를 둘러싼 전설적인 일화도 마찬가지입니다.[20] 인텔은 고든 무어가 1986년 공동 창업자와 함께 설립한 반도체 회사입니다. 앤디 그로브는 창업자는 아니었지만 인텔이 설립되던 그날에 합류한 첫 번째 직원이었습니다. 이들은 컴퓨터에 들어가는 메모리 칩을 설계하고 생산하며 한동안 승승장구하였습니다. 하지만 1980년대 일본 회사들이 가파르게 추격해 오면서 가격 경쟁이 치열하게 벌어졌습니다. 일본 회사들은 인텔이 시중에 내는 가격의 10% 수준으로 납품하겠다는 전술로 공격해 왔습니다. 인텔이 가격을 낮추면 또다시 일본 회사들은 10% 저렴하게 납품하여 시장을 잠식해 나가고 있었습니다. 당시 인텔은 메모리 칩 사업에 총력을 기울이고 있었던 터라, 존망이 위태로워졌습니다. 이 난국을 타개하기 위해서 인텔은 3가지 선택지를 고민합니다. 하나는 일본 경쟁사보다 원가 우위를 확보하기 위해서 거대한 공장을 새로 짓는 것이었습니다. 다른 하나는 기술적 한계를 뛰어 넘어 경쟁사가 따라올 수 없을 정도로 새롭고 우수한 메모리 칩을 개발하는 일이었습니다. 마지막으로 틈새 시장을 공략하는 일이었습니다. 앤드루 그로브는 이 문제로 1년 가까이 고민을 합니다.

만일 우리가 이들 고민을 경영대학원에서 사례 연구로 접한다고 가정해 보겠습니다. 사례 연구에는 경영 환경이 구조적으로 묘사되어 있습니다. 또한 경쟁 환경, 사업 현황 등에 대한 수많은 자료와 데이터들이 첨부되어 있습니다. 그리고 인텔 경영진이 고민하고 있는 문제가 제시되어 있습니다. "이 상황에서 여러분이라면 어떤 선택을 취하겠습니까?" 우리는 체계적인 분석 도구들을 활용하고 합리적이고 타당한 절차를 거쳐서 지극히 논리적인 결론을 내릴 것입니다. 일본 회사들 추격을 뿌리칠 수 없을 것 같아 보이니, 포트폴리오를 확대하거나 다른 사업으로 사업 전환을 시도하라고 말입니다. 우리는 그 맥락 속에 한 번도 들어가 보지 못했기 때문에 쉽게 얘기할 수 있을 겁니다.

하지만 이 문제의 실제 당사자였던 앤드루 그로브와 고든 무어는 쉽사리 결론을 내릴 수 없었습니다. 왜냐하면 앞서 인터플라스트에서 살펴본 것처럼 그들은 그 맥락에서 오랫동안 고군분투하면서 수많은 추억과 경험을 쌓아 왔기 때문입니다. 그들에게 메모리 반도체는 곧 자신이었고, 자신은 곧 메모리 반도체였기 때문에 자기 정체성에서 메모리를 떼어 놓는 일은 상상할 수 없었습니다.

1985년 침체기에서 허우적 대던 때, 앤드루 그로브는 고심을 거듭하다가 고든 무어에게 다가가서 이렇게 질문합니다. "우리가 쫓겨나고 이사회가 새로운 CEO를 데려온다면, 그 새로운 CEO는 어떻게 할 것 같으세요?"라고요.[21] 그러자 무어는 한치 망설임도 없이 "과거 추억과 영화에서 벗어나도록 독려하겠지."라고 답합니다. 새로운 CEO가 부임한다면 기존 메모리 반도체 사업을 접는 결정을 할 거라는 의미였습니다. 그러자 그로브는 "당신과 내가 문 밖으로 나갔다가 다시 새로운 CEO처럼 돌아와서 우리가 직접 하면 안 될까요?"라고 말합니다. 그리고 그들은 실제 그렇게 결정했습니다. 메모리 사업을 접고, 시스템 반도체 사업에 집중하였습니다.

성과가 떨어지지 않는
임원의 비결

임원은 종종 전문성이 없는 분야 또는 경험이 없는 직무를 맡아서 조직을 이끌어야 하기도 합니다. 이럴 때 그 성과는 어떻게 될까요? 저는 목표 달성 점수인 KPI가 떨어질 것으로 가설을 세웠습니다. 그 분야 지식과 경험 그리고 전문성이 부족하면 중요한 사안들에 올바른 결정을 내리기 어려울 테니 말입니다.

저는 10여 년간 축적된 데이터를 이용해서 분석해 나가기 시작했습니다. 연도별로 직무와 직책이 바뀌어서 담당하는 조직이 변경된 리더들을 추출하고, 그들의 KPI 점수가 이동 전후로 어떻게 달라지는지를 살펴봤습니다.

결과는 어땠을까요? 어느 정도 예상하였듯이 KPI 점수가 소폭 하락하는 추세를 보였습니다. 조직 구성원들은 해당 임원을 두고 리더십 평가에서 이렇게 언급하곤 했습니다. '이 분야를 아직 잘 모르기에 중요한 의사결정을 앞두고 망설이는 경향이 있다' '우리 조직이 하는 업을 더 이해하려는 노력이 필요하다' 등의 이야기였지요. 이는 충분히 예상할 만한 결과입니다.

그런데 그 평균선에서 벗어나 있는 이들이 존재합니다. 본인 전문성과 관련이 없는 조직으로 이동해도 성과가 떨어지지 않는 이들 말이죠. 제가 분석한 데이터에서는 약 18% 정도의 비율을 차지하고 있었습니다. 이를 A 집단이라 하고, 성과가 떨어지는 이들을 B 집단이라 칭하겠습니다. A 집단은 왜, 어떻게 해서 담당 조직을 바꿔도 성과가 떨어지지 않았던 것일까요? A 집단에게는 다른 점 3가지가 있었습니다.

첫째, 신뢰를 획득하는 방법이 달랐습니다. 앞서 우리는 사람이 타인을 평가하는 2가지 축이 있음을 살펴봤습니다.[22] 조직 내에서 리더를 향한 신뢰도 크게 2가지 축입니다. 하나는 인간적 따뜻함, 즉 내가 그 리더를 얼마나 인간적으로 신뢰할 수 있느냐입니다. 《삼국지》에서 덕이 많았던 유비는 이 축의 대표하는 인물이라 할 수 있을 겁니다. 다른 하나는 업무적 탁월함, 즉 내가 그 리더의 역량을 얼마나 믿을 수 있느냐입니다. 스티브 잡스를 많은 이들이 그토록 따랐던 이유는 그의 업무적 탁월함 때문이었습니다. 성격이 괴팍하여 종잡을 수 없고, 인간적으로도 따스하지 못했더라도 말이죠. 이 축을 가지고 본인 전문성과는 관련이 없는 조직으로 이동한 리더들을 고찰해 보겠습니다.

이들은 그 분야를 제대로 파악하는 데 시간이 필요합니다. 당연히, 곧바로 업무적 탁월함에 대한 구성원들의 신뢰를 얻을 수 없습니다. 그러자면 인간적 신뢰를 먼저 쌓는 일이 필요할 터입니다. 성과가 떨어지지 않는 A 집단은 조직을 이동했을 때 바로 '우리'라는 주어를 사용하였습니다. 이 같은 표현은 암묵적으로 갑을 관계에 있던 계열사 간에 이동했거나(재벌 기업 내 갑 사에서 을 사로 이동), 또는 한 기업 내에서 갑을 위치에 있던 부서 간에 이동한 경우에서 특히 유효했습니다. A 집단은 자신이 구성원들과 운명을 함께하는 공동체로 생각한다는 메시지를 주고 있었습니다. 반면 B 집단은 갑 조직에서 을 조직으로 이동했을 때, 여전히 갑 마인드로 구성원들을 대하는 경향이 나타났습니다. 구성원들은 그런 리더를 두고 이렇게 평했습니다. "우리 임원은 종종 '니네들이 그래서 안되는 거야' '이 조직은 그래서 문제야'라고 질타하십니다. 그런데 여기서 말하는 '너희'는 누군가요? 이 조직의 수장은 본인 아닌가요?" 업무적 탁월함을 보여 주기도 전에 인간적 신뢰를 저버리는 행위를 하고 있었던 겁니다.

둘째, A 집단은 이동했을 때 과거를 적폐로 몰지 않았습니다. 이들은 그 조직이 어떤 길을 걸어 왔는지 궤적을 파악하는 과정 중에서, 구성원들의 노력을 인정하고 격려하였습니다. 그리고 더 나은 방향과 대안이 있는지 앞으로 함께 모색해 보자는 태도로 접근하였습니다.

반면, B 집단은 과거를 적폐로 모는 경향이 있었습니다. 기존에 해 왔던 일이나 방식을 전면 부정하곤 하였습니다. "무슨 일을 이런 식으로 해 왔냐" "왜 그렇게 했는지 도무지 이해하기 어렵다" 등의 말을 쏟아 내곤 했습니다. 어쩌면 그 조직이 진짜로 문제가 있어서 일을 잘못 처리해 왔을 수 있습니다. 전임자가 실정했을 수도 있겠지요. 또는 그 분야 관행과 암묵적인 가정을 몰라서 그럴 수도 있습니다. 한편으로는 본인 성과를 내세우고자, 기존에 해 온 일들을 전면 부정해야 새로운 방향성과 시도를 해볼 수 있다는 생각일 수도 있습니다. 하지만, 이처럼 과거를 적폐로 모는 일은 구성원들로부터 등을 돌리게 만드는 치명적인 행동입니다. 구성원들은 지난 몇 년 동안 고군분투해 왔을 겁니다. 어려운 환경에서도 그들 나름으로 성과를 내기 위해서 피땀을 흘렸을지도 모릅니다. 그런데 새로운 리더가 갑자기 오더니 모두 다 틀렸다고 평한다면, 구성원들은 어떤 느낌이 들까요? 그 자신이 이 일에 쏟아 부은 시간, 노력을 전면 부정당하는 기분이 들 겁니다.

마지막으로 A 집단은 '맥을 짚는 질문'을 잘하였습니다. A 집단도 B 집단과 동일하게 새로 이동한 직무에 있어서 전문적인 지식과 스킬, 경험은 없었지만, A 집단은 각 기능을 담당하는 직책자와 실무자들에게 아주 날카롭고 예리한 질문을 던지곤 하였습니다. 예를 들면 이런 질문들이었습니다. '그게 진짜로 문제인가?' '그 일의 본질은 무엇인가?' '이 일이 목표하는 최종 고객은 누구인가?' '그 고객들이 진정으로 원하는 것은 무엇인가?'

그들은 기술적 문제든, 관계적 문제든, 환경적 문제든, 윤리적 문제든, 본질을 꿰뚫는 질문으로 그 정확한 양상을 파악합니다. 가장 중요한 요소가 무엇인지를 확인하고, 그와 관련된 정보를 토대로 실무자들과 함께 문제 원인을 찾아냅니다. 실무자들이 방법론에 매몰되거나 해결 대안에 천착한 나머지, 미처 고려하지 못한 부분을 짚어 내기도 합니다. 또는 어떤 일을 추진할 때 집중하지 않아도 될 부분, 핵심이라서 보다 집중할 부분이 무엇인지를 파악하고 그 일을 할 때 고려해야 할 우선순위가 무엇인지, 시간과 자원 제약 속에서도 가장 효과적으로 수행하는 방법은 무엇인지를 찾습니다. 맥을 짚는 질문으로 문제를 해결하기 위한 다양한 접근 방법과 전략을 고려하도록 실무자들의 생각을 촉진하기도 합니다. 이를 통해서 보다 효과적이고 창의적인 해결책을 도출합니다. 산하 구성원들은 그 임원들에 대해 "질문이 예리하다" "미처 생각하지 못한 부분을 생각해 보게 도와준다" 등의 평을 하곤 하였습니다.

'맥을 짚는 질문'은 '메타 질문'과 다름이 없습니다. A 집단은 전략적 사고 역량이 우수한 경향이 있었기 때문입니다. 여러분은 맥을 짚는 질문을 어떻게 해 보려 합니까?

당신의 메타 질문은
무엇인가?

앞서 우리는 몇 가지 메타 질문 리스트를 얻을 수 있었습니다. OKR 제도를 설계하던 회사 사례에서는 "이 문제(또는 이 일)의 본질은 무엇인가? 원래 우리는 무엇을 하고자 했는가? 우리 최초 의도는 무엇이었는가? 지금 고민하는 방식이 과연 그 본질을 제대로 구현할 수 있는가?", 인터플라스트 사례에서는 "우리는 누구를 위해 존재하는가? 우리 진짜 고객은 누구인가?", 인텔 사례에서는 "우리가 새로 온 경영자라면 이 문제를 어떻게 볼 것인가?"라는 질문이 고민의 구렁텅이에서 한 줄기 빛을 비춰 주었습니다.

저는 다양한 리더들과 일대일로 이야기를 나누고 고민하는 과정에서 다음과 같은 메타 질문들을 발굴해 낼 수 있었습니다.

▶ 이게 진짜로 문제인가?

▶ 만일 아무것도 안한다면 어떤 문제가 생기는가?

▶ 해야 할 것은 무엇이고 하지 말아야 할 것은 무엇인가?

▶ 이 고민의 기본 가정은 무엇인가?

▶ 이 단어의 정의는 무엇인가? 그것이 무엇을 의미하는가?

▶ 나는 지금 어떤 인식의 오류에 빠져 있는가?

▶ 내가 고민하는 화두를 다른 언어/표현으로 바꿔 본다면?

▶ 내부적으로만 고민하는가? 외부적으로만 고민하는가?

▶ 이 문제와 관련된 이해관계자는 누구인가? 핵심은 누구인가?

▶ 어디까지 모호성을 용인하고 명확성을 추구할 것인가?

▶ 원칙으로 풀 것인가, 프로세스로 풀 것인가?

▶ 과거에 역사적인 트렌드나 의사결정의 패턴은 무엇인가?

위의 예시는 독자께 별로 가슴에 와닿는 질문이 아닐 수 있습니다. 이 질문이 탄생한 또는 그것이 효과적으로 작동한 상황과 맥락이 누락되어 있기 때문입니다. 이들은 단지 예시일 뿐입니다. 여기에 나열된 질문들이 아니라, 독자 여러분의 고유한 메타 질문이 더 중요합니다. 나만의 메타 질문을 만들기 위해서 다음 3가지 노력을 기울여 볼 수 있습니다.

첫째, 과거에 우리가 겪은 경험에서 메타 질문을 뽑아 보겠습니다. 벽에 부딪히거나, 이렇게 해야 할지 저렇게 해야 할지 종잡기 어려웠을 때를 모조리 회고해 보겠습니다. 그리고 각 상황을 살펴보면서, 다음을 자문해 볼 수 있습니다.

▶ 그것은 어떤 문제였으며, 어떤 상황이었습니까?
▶ 그 문제를 어떤 과정으로 해결하였습니까?
▶ 문제 해결에 서광을 비쳐 준 질문이 있다면, 그것은 무엇이었습니까?
▶ 그 당시 질문을 통해서 생각이 물꼬를 트게 된 계기는 무엇이었습니까?
▶ 그 당시로 다시 돌아간다면 자신에게 어떤 질문을 던져서 생각을 전환하도록 돕고 싶습니까?

둘째, 독자 여러분이 지금 하고 있는 고민들을 떠올려 보겠습니다. 다음 내용으로 메타 질문을 추출해 보겠습니다.

▶ 어떤 상황입니까?
▶ 그 상황들을 구분해 보면 어떻게 범주화할 수 있습니까?
▶ 주로 어떤 문제들에 판단을 하지 못하고 망설이는 경향이 있습니까?
▶ 그 문제들에 있어서 나의 생각을 확장시켜 주거나 망설임을 덜어줄 수 있는 질문이 있다면, 그것은 어떤 질문입니까?

앞의 작업을 통해서 어떤 이는 일관된 패턴을 발견할 수 있을지도 모릅니다. 예를 들어 "이 문제(또는 이 일)의 본질은 무엇인가?"라는 질문들로 빠져나올 수 있었던 상황들이 반복되었다면, 그건 그 사람이 가진 인지적 습관을 말해 줍니다. 특정 고민으로부터 출발했지만, 그 과정에서 여러 가지 이유로 본질을 종종 놓치는 패턴입니다. 그에게는 일의 본질을 반복적으로 따져 묻는 메타 질문이 사고를 확장하는 데 유효할 수 있습니다.

셋째, 다른 이의 메타 질문을 수집하고 자기 것으로 만들 수 있습니다. 먼저 경영자들이 즐겨 자문하는 질문을 찾을 수 있습니다. 이건희 회장은 끊임없이 '본질은 무엇인가'를 묻곤 했습니다. 스티브 잡스는 "오늘이 내 인생 마지막 날이라면 오늘 내가 하려는 일을 하고 싶을까?"라는 질문을 매일 아침 거울을 보면서 질문해 왔습니다. 학자들의 질문도 참고가 될 수 있습니다. 하버드대학교 경영대학의 경영전략 학자인 로버트 사이먼스Robert Simons는 경영자들은 끊임없이 다음과 같은 질문에 자문을 해봐야 한다고 권고했습니다. '핵심 고객은 누구인가?' '그에 따른 우선순위는 무엇인가?' '주요 성과 변수는 무엇인가?' 등입니다.[23]

아마존의 창업자 제프 베조스Jeff Bezos는 어떤 사안을 앞에 두고 '그것이 1유형인가, 2유형인가' 또는 '양방향 문인가, 단방향 문인가'를 질문하는 습관이 있었습니다. 2015년 주주에게 보내는 서신에서 그는 이렇게 밝혔습니다.[24]

"어떤 결정은 결과를 초래하고 되돌릴 수 없거나 거의 되돌릴 수 없는 일방통행 문과 같습니다. 이 같은 결정은 천천히 신중하게 숙고해서 내려져야 합니다. 그 문을 통과했다가 반대편에 보이는 것이 마음에 들지 않으면 이전으로 돌아갈 수 없습니다. 이 같은 유형을 1유형 결정이라 부를 수 있습니다. 하지만 의사결정 대부분은 그와 달리 변경 가능하고 되돌릴 수 있는 양방향 문입니다. 이 경우 오랫동안 속앓이하면서 끌어안고 살 필요 없이 문을 다시 열고 나오면 됩니다. 이런 유형은 판단력이 뛰어난 개인이나 작은 그룹이 신속하게 내릴 수 있습니다. 또 그렇게 하도록 장려해야 합니다. 이 같은 유형을 2유형 결정이라 해 보겠습니다. 조직 규모가 커질수록 대부분의 의사결정에 무겁고 느린 1단계 결정을 사용하는 경향이 있습니다. 그 결과, 속도가 느려집니다. 과도한 위험 회피가 발생하고, 그로 인해 새로운 실험을 하지 못하고 역시 실패도 겪지 못합니다. 결과적으로 발명이 줄어듭니다."

제프 베조스의 이 같은 메타 질문은 많은 리더들에게 참고가 될 수 있습니다. 담당자 또는 실무자가 결정을 내려야 하는 사안을 가져왔을 때, 그들이 가져온 논리나 선택지에 곧바로 집중하기보다도 그 안이 양방향 문인지 단방향 문인지를 먼저 따져 묻고, 그에 따라 고민의 깊이와 시간 안배를 달리 가져갈 수 있습니다. 양방향 문이라면 그 일의 담당 관리자나 실무자가 제안한 선택지를 선택할 수 있겠지요. 이를 통해서 결정 속도를 높이고, 담당자 결정을 존중하여 그들의 추진 의욕을 고취할 수 있습니다. 하지만, 조직의 허리 직급에 있는 중간 관리자들이 그대로 가져와서 적용하기에는 다소 무리가 따를 수 있습니다. 부서와

법칙 5 메타 질문으로 생각의 함정에서 탈출하라

기능에 따라서 어떤 관리자들의 고민은 그 대다수가 단방향 문일 수 있습니다. 또한 상사 스타일에 따라서 모든 사안을 단방향문인 것처럼 접근하지 않으면 인사권자인 그에게 '생각이 순진하다, 단순하다'는 인식을 갖게 할 수도 있습니다. 따라서 다른 이의 메타 질문을 그대로 가져와서 본인 상황에 고스란히 이식하려 하기보다 창조적으로 변용하는 일이 필요합니다.

유능하고 탁월한 CEO들 상당수가 질문을 잘합니다. 특히 그 분야에 전문성이 없어도 본질을 짚어 내는 예리한 질문들을 하곤 합니다. 실무자는 애초에 본질에서 출발했다 하더라도 그 일을 풀어 나가는 과정 중에서 좌표점을 잃고 항로에서 벗어나 있는 경우들이 적지 않습니다. 그래서 어느 CEO들은 이렇게 말하곤 합니다. "저는 본질을 짚어 내는 사람입니다. 부문이든 본부이든 실이든, 그들이 의사결정을 바란다고 제게 가져왔을 때 제가 물어봐야 하는 건 이런 겁니다. '그 본질은 무엇인가?' '왜 하는가?' '그것이 진정 누구를 위한 일인가?' '어떤 가치를 만들고자 하는가?'" 이건희 회장이 CEO와 임원들에게 자주 물었던 "그 업의 개념은 무엇인가?"라는 질문과 같습니다.

* * *

지금까지 메타 질문을 살펴봤습니다. 이는 화려하고 대단한 방법론이 아닙니다. 매우 단순합니다. 우리가 구덩이에서 비상용 밧줄에 의지해서 빠져나오듯, 생각을 틔워 줄 질문들을 상시 준비하고 있다가 고민에 갇혀 있을 때, 앞뒤가 막혀서 더 이상 나아갈 길이 보이지 않을 때, 질문으로 생각 국면을 전환하거나 확장하는 방식입니다.

그러자면 미리 나만의 메타 질문을 만들어 두어야 합니다. 그리고 메타 질문 리스트를 핸드폰이나 컴퓨터에 저장해 놓거나, 업무용 수첩과 책상에 붙여 두어서 언제든지 쉽게 찾아볼 수 있도록 준비하는 일도 필요합니다. 그 리스트를 즉시 참조할 수 있게 말입니다. 고민의 벽에 부딪혔을 때 "이 문제에 있어서 내가 가정하고 있는 것들은 무엇인가?" 등의 메타 질문을 검토하면서 생각을 틔울 수 있습니다. 메타 질문의 리스트는 고정 불변이 아닙니다. 지속적으로 업데이트할 수 있습니다. 새로운 고민이나 상황에 맞는 메타 질문이 더 생길 수 있으니 말입니다. 메타 질문이 늘어남은 곧, 우리의 사고 모형이 보다 확장되고 있다는 증거 아닐까요?

여러분의 메타 질문은 무엇입니까?

법칙 5 메타 질문으로 생각의 함정에서 탈출하라

나의 메타 질문 정리하기

1. 과거 경험에서 메타 질문 도출하기

벽에 부딪히거나 어떻게 해야 할지 종 잡기 어려웠을 때를 모두 회고해 보겠습니다. 그리고 각 상황을 살펴 보면서, 다음을 자문 해 보시기 바랍니다.

▶ 그것은 어떤 문제였으며, 어떤 상황이었습니까?

▶ 그 문제를 어떤 과정으로 해결하였습니까?

▶ 문제 해결에 서광을 비쳐준 질문이 있다면 그것은 무엇이었습니까?

▶ 그 당시 생각의 물꼬를 트게 된 계기는 무엇이었습니까?

▶ 그 당시로 돌아간다면 자신에게 어떤 질문을 던져서 생각을 전환하도록 돕고 싶습니까?

2. 현재 경험에서 메타 질문 도출하기

지금 하고 있는 고민들을 떠올려 보겠습니다. 다음 내용으로 메타 질문을 추출해 보시기 바랍니다.

▶ 그것은 어떤 상황입니까?

▶ 그 상황들을 구분해 보면 어떻게 범주화될 수 있습니까?

▶ 주로 어떤 문제들에 판단을 하지 못하고 망설이는 경향이 있습니까?

▶ 그 문제에 있어서 내 생각을 확장시켜 주거나 망설임을 덜어 줄 수 있는 질문이 있다면, 그것은 어떤 질문입니까?

3. 다른 경영자들의 메타 질문 참고하기

지금까지 함께 일한 상사 중에서 사고력이 탁월하거나, 본받을 만한 이를 떠올려 본 뒤, 다음 질문에 답해 보시기 바랍니다.

▶ 그가 자주 던진 질문은 무엇입니까?

▶ 이 책에서 언급된 메타 질문들 중 마음에 와닿는 것은 무엇입니까?

4. 메타 질문 활용하기

위의 활동을 모두 마무리하였다면, 아래 질문을 통해 메타 질문을 정리하시길 바랍니다.

▶ 내 메타 질문 초안이 정리되었다면, 그것을 어떻게 활용할 수 있습니까?

▶ 사고를 확장하기 위해 자신을 끊임없이 환기하는 방법은 무엇이 있습니까?

고객에서부터
출발하라

고객에게 초점을 맞춘
전략이 성공한다

우리는 고객을 모른다

전략적 사고는 그 정의상 우리 조직의 경쟁 우위를 향상시키는 방법을 고민하는 생각입니다. 그런데 경쟁 우위는 무엇에서 출발할까요?

경영전략 연구자인 토니 그룬디는 "경쟁 우위는 다른 경쟁사보다 저렴한 비용으로 고객들에게 더 나은 가치, 차별화된 가치를 제공하는 것입니다. 이러한 차별적 가치는 실제적일 수도 인지적일 수도 있지만, 회사가 아니라 고객이 어떻게 생각하는지에 달려 있습니다. 즉, 제품과 서비스 가치를 우리 관점이 아닌 고객 관점에서 이해해야 합니다."라고 주장하였습니다.[1] 그 말처럼 경쟁 우위는 고객에서 출발하기에, 전략적 사고를 개발하는 지름길은 고객을 제대로 이해하는 일입니다. 너무나 당연한 말이라서 이젠 식상하게 느껴질 수 있습니다. 많은 기업에서 핵심 가치로 고객 중심, 고객 만족을 설정해 놓고 강조하고 있으니 그럴 만도 합니다. 아마존은 한발 더 나아가 '광적인 고객 집착Customer obsession'이라 표현합니다.

그런데 우리 인간은 참 흥미롭습니다. 우리가 자주 쓰는 상투적 표현, 또는 익히 듣는 표현일수록 되려 그 진정한 뜻을 모릅니다. 너무 자주 듣다 보니 익숙해져서 이미 잘 알고 있다는 착각을 일으키기 때문입니다.

심리학에는 '지식의 환상'이라는 연구 주제가 있습니다. 일정한 교육 수준을 받은 이들이 주변에 친숙한 개념이나 발명품, 자연 현상을 잘 알고 있다고 여기는 경향을 말합니다. 일례로 우리는 '무지개는 어떻게 만들어질까? 헬리콥터는 어떤 방식으로 날아갈까? 변기 물은 어떻게 내려갈까?'라는 질문에 자세하게 답변할 수 있다고 여깁니다.

예일대학교 심리학과의 로젠블릿Leonid Rozenblit과 카일Frank Keil은 이 현상을 처음으로 탐구한 이들입니다.[2] 이들은 사람들 대부분이 스스로 세상을 실제보다 더 구체적으로, 일관성 있게, 깊이 있게 이해하고 있다고 믿고, 그것을 잘 설명할 수 있으리라고 여기는 경향이 있다고 주장합니다. 이 현상을 '설명 깊이의 환상Illusion of explanatory depth'이라고 칭하였습니다. 이들은 여러 번에 걸친 실험 연구를 통해서 연구 참가자들이 그들에게 친숙해 보이는 개념과 기술을 잘 알고 있다고 낙관적으로 평가하는 경향을 발견하였습니다. 그러나 참가자들에게 해당 주제로 글을 쓰도록 하자 많은 참가자들이 핵심을 제대로 제시하지 못했습니다. 참가자 자신들도 그에 관해 얼마나 아는 것이 없는지 알고 나서 놀라움을 표했습니다.

노스웨스턴대학교의 카다스 Michael Kardas 와 오브라이언 Ed O'Brien은 '기술 습득의 환상Illusion of skill acquisition'을 연구했습니다.[3] 그들은 연구 참가자들에게 다트 던지기, 문워크 댄스 등 다양한 기술이 담긴 동영상을 최대 20회까지 반복 시청하도록 요청하였습니다. 그리고 참가자들에게 그걸 수행할 수 있는 수준을 자기 평가하도록 하고, 직접 그 기술을 시도하도록 요청했습니다. 참가자 대부분은 영상을 보는 것만으로도 기술을 배우는 데 도움이 될 것이라 생각했습니다. 특히 영상을 반복 시청할수록 더욱 자신감이 커졌습니다. 비디오를 1번 본 사람들보다 20번 본 사람들이 자신이 그 과업을 잘할 수 있을 거라 응답하였습니다. 하지만 실제 수행한 결과는 실망스러웠습니다. 1번 본 사람과 20번 본 사람 간에 아무런 차이가 없었기 때문입니다. 많이 접하고 볼수록 잘 알고 잘할 수 있다고 여겼지만, 실제로는 잘 알지도 못하고 수행할 수도 없었습니다.

지난 20년간 우리 기업에서 광풍처럼 스쳐 지나갔던 경영 기법들이 있습니다. 식스 시그마, 비즈니스 프로세스 리엔지니어링, GE워크아웃, 린 씽킹, 디자인 씽킹, 애자일, 메타버스, OKR 등입니다. 초반에는 그것이 무엇인지 알기 위해서 우르르 몰려 들었다가도 어느 순간 관심이 시들해져 버립니다. 이때 지식의 환상이 일어납니다. 처음에는 그 개념과 기법이 생소했지만 몇 번 얘기 듣다 보면 '애자일? 그거 대략 이런 거 아냐?'라며 어느 정도 주관이 서고 그에 대해 알고 있다고 느낍니다. 그보다 더 많이 듣게 되면 "애자일? 그런 식상한 걸 시도해 보겠다고?"라는 반응이 나오기도 합니다. 이미 다 해 봤다고 착각하는 것입니다. 그런데 정작 그렇게 말하는 이들 치고 본질을 제대로 알고 수행할 수 있는 사람은 매우 드뭅니다.

'고객'이라는 개념과 실체도 지식의 환상을 일으키는 가장 대표적인 사례입니다. 기업 현장에서 고객은 '공기'와 같습니다. 매일 일상처럼 사용하는 표현이지만, 의식적으로 중요성을 상기시켜야만 존재를 인지할 수 있습니다. 흔히 "우리에게 월급 주는 게 누구야? 표면적으로는 사장님이지만, 진짜는 고객이지."라고 말하곤 합니다. 그런데 정말 우리는 우리 고객을 잘 알고 있습니까? 리처드 파인먼이 삶의 신조로 삼았던 "사물 이름을 아는 것과 그 본질을 아는 것은 다르다."처럼, 우리는 고객이라는 단어만 알고 있는지, 그 본질을 알고 있는지를 되짚어 봐야 합니다.

전략가들은 고객으로부터 출발한다

전략가들은 고객을 중심으로 생각을 펼쳐 나갑니다. 달리 말하면 고객을 제대로 정의하는 일, 그들 니즈를 제대로 파악하는 일은 전략적 사고를 향상시킬 수 있다는 의미이겠지요.

앞에서 '메타 질문'을 다루면서 인터플라스트 사례를 살펴봤습니다. 이사회 내부에서 자중지란이 벌어질만큼 혼란스러웠던 상황을 정리해 준 건 단 하나의 질문이었습니다. "인터플라스트는 누구를 위해 존재하는가? 자발적으로 의료 활동에 참여하는 의사들인가? 구순열을 앓는 어린 환자들인가?"[4] 이 질문은 거대한 망망대해에서 표류하던 배에 북극성과도 같은 빛을 주었습니다. 일련의 계층구조적 전략적 질문들로, 조직이 나가야 할 방향을 재설정하고 조직을 그에 맞게 정비할 수 있었습니다.

고객이 북극성과 같은 역할을 하는 사례는 자주 찾아볼 수 있습니다. 마이크로소프트가 XBOX를 출시하던 시점으로 돌아가 보겠습니다. 당시 소니가 플레이스테이션 2 게임 콘솔을 출시한다는 소문에 마이크로소프트는 위협을 느꼈습니다. 유아와 청소년들이 플레이스테이션 2로 게임을 접하다 보면 어릴 적부터 콘솔만으로 컴퓨터 세상에 발을 들일 가능성이 있었기 때문입니다. 점차 컴퓨터가 아니라 게임 콘솔만 사용하게 된다면 마이크로소프트의 주요 수입원이던 윈도우 운영체제의 수요는 크게 줄어들 수 있었습니다. 빌 게이츠는 이에 대항할 수 있는 아이디어를 찾기 시작합니다.

마침 마이크로소프트 내부에 이를 고민하던 이들이 있었습니다. 컴퓨터용 게임을 지원하는 소프트웨어인 다이렉트 X 마케터 케빈 바커스Kevin Bachus, 프로그래머 오토 버크스Otto Berkes, 디지털게임 기술 전문가 셰이머스 블랙클리Seamus Blackley, 개발자 지원 그룹 책임자 테드 헤이즈Ted Hase였습니다. 이들은 게임 그 자체가 순수 예술로 여겨지는 세상, 게임 개발자들이 아티스트로 대우받고 인정받는 세상, 게이머들이 진정으로 열광하는 게임을 마음껏 만들 수 있는 세상을 꿈꾸고 있었습니다. 이들은 비공식으로 모임을 갖고 생각을 교류하였습니다. 때로는 4명이, 때로는 2~3명이 만나기도 하면서 아이디어를 구체화하였습니다.

이들의 생각이 표류할 때마다 이정표 역할을 해 준 것은 바로 고객이었습니다. 마케터를 담당하던 케빈 바커스가 자주 하던 질문은 "우리 표적 고객 집단이 누구입니까?"였습니다.[5] 이들은 게임을 사랑하는 사람들에게 계속 초점을 맞추었습니다. 그리고 그들이 무엇을 원하고 바라는지 구체적으로 이해하고 제품에 반영하고자 하였습니다. 일례로, 이들은 게임 컨트롤러 코드를 길게 설계해야 한다고 생각했습니다. 코드가 짧으면 TV 모니터 앞 딱딱한 바닥에 앉아 게임을 할 수밖에 없습니다. 반면 코드가 충분히 길면 게이머들이 푹신한 소파에 앉아 등과 엉덩이에서 힘을 온전히 뺀 채로 게임을 하면서, 출출할 때 군것질과 더불어 탄산수와 맥주를 마시는 여흥을 즐길 수 있습니다. 그래서 XBOX 개발자들은 철저히 게이머들이 즐겁게 즐길 수 있는 환경을 제공하고, 그로부터 게이머들이 체험하는 경험을 보존하고자 노력했

습니다.[6]

고객에게 초점을 맞춘 결과, 이 4명은 점차 선명한 비전을 갖게 되었습니다. 이들 아이디어에 비판적이던 일부 고위 경영자들을 설득할 수 있었고, 마침내 2001년 11월 XBOX를 출시할 수 있었습니다. 고객에 철저히 집중한 결과 첫 번째 콘솔은 2,400만 대, 두 번째 콘솔은 8,600만 대, 세 번째 콘솔은 5,800만 대까지 판매했습니다.[7]

저 역시 전략적 사고에서 고객이 핵심이라는 점을 깨닫게 된 계기가 있었습니다. 전략적 사고에 매료되어 탐구한지 얼마되지 않은 때인 2013년이었습니다. 기존 문헌들을 탐독해 보니 많은 학자가 '경험이 전략적 사고 형성에 이바지한다.'라고 주장하고 있었습니다. 비록 그때까지 실증적인 증거를 제시하지는 못하였지만, 이는 상당히 타당한 얘기였습니다. 경험은 지식의 원천이고 문제 원인을 파악하는 해석 체계, 해결 대안을 만드는 템플릿을 제공해 줄 수 있기 때문입니다. 여러 학자가 주장한 바에 그치지 않고 실제 데이터로 실증해 보고 싶은 욕심이 일었습니다. 더 나아가, 구체적으로 어떤 경험이 전략적 사고와 밀접한 관련이 있는지 알고 싶었습니다. 이를 밝힌 연구나 이론이 없었기 때문에 가설을 먼저 세우고 실증하는 전통적인 연구 방식으론 접근이 어려웠습니다. 그래서 데이터 탐색적 분석Exploratory Data Analysis, 즉 데이터를 다각도로 탐색하여 시사점을 얻는 방법을 활용하였습니다. 여러 분석 기법을 이리저리 활용해서 데이터가 들려 주는 이야기를 살펴봤습니다. 그 결과, 여러 경험 중에서도 '고객 관련 경험'이 가장 유의미한 관계가 있었습니다.

이를 다시 한번 확인한 계기는 2014년이었습니다. 당시 저는 HR 전략가, 즉 인사 기능을 총괄하는 리더 중에서도 전략가라고 부를 수 있는 이들은 어떤 특징이 있는지 탐색하고 있었습니다. 제가 몸 담았던 조직은 리더들을 대상으로 리더십, 경영전략, 마케팅, 재무회계, 인사 등 기업 운영에 필요한 지식과 스킬을 타당하고 체계적인 방식으로 진단해 왔습니다. 그렇게 축적된 매우 다양한 데이터로 곧바로 분석에 돌입할 수 있었던 저는 HR 수장으로 일했던 리더들의 데이터를 모두 추려 전략적 사고 역량이 높은 HR 전략가 집단과 그렇지 않은 집단으로 구분하였습니다. 그리고 두 집단 간 차이를 탐색하기 시작했습니다. 분석을 시작한지 얼마 지나지 않아 두드러진 차이점이 드러났습니다. 그 중 하나가 바로 '고객 이해' 수준이었습니다.

HR 전략가 집단은 고객을 이해하는 수준이 다른 이들에 비해서 압도적으로 높게 나타났습니다. 먼저 외부 고객에 관한 생각이 선명하였습니다. 회사 차원에서 고객을 정의하고 유형화하고, 각 고객 집단이 자사에게 무엇을 원하고 기대하는지를 명확히 알고 있었습니다. 무엇을 제공하고 어떻게 접근해야 하는지 관점이 명확했습니다. 아울러, 내부 고객을 깊이 이해하고 있었습니다. 기능적으로 HR에게 고객은 경영자와 구성원이라 할 수 있습니다. 그들이 무엇을 원하고 바라는지를 제대로 파악하고 있었습니다.

HR 전략가들이 고객 집단에 대한 이해가 명확하다는 건 무엇을 의미할까요? 그들은 고객의 고객까지 이해하고 있었습니다. 경영자는 고객의 니즈를 기반으로 전략을 구사하려 합니다. 아울러 구성원 상당수는 고객 접점에서 일하고 있습니다. 외부 고객의 니즈를 알아야만, 내부 고객(경영자와 구성원)이 어떤 고민을 하고 있는지, 무엇 때문에 애로 사항을 겪는지, 무엇을 필요로 하는지 제대로 이해할 수 있습니다. HR 전략가들은 그 통찰을 바탕으로 필요한 논제를 사전에 설정하고 검토하곤 하였습니다.

이 같은 패턴은 비단 HR 리더들에게만 나타나는 것은 아니었습니다. 기능 분야를 막론하고 '고객 이해' 역량이 우수한 이들은 전략적 사고도 높게 나타났습니다.

고객을
정의하라

이 책에서는 고객을 세분하고 포지셔닝하고 타겟팅하고 소구하는 등의 방법을 다루지 않습니다. 이를 체계적으로 상세하게 다루는 도서들이 시중에 많이 나와 있기 때문입니다. 곰곰이 생각해 보면 너무나 당연한 말이지만, 그래서 그동안 간과되어 왔던 "전략적 사고는 고객으로부터 출발한다."라는 명제를 되새김하려 합니다.

단순히 안다고 넘겨 짚지 말고, 날카롭게 자문해 보면 좋겠습니다. 검토해야 할 질문이 많지만, 기본적으로 다음과 같은 질문들에 고민이 필요합니다.

▶ 여러분의 고객은 누구입니까?
▶ 고객을 유형화하면 어떻게 구분할 수 있습니까?

▶ 그 집단 간에 우선순위를 어떻게 매길 수 있습니까? 어느 집단에 집중해야 합니까?

▶ 각 집단은 우리에게 무엇을 기대합니까?

▶ 우리가 그들에게 제공하는 유·무형의 서비스에 얼마나 만족하고 있습니까?

▶ 그래서 우리는 무엇을 어떻게 해야 합니까?

고객의 정의와 유형, 우선순위

팀과 조직을 대상으로 "여러분의 고객은 누구입니까?"라는 질문을 하고 그 반응을 기다리면 처음에는 의아스러운 표정을 짓다가, 곧바로 '무슨 그런 뻔한 질문을 하냐'는 반응이 나옵니다. 그러면 저는 좀 더 구체적으로 묻습니다. "우리 고객을 유형화하면 어떻게 나눌 수 있습니까?"라고요. 이 질문에 역시나 '우리 구성원들 누구나 다 알고 있는 걸 왜 묻냐'는 반응이 나옵니다. 정말로 그리 잘 알고 있냐고 반문한 다음 진짜로 우리 팀, 우리 조직의 고객을 유형화해 보자고 독려합니다. 그러면 마지못한 듯 서로 얘기를 시작합니다. 그런데 얼마 지나지 않아 당혹스러운 반응이 나옵니다. 리더들, 그리고 구성원들 간에 서로 생각이 달랐기 때문이었습니다.

더 나아가, 여러 고객 집단들 중에서 중요도에 따라 우선순위를 정하고 핵심 고객을 선정해 보도록 그들에게 요구합니다. 그러면 또 아우성을 칩니다. 어떤 이는 "우리는 다양한 고객들을 상대해야 합니다. 그들 모두가 다 중요합니다. 그런데 어떻게 우선순위를 매길 수 있나요?"라고 볼멘 소리를 합니다. 그의 말처럼 팀, 부서, 기업은 하나의 고객 집단만을 목표로 삼지 않습니다. 여러 부류의 고객들을 상대해야만 합니다. 하지만 고객 집단 모두 다 중요하다고 여긴다면, 아무것도 중요하지 않은 것이 되어 버립니다.

아마존은 이해 관계가 서로 다른 4가지 유형의 고객을 상대해야 합니다.[8] 아마존 홈페이지에서 상품을 검색해서 구매하는 일반 소비자가 있습니다. 그리고 아마존 플랫폼에 아이템을 유통하는 개인 판매자도 있습니다. 또한 공산품, 생필품 등 직접 재화를 생산해서 판매하려는 기업, 그리고 콘텐츠 제공자들이 있습니다. 이들을 똑같은 무게로 대하면 어찌 될까요? 그 누구도 제대로 만족시킬 수 없습니다.

팀이든 부서든 기업이든 그들이 가진 자원은 한정적입니다. 각 고객 집단을 모두 중요하게 여긴다면 돈, 사람, 시간, 주의집중 에너지가 분산될 수밖에 없습니다. 일관된 방향성을 추구하기도 어렵습니다. 일반 소비자, 개인 판매자, 기업, 그리고 콘텐츠 제공자들 각각을 상대하는 부서마다 그들의 고객을 만족시키기 위해 노력을 기울일 겁니다. 각자 이해가 다른데 부분 최적화에 집중하다 보니, 서로 충돌이 날 수밖에 없습니다. 사두마차를 끄는 4마리 말이 각자 제 길을 가겠다고 뛰어가는 모습과 다를 바 없습니다. 이를 잘 알고 있었던 아마존 창업자 제프 베조스는 핵심 고객을 일반 소비자로 국한하였습니다. 그들을 만족시키는 일에 광적일 정도로 집착을 합니다. 나머지 고객들이 피해를 입거나 부당한 처우를 받는다고 불평할 정도로 말입니다.

거대 제약 회사의 고객은 누구일까요? 환자일까요? 약을 처방하는 의사일까요? 또는 약을 제조하는 약사일까요? 독일 머크Merck 그룹은 이들 중 그 누구도 핵심 고객으로 간주하지 않습니다. 머크는 무엇보다도 연구개발이야말로 생존 가능성을 담보한다고 믿습니다.' 그리하여 그들은 연구개발을 중심으로 마치 연구 중점 대학처럼 꾸며 두었습니다. 이들이 핵심 고객으로 삼은 이들은 환자, 의사, 약사가 아니라 머크 연구소에서 일하는 과학자들, 전세계 연구소에서 일하는 연구자들, 대학에서 근무하는 과학자들입니다. 머크는 이들끼리 서로 활발하게 교류하면서 연구하여 논문을 내고 워크숍을 열도록 독려합니다. 이를 통해서 다양한 질병으로부터 인류를 구원해 줄 획기적인 물질이 탄생하기를 기대합니다.

핵심 고객을 선명하게 정의하는 일은 중요합니다. 그에 따라 조직이 가진 희소한 자원인 돈, 사람, 시간, 주의집중 에너지를 어디에 쏟을지 결정되기 때문입니다. 아마존은 소비자들의 이익을 극대화하는 일에 집중합니다. 제프 베조스는 2012년 《포춘》과의 인터뷰에서 "다른 이들은 아침에 샤워하면서 경쟁사를 어떻게 앞설지 생각한다. 그러나 우리는 샤워하면서 고객을 위해 무엇을 만들어 낼지 생각한다."라고 밝혔습니다.[10] 아마존은 고객에 광적일 정도로 집착하면서 돈은 어디에 쓰고, 사람과 시간은 어떻게 쓰며, 주의집중을 어디에 쏟을지를 고민합니다. 머크는 생산, 제조, 구매 등의 기능보다도 연구개발에 막대한 예산을 투하합니다. 자사 연구원들이 연구에 몰입하고, 외부에 개방적으로 협업하는 일에 총력을 기울입니다.

고객의 기대와 만족

"고객은 우리에게 무엇을 기대합니까? 고객은 우리의 서비스에 얼마나 만족하고 있습니까?"

이 질문을 드렸을 때 제대로 답변한 조직이 별로 없습니다. 그건 저 역시도 마찬가지였습니다. 서두에 밝힌 대로 저는 오랜 시간 임원들 특성을 측정하고 해석하는 일을 해 왔습니다. 목적은 크게 2가지였습니다. 하나는 개발 목적입니다. 임원 본인에게 어떤 특성이 있는지, 그래서 무슨 태도와 행동이 나타날 수 있는지, 조직과 구성원에게는 어떻게 영향을 미치는지를 이해하도록 스스로 자각하도록 촉진하는 일이었습니다. 다른 하나는 인사 목적입니다. 조직이 커질수록 정보 비대칭은 기하급수로 늘어납니다. 최고 의사결정권자는 본인 산하에 어떤 탤런트를 가진 이들이 있는지 어두워질 수밖에 없습니다. 그 간극을 메워 주는 일이었습니다. 그래서 제 일의 고객 집단은 중요도 순서로 그룹의 최고 경영진, 각 사 CEO, 그리고 임원들이었습니다.

이들 간 바라는 바가 상충되는 경우가 적지 않았습니다. 그룹 최고 경영진은 각각의 사람을 명확하게 알고 싶어했습니다. 계열사 CEO도 역시 그러했지만 일부 CEO는 오랫동안 그 회사에 몸담아서 많은 이들과 함께 일했기에 스스로 그들 면면을 잘 알고 있다고 믿었습니다. 그래서 일부 CEO는 굳이 과학적인 도구로 부하 임원들을 귀찮게 하면서 그토록 세세하게 파악할 필요가 있냐고 의구심을 표하기도 했습니다.

이 중에서도 가장 중요한 고객은 당연히 그룹 최고 경영진이었습니다. 그들이야말로 그룹 차원에서 제도와 관행을 만들었고, 여기에 상당한 자원을 투입하고 있었기 때문입니다. 그들이 원하는 것은 임원들의 모든 특성을 체계적·객관적으로 측정하고, 리포트만 봐도 어떤 이인지 선명하게 그려져서 어느 포지션에 배치하면 기업 성과가 좋을지 인사 결정을 돕는 일이었습니다. 그 니즈를 충족시키기 위해서 저 같은 전문가들이 모여 과학적인 도구와 절차로 리더십 역량 모델을 촘촘하게 만들고, 그에 따라 모든 임원들을 평가하는 일들을 펼쳐 왔습니다.

초반에는 최고 경영진이 만족감을 표했습니다. 인사 결정을 내릴 때 참고할 수 있는 자료가 훨씬 풍부해졌기 때문입니다. 그런데 얼마 지나지 않아 "데이터와 자료는 많은데, 개인별 리포트를 읽어 봐도 이 사람이 누구인지 잘 모르겠다."라는 반응이 나왔습니다. 그래서 전문가들이 다시 최대한 과학적으로 사람을 측정하고자 갖은 노력을 기울였습니다. 리더십 역량 모델이 뭔가 잘못되었나? 측정 도구가 이상한가? 진단 절차를 개선해야 하는 가? 라는 질문을 던지며 끊임없이 개선 노력을 기울였습니다. 그 럼에도 여전히 최고 경영진은 '그래도 모르겠다'는 반응이었습니다. 저에게 가장 중요한 고객은 그들이었지만, 그 니즈를 맞추기가 어려웠습니다. 그 당시 제 역량이 부족했던 탓도 있겠지만 핵심은 고객에게 가까이 다가가기 어렵기 때문이었습니다. 우리나라는 권력 간 거리가 먼 문화입니다. 권력자들에게 쉽사리 다가가기 어려울 뿐더러, 그 사이에 포진해 있는 층층의 리더들을 배제하고 다가가기 어렵습니다. 사람과 조직, 그리고 문화를 연구하는 제가 되려 제 어깨에 묵직하게 덧씌워진 문화적 굴레를 깨지 못했던 겁니다.

저는 결국 차선으로 그들의 니즈를 유추라도 하기 위해 3가지 방법을 모색했습니다. 우선 최고 경영진이 공식 회의체에서 인사 문제로 어떤 발언을 하는지 면밀히 조사했습니다. 그들이 무슨 맥락에서 어떤 표현을 사용했는지 분석하여 어떤 관점으로 임원을 보는 경향이 있는지 파악해 보려 하였습니다. 둘째는 소규모라 하더라도 사업체를 이끄는 사장들은 함께 일하는 관리자와 종업원들을 어떤 눈으로 바라보는지도 조사했습니다. 마지막으로 세계적으로 유명한 임원 헤드헌팅 회사들은 어떤 관점으로 조망하는지를 벤치마킹했습니다. 이들은 클라이언트 기업이 고위 임원을 외부에서 영입하려 할 때 물망에 오른 이들을 평가하고 그 결과를 보고하는 일을 하기 때문에 CEO 눈높이에 맞춰서 사람을 파악해 왔으리라 여겼습니다.

고객 관점에서 그 니즈를 유추하려고 노력한 결과, 후회와 반성이 깊이 들었습니다. 한마디로 전문가랍시고 전문가 관점에 갇혀서 살았던 겁니다. 말로는 고객(경영진)이 중요하다고 했지만 실제로 그들 입장에 서서 우리 제품과 서비스를 보려 하지 않았던 것을 깨달았습니다.

경영자 또는 의사결정권자가 사람을 보는 관점은 생각보다 단순합니다. 크게 4가지 질문입니다. '이 사람은 누구인가?' '이 사람은 무엇을 할 수 있는 사람인가?' '이 사람은 어디까지 성장할 수 있는가?' '이 사람은 어떤 상황에 처해 있는가?'

첫 번째 질문에 관한 콘텐츠는 전문가적 용어로 기질, 성격, 가치관 등을 들 수 있습니다. 두 번째는 그가 거쳐온 경력, 그로 축적한 경험, 역량입니다. 세 번째는 잠재력(사업 잠재력, 리더십 잠재력)이라 할 수 있고, 네 번째는 상황 맥락에 관한 내용입니다. 이처럼 제 주요 고객의 질문은 단순하면서도 포괄적인데, 저는 전문가 식견으로 매우 미시적으로 접근하면서 리더십 모델을 보다 과학적으로 만들려고 매년 뜯어 고치거나, 이 도구를 쓰는 게 맞는지 저 도구를 쓰는 게 맞는지 따지는 일에 천착해 왔습니다. 그 과정에서 고객이 궁금하게 여기는 측면을 극히 일부만 조명해 온 것입니다. 한 개인의 성격 정보를 제공하기 위해 비과학적이라 비판받는 MBTI를 쓰든, 학계에서 널리 인정받는 Big 5 성격 검사를 쓰든, 그 어떤 도구를 쓰든 고객과는 무관한 일입니다. 그저 '이 사람이 누구인가?'라는 질문에 걸맞은 정보를 포괄적이고 입체적으로 제공하면 고객이 만족할 수 있는 일이었습니다. 이걸 뒤늦게 깨닫고 일을 재구조화하기 시작했습니다.

* * *

본 장은 '전략적 사고는 고객에서 출발한다'는 명제를 살펴보 았습니다. 다음 연습하기 질문들로 고객 정의를 연습해 보시기 바랍니다.

고객 정의하기

우리 회사의 고객을 떠올리며 다음 질문에 답해 보시기 바랍니다.

고객 의미와 유형

▸ 귀하는 '고객'을 어떻게 정의하십니까?

▸ 귀하의 고객 집단을 보다 구체적으로 유형화하면 어떻게 구분할 수 있습니까?

▸ 귀하가 종사하는 업계에서 일반적으로 고객을 정의하거나 그 유형을 구분하는 기준은 무엇입니까?

▸ 이 업계가 사용하는 일반적인 기준과는 다르게, 차별적으로 사용할 수 있는 기준이 있다면 그것은 무엇입니까?

▸ 기존 업계가 간과하고 있는 고객 집단, 또는 고객 유형이 있다면 그것은 무엇입니까?

▸ 귀사가 집중하고 있는, 또는 앞으로 집중해야 할 핵심 고객 집단은 무엇입니까?

▸ 구성원들은 자사의 고객 유형과 핵심 고객 집단을 명확히 이해하고 있습니까?

고객의 니즈 확인

▶ 기존에 귀하 또는 귀사에서 정의하고 있는 고객 집단별로 갖고 있는 니즈는 무엇입니까? 각 고객 집단별로 대표적인 페르소나를 설정해 보고, 각각의 라이프 스타일이나 행동 양태를 묘사해 보십시오.

▶ 각 고객 집단 별로 갖고 있는 공통적 니즈는 무엇이며, 차이가 나는 니즈는 무엇입니까? 고객 집단별로 차이가 나는 이유는 무엇입니까?

▶ 귀사가 집중하는 핵심 집단의 니즈는 무엇입니까? 귀사가 그 집단에 집중하고 있는 이유는 무엇입니까?

▶ 기존 업계가 간과하고 있는 고객 집단은 어떤 니즈를 갖고 있습니까?

▶ 고객의 니즈를 확인하기 위해 무엇을 하고 계십니까?

▶ 기존과는 전혀 다른 고객 집단이 등장하게 된다고 상상해 보시길 바랍니다. 그들은 어떤 니즈를 갖고 있을 거라 생각하십니까?

제품 및 서비스 제공

▶ 각 고객 유형별로 어떤 가치를 제공하고자 합니까?

▶ 각 고객 유형별로 제공하고 있는 귀사의 제품 및 서비스는 무엇입니까?

▶ 그들이 귀사의 제품 및 서비스를 구매하고 소비하는 이유는

무엇이라고 생각하십니까?

▶ 각 고객 유형은 귀사의 제품 및 서비스에 얼마나 만족하고 있습니까?

▶ 그들이 귀사의 제품 및 서비스에 만족, 불만족하는 요소는 무엇입니까?

▶ 귀사에서 의도적으로 계획한 '전략적 만족 요소' '전략적 불만족 요소'는 각기 무엇입니까?

▶ 기존 업계가 간과하고 있는 고객 집단에게 제품 및 서비스를 설계한다면 어떻게 하시겠습니까?

고객 여정

▶ 귀사는 고객 집단 유형별로 무엇을 소구합니까?

▶ 각 고객 집단들은 귀사 제품/서비스를 어떤 경로로 접합니까?

▶ 그들이 귀사의 제품/서비스를 처음 접할 때 형성하는 인상, 이미지는 무엇입니까?

▶ 그들이 구매 과정에서 제품/서비스를 평가하는 기준은 무엇입니까?

▶ 그들이 구매 과정에서 겪는 딜레마나 갈등은 무엇입니까?

▶ 그들이 귀사의 제품/서비스를 구매하는 과정을 구체적으로 묘사한다면 어떻게 묘사할 수 있습니까?

▶ 그들이 귀사의 제품/서비스를 처음 개봉하거나 사용하게 되었을 때 어떤 이미지를 형성하도록 노력하고 있습니까?

▶ 그들은 일상에서 귀사의 제품/서비스를 어떻게 경험하고 있습니까?

자원 배분과 역량

▶ 각 고객 유형별로 자원을 어떻게 배분하고 있습니까?

▶ 자원 배분에 있어 고민이 있다면 그것은 무엇입니까?

▶ 귀사가 정의하는 핵심 고객에게는 어느 정도의 자원을 배분하고 있습니까? 다른 회사들은 어느 정도로 배분하고 있습니까?

▶ 귀사가 설정한 고객 유형, 핵심 고객에 맞게 조직 및 구조가 설계되어 있습니까?

▶ 핵심 고객의 니즈를 충족시킬 수 있는 귀사의 역량은 무엇입니까?

▶ 핵심 고객을 만족시키는 측면에서 경쟁사 대비 차별적인 역량은 무엇입니까?

▶ 시급히 보완해야 할 역량이 있다면 그것은 무엇이며, 그 이유는 무엇입니까?

▶ '핵심 고객이 때때로 핵심 경직성을 유발한다.'라는 말이 있습니다. 이를 경계하기 위해서 귀사는 무엇을 어떻게 하고 있습니까?

게임 규칙을
파악하고 리드하라

끊임없이 변하는
산업의 게임 규칙

경쟁에 매몰되면 시야가 갇힌다

경영전략 학자 리처드 럼멜트가 말한 대로 전략적 사고로 다뤄야 할 핵심 화두 중 하나는 바로 '경쟁'입니다. 그런데 과한 경쟁은 시야를 좁히는 경향이 있습니다. 현장에서 고군분투하는 리더들은 주로 팃포탯Tit for tat, 상대가 치면 나도 친다 전략을 구사합니다. 경쟁사가 어떤 행동을 하는지 예의 주시하다가 낌새가 느껴지면 그 즉시 대응하고자 합니다. 전술적으로는 그 같은 행동도 필요합니다. 하지만 오로지 경쟁사에 시야가 매몰되어 정작 산업을 뒤흔들 수 있는 중요한 변화를 감지하지 못할 수 있습니다.

최근 여러 산업에서 게임 체인저들, 경쟁 규칙을 바꾸는 기업들이 나타나고 있습니다. 이 책 서두에서 테슬라 사례를 살펴봤습니다. 그들은 자동차 시장에 들어갈 때 100여 년 동안 굴지의 회사들이 만들어 온 게임 규칙을 따르지 않았습니다. '인류가 화석연료 엔진으로 망가뜨려 온 지구를 친환경 에너지로 보호한다.' '자동차는 하드웨어가 아니라 바퀴 달린 최첨단 컴퓨터로, 소프트웨어가 핵심이다.'라고 자동차 산업을 다시 정의하면서 접근하였습니다.

한동안 대다수의 자동차 회사는 테슬라가 만들어 가려는 궤적에 주목하지 않고 오랫동안 쌓아 온 기존 논리에 따라 경쟁을 계속 해 왔습니다. 그들 눈에 테슬라는 시쳇말로 '듣보잡'에 불과했기 때문입니다. 그런데 어느 순간 테슬라가 급부상하고 소비자 니즈가 변화하자, 그때서야 부랴부랴 테슬라를 따라잡으려 하고 있습니다. 지금은 대다수 자동차 회사가 테슬라가 내세운 2가지 규칙을 따라잡는 데 집중하고 있습니다.

2000년 중반, 우리 기업들에게도 비슷한 일이 있었습니다. 당시 우리 전자 회사들은 피처폰 사업으로 세계 시장을 정복해 나가고 있었습니다. 핀란드 기업 노키아Nokia에 이어 삼성전자와 LG전자가 점유율을 장악하고 세계인의 소통을 이어 주던 시절이었습니다. 통화 품질, 배터리 수명, 디자인, 그리고 16도 화음 같은 부가 기능이 경쟁의 규칙이었습니다. 그레이엄 벨이 발명했던 유선 전화기의 계보를 잇는, 무선 전화기라는 전통적인 통념 아래서 시장을 나눠 먹고 있었습니다. 그런데 2000년대 중반, 값비싼 컴퓨터와 노트북으로 거의 망할 지경에 이르렀다가 MP3로 기사 회상한 애플이 갑자기 핸드폰 시장으로 뛰어든다고 선언합니다. 기존 업계 관계자들은 통화나 제대로 되겠느냐며 코웃음을 쳤습니다.

하지만 애플은 기존 플레이어들과는 다른 차원으로 접근합니다. 스티브 잡스는 아이폰을 공개하며 선명한 통화 품질, 긴 배터리 시간, 화려한 화음 같은 전화 기능을 강조하지 않았습니다. 전화기가 아니라 항상 휴대할 수 있는 소형 컴퓨터로 정의하면서 전혀 다른 경쟁 규칙을 내세웠고, 통신과 휴대기기 산업에서 게임 체인저가 되었습니다. 우리 기업이 스티브 잡스가 전설적인 프레젠테이션을 했을 때 감을 잡았다면, 우리 민족의 강점인 빨리빨리 문화를 통해서 애플이 바꿔 놓은 규칙을 빠르게 따라잡았을지도 모르겠습니다.

그러나 우리 기업은 한동안 피처폰에 집중하는 전략을 선택했습니다. 그 배경에는 다양한 원인이 있을 것입니다. 앞서 메타 질문에서 살펴본 대로 피처폰으로 상당한 성공을 거두어 왔기 때문에 그에 감정적인 애착이 컸던 탓일 수 있습니다. 또한 자원이 한정적이기에 선택과 집중을 해야 한다는 강박이 작동했을 수 있습니다.

시야가 기존 경쟁 규칙에 매몰된 탓일 수도 있습니다. 경쟁이 점차 심해지면 그 시장에서 승리하는 규칙이 명확하게 굳어지고, 어느 순간부터는 그것이 시장에서 핵심 성공 요인으로 확고하게 인정받습니다. 이는 곧 경영자와 리더들의 지배적인 논리, 즉 특정 시장 환경에서 겪은 경험을 기반으로 형성된 믿음과 신념으로 자리 잡습니다.[1] 그러나 이렇게 되면 기존 경쟁 방식과 성공 방정식에 매몰된 나머지 기술과 시장 그리고 고객 니즈가 변화하고 있다는 신호들을 놓치기 쉽습니다. 아울러 경쟁자라고 생각지도 못했던 플레이어가 그 시장에 진입하리라고, 그들이 유혈이 낭자한 옥타곤 경기장의 규칙을 뒤엎으리라고 예상하지 못할 수 있습니다.

우리는 경쟁 그 자체보다도 한 차원 더 높은 시각으로 산업의 경쟁 규칙을 끊임없이 살필 필요가 있습니다. 특히 오늘날처럼 VUCA Volatility, Uncertainty, Complexity and Ambiguity 가 지배하는 세상에서는 더욱 그러합니다. 영어 단어가 의미하듯 변동성이 심하고, 불확실하고, 복잡하며, 모호성이 크게 증대한 세상입니다. 저는 이를 '기존의 논리가 더 이상 통용되지 않는 세상' '답이 없는 세상'이라고 풀이합니다.

최근 경영 환경을 보면 크게 2가지 현상이 관찰됩니다. 전통을 자랑하던 산업이 점차 몰락하고 대체되고 있고, 산업 간에 이종교배가 빈번하게 출현하고 있습니다. 정형화된 경계가 사라진 세상이 되어 버렸기에, 경쟁사와 경쟁 그 자체보다도 산업의 게임 규칙을 관조해야 합니다.

대체되는 전통 산업

  역사와 전통을 자랑하던 산업이 점차 새로운 산업으로 대체되고 있습니다. 에너지 산업이 대표적 예입니다. 이 분야에서 전통의 대표 주자는 정유 회사였습니다. 이들은 몇 년 주기로 사이클을 타는 산업으로 유명합니다. 그들의 의지나 노력과 관계없이 몇 년간은 업황이 좋다가 또 몇 년간은 좋지 않은 패턴을 반복합니다. 국제 유가, 정치 지형, 전쟁, 환율 등에 상당한 영향을 많이 받기 때문입니다.

  그런데도 석유나 그 가공품은 국가적인 필수재이기에 사업을 매우 안정적으로 유지할 수 있었고, 오랫동안 그들만의 독보적인 영역을 구축해 왔습니다. 정유 산업에 종사하는 리더들은 산업이 '업사이클'인지 '다운사이클'인지, 그래서 무엇을 해야 하는지 어느 정도 예측이 가능한 비교적 안정적인 환경에서 조직을 이끌어 나갈 수 있었습니다. 그 틀에서 구성원들은 본인에게 주어진 역할과 과업에 집중할 수 있었습니다. 경쟁 규칙도 오랫동안 굳혀져서 명확했습니다. 원유를 안정적으로 저렴한 가격에 확보하는 일이 핵심이었습니다. 특정 국가 또는 공급 업체와 장기 공급 계약을 체결하거나, 자체적으로 원유를 생산하려 노력하거나, 국제 시장에서 원유를 구매하는 등의 노력들입니다. 정유 공장을 효율적으로 운영하여 생산 능력을 향상시키고 비용을 절감하는 일, 가솔린, 디젤, 항공 연료, 플라스틱 원료 등 다양한 제품을 생산하여 가치를 증대시키는 일, 원유 구매와 생산에 더하여 유통 비용을 낮춰서 저렴한 가격으로 경쟁하는 일도 빼 놓을 수 없었습니다.

그런데 2010년대 중후반 들어서 이 산업에 큰 지형 변화가 일어납니다. 지구온난화의 주범으로 지목되는 이산화탄소 배출량을 줄이기 위해 유럽과 미국을 중심으로 탄소 중립 운동이 일어나기 시작한 것입니다. 그와 더불어 친환경 에너지로 이동하려는 움직임이 크게 일었습니다. 불과 몇 년 만에 석유 에너지는 '지는 해'처럼 여겨지고 말았습니다. 정유 회사 구성원들은 비관적인 미래 전망에 낙담했고, 업무 몰입도가 하락하기 시작했습니다. 제가 면담한 어느 20대 후반 구성원은 회사가 마치 '안개' 같다고 하였습니다. 회사 미래를 생각할 때마다 길이 보이질 않고, 자기 앞날도 그와 같다고 자조적으로 말했습니다. 한 30대 초반 구성원은 이 회사가 마치 '타이타닉 호'처럼 느껴진다고 고백했습니다. 자신이 회사 입사할 때만 하더라도 국내에서 순위를 다투는 화려한 기업이었는데 어느 순간 탄소 제로라는 거대한 암초에 부딪혀 가라앉고 있다고 말했습니다.

순식간에 스포트라이트는 석유 에너지에서 배터리 산업으로 이동해 버렸습니다. 리더들은 지난 수십 년간 정형화된 기존 사고 틀을 벗어나서, 새로운 먹거리를 찾아야 하는 상황에 직면해 있습니다. 전통의 석유 에너지 기업들마저도 생존을 위해 배터리 산업에 전쟁하듯 뛰어들었습니다. 배터리 산업은 이제 막 궤도에 올라가고 있기에 마치 전쟁터를 방불케 합니다. 기술적 문제도 산적해 있을 뿐더러 배터리 주도권을 잡기 위한 각 국가의 정치적 책략도 예측하기 어렵습니다. 차세대 에너지라 여겨지는 수소 연료도 그보다 더하면 더했지, 못하지는 않습니다.

이종 교배가 출현하고 있다

접점이 없을 것처럼 보이는 이종 산업 간 교배가 도처에서 일어나고 있는 것도 변하는 경쟁 규칙 중 하나입니다. 방송 산업과 유튜브가 대표적입니다. 원래 방송은 공익성이 강조되는 산업입니다. 국가로부터 라이선스를 획득하고 국가 소유 주파수를 할당 받아 국민들에게 정보를 제공하기 때문입니다. 그렇게 인가를 받은 방송사들은 서로 시청률을 확보하기 위해서 싸워 왔습니다. 수익을 창출하는 주요 원천이 광고였고, 시청률에 따라 광고 수익이 달라졌기 때문입니다. 시청자 눈길을 끌기 위한 콘텐츠를 생산하고, 이를 가장 적절한 시간대에 편성하여 방영하는 일이 게임 규칙이었습니다.

그런데 유튜브가 중앙집권적 방식인 텔레비전, 라디오 방송 등 '레거시 미디어' 또는 '올드 미디어'를 무너뜨리고 있습니다. 원래 유튜브는 기성 미디어들이 만든 영상을 인터넷으로 널리 공유하기 위한 사이트로 출발하였습니다. 유튜브를 만들게 된 계기는 이렇습니다. 2004년 초, 매년 미국인 1억 명 이상이 시청하는 슈퍼볼 하프타임 쇼에서 가수 자넷 잭슨Janet Jackson의 공연이 시작됐습니다.[2] 그런데 초대 손님으로 등장한 저스틴 팀버레이크Justin

Timberlake가 자넷 잭슨의 상의를 뜯어 버리며 가슴이 노출되는 사고가 일어났습니다. 1억 명 이상이 그 광경을 실시간으로 보고 있었는데 말입니다. 소위 '니플 게이트Nipple gate'라 칭해질 정도로 유명해졌습니다. 그 장면을 실시간으로 본 사람도 슈퍼볼에 관심이 없어서 보지 못한 사람도, 모두가 그 장면을 다시 보고 싶어서 인터넷에서 검색하는 경우가 많았습니다. 하지만 누구도 그 영상을 인터넷에서 다시 보기 어려웠습니다. 당시에는 영상을 공유하는 사이트들이 없었기 때문입니다.

자베드 카림Jawed Karim도 그 영상을 찾는 데 어려움을 겪은 사람 중 하나였습니다. 그는 이 일에서 아이디어를 얻어 다른 이들과 함께 공동으로 유튜브를 만듭니다. 창업자들은 방송 종사자들이 아니었습니다. 2명은 소프트웨어 엔지니어, 1명은 그래픽 디자이너였습니다. 이들이 애초에 구상한 이상은 방송국을 대체하는 것이 아니었습니다. 그저 올드 미디어가 만들어 낸 영상, 그리고 일반 사용자들이 8mm나 16mm 캠코더로 촬영한 조악한 영상을 지인과 인터넷으로 공유하는 일이었습니다.

그런데 통신 산업, 반도체 산업, 카메라 영상 산업, 스마트폰 산업의 비약적인 발전이 뒷받침되면서 이제 원한다면 누구라도 방송 채널을 만들어 영상과 음악을 송출할 수 있게 되었습니다. 유명한 유튜브 채널은 웬만한 방송국보다 더 큰 영향력을 행사하고, 유튜브 구독자 전세계 1위부터 10위를 보면 최소 1억 명이 넘습니다. 개인 유튜버 채널 세계 1위인 '미스터 비스트Mr Beast'는 1998년생 지미 도날슨Jimmy Donaldson이라는 20대 청년이 운영하는 채널입니다. 2023년 기준 구독자만 1억 6천 4백만 명이 넘습니다. 그는 15살이던 해인 2012년에 유튜브에 가입하여 게임 영상을 찍어 올렸습니다.[3] 그러다가 'N만 달러' 챌린지 게임 콘텐츠를 시작합니다. 2021년에 열풍이 불었던 넷플릭스 드라마 〈오징어 게임〉과 똑같은 세트장을 만들어서 456명의 참여자를 받고, 총 상금 45만 6,000 달러를 걸어 게임을 진행하는 과정을 유튜브 콘텐츠로 만들어 올렸습니다. 이 영상은 2023년 7월을 기준으로 조회수가 4억 5,000만 건이 넘었습니다.[4] 불과 몇 년 전만 하더라도 일개 개인이 방송사를 만들 수 있으리라 상상이나 할 수 있었을까요?

유튜브는 레거시 미디어를 중심으로 형성되어 있던 광고 시장도 크게 뒤흔들어 버렸습니다. 텔레비전과 라디오를 중심으로 돌아가던 광고는 대중적 접근성이 장점이 있었던 반면, 대상자를 특정할 수 없다는 단점이 있었습니다. 지역과 시청(또는 청취) 시간대를 기준으로 차별화할 수 있었을 뿐입니다. 또한 광고가 일방적으로 나오기에 시청자는 수동적으로 접할 수 밖에 없었습니다. 그러니 투입되는 비용에 비해서 광고 효과성은 상대적으로 낮을 수밖에 없었습니다. 아울러 세계가 하나의 지구촌이 되어가는 마당에 기존 레거시 미디어는 특정 국가나 지역에 한정해서 광고가 전달되는 한계를 갖고 있습니다.

그런데 유튜브는 그 한계를 파괴하였습니다. 이용자 관심사, 행동 패턴, 검색 기록 등을 분석하여 한 개인에게 최적화된 광고를 제공하였습니다. 그것도 전 세계인을 대상으로 말입니다. 유튜브는 이용자들이 광고에 직접 참여하도록 유인하거나, 이용자와 광고주 간에 상호 교류할 수 있도록 촉진하였습니다. 특히 유튜브는 광고주에게 광고 성과를 측정하고 분석할 수 있도록 편리한 도구와 데이터를 제공하고 있습니다. 광고 시청 시간, 클릭율, 구매 전환율 같은 데이터로 광고 주기와 예산을 최적화하도록 돕고 있습니다. 이처럼 단순한 동영상 공유 사이트로 시작한 유튜브는 미디어, 광고 산업을 크게 바꿔 놓았습니다.

산업을 리드하는 전략은
때로 고객 너머에 있다

하루가 다르게 바뀌어 가는 환경 가운데서 경쟁사들이 보이는 미세한 변화를 감지하기 위해서는 지상 레이더 망을 돌려야 할 뿐만 아니라, 하늘에 인공위성을 띄워서 보다 넓은 시각으로 관조할 수 있어야 합니다. 그 일환 중 하나가 산업 전반의 게임 규칙을 확인하고, 그것이 어떻게 변화할 수 있는지 끊임없이 살펴보는 방법입니다.

게임 규칙을 파악하는 방법이 있을까요? 먼저 고객에게 인터뷰를 통해 그들이 구매할 때 고려하는 기준을 직접 물어보는 방식을 사용할 수 있습니다. 비즈니스 세계의 경쟁이란 고객들의 마음을 빼앗고 그들의 의사결정 기준에 부합하려고 경주하는 행위이기 때문입니다. 예를 들어 자동차 산업의 게임 규칙을 파악하고 싶다면 고객이 차를 구매할 때 고려하는 기준을 종합적으로 확인해 볼 수 있습니다.

하지만 고객에게 묻는 일만으로는 부족합니다. 첫째, 산업의 게임 규칙을 동태적으로 파악하기 어렵기 때문입니다. 고객에게 물어보는 일은 한 산업이 이제껏 경쟁해 온 역사의 한 단면만을 잘라 보는 행위와 비슷합니다. 경쟁사들이 고객 마음을 사로잡으려고 기를 쓰고 달려 들어서 노력을 기울이는 요소는 지금 이 시점에서 확인할 수 있지만, 어떤 과정을 거쳐서 게임 규칙이 오늘날에 이르렀는지에 대한 통찰을 갖추게 하지는 못합니다. 그와 같은 통시적 식견이 없다면, 향후에 경쟁 규칙이 어떻게 변화할지를 예견하기 어렵습니다.

둘째, 고객에게 직접 물어보는 방식만으로는 알 수 없는 경우도 있기 때문입니다. 면도기 회사인 질레트Gillete에 인수될 때만하더라도 소형 건전지 제조사인 듀라셀Duracell은 전도유망한 브랜드가 되리라 기대되었습니다.[5] 무엇보다도 품질이 우수했기 때문입니다. 듀라셀은 경쟁사들을 따돌리기 위해 수명이 더 긴 배터리를 만들어 냈습니다. 더구나 듀라셀 경영진과 구성원은 그 분야 베테랑 전문가들이었습니다. 이들은 계절별 추세에 매우 익숙했고 그에 따라 항상 선제적으로 대응해 왔습니다. 가령, 매년 연말 크리스마스 즈음에는 장난감 매장 근처 눈에 띄는 곳에 자사 제품을 두었습니다. 부모들이 자녀 선물로 전자 장난감을 사면서 건전지도 여러 개 구매하기 때문이었습니다. 허리케인이 닥친다는 뉴스가 나오면 마트나 철물점의 노출이 잘 되는 매대에

다 제품을 비치해 두었습니다. 비상식량이나 구호품과 함께 여분의 건전지를 비축하는 경향이 있었기 때문입니다. 더구나 소비자 니즈도 잘 파악하고 있었습니다. 소비자들에게 FGI를 해 보면 그들은 고성능 건전지를 원하고, 또 그런 제품에 더 많은 비용을 지불할 의향이 있다고 말했습니다. 그리하여 듀라셀은 용량도 크고 가격도 더 비싼 프리미엄 건전지, '울트라Ultra'를 출시합니다.

하지만 이후 듀라셀의 시장 점유율은 11분기 연속 하락하여 수익이 급격히 감소합니다. 무엇이 문제였을까요? 당시 듀라셀의 주류 제품은 '카퍼탑Coppertop'이었고 대다수 매출과 수익이 이 제품으로부터 나오고 있었습니다. 그런데 소비자 니즈에 맞춰 출시한 프리미엄 배터리 울트라가 다른 경쟁사들의 시장 점유율을 빼앗아 오기는 커녕, 되려 카퍼탑 매출을 떨어뜨리고 맙니다. 자기 시장 잠식이 발생한 결과였습니다. 또한 프리미엄이 아니라 가격대를 상당히 낮춘 타 회사의 저가 제품들이 듀라셀 시장 점유율을 크게 낮추고 있었습니다.

소비자들은 말로는 용량이 더 많은 고품질 건전지에 더 많은 돈을 쓰겠다고 했지만, 실제 행동은 달랐습니다.[6] 그들은 용량을 따지기보다도 저렴한 건전지를 구매하고 있었습니다. 왜 그랬을까요? 소비자들에게 용량이 커서 오래 가는 건전지가 더 좋다는 인식은 있었습니다. 하지만 건전지의 용량은 실제로 체감하기 어렵다는 현실적 문제가 있습니다. 건전지가 들어가는 TV 리모컨, 에어컨 리모컨, 마우스를 생각해 보겠습니다. 아무리 저가형 건전지라 하더라도 적어도 3개월 이상 전원을 공급해 줄 수 있습니다. 언제 마지막으로 교체했는지 모를 정도로 긴 시간입니다. 짧은 시간에 건전지를 소비하는 일부 소비자를 제외하고는, 대다수 소비자들은 프리미엄 건전지와 저가형 건전지 간에 실질적인 효용 차이를 느낄 수 없었습니다. 고객 의견을 액면가로 그대로 받아들인 실책이었습니다.

특히 어느 산업에 게임 체인저로 진입하려 할 때는 고객들에게 물어보는 일이 되려 기존 관행에 사고가 얽매이도록 만들 수 있습니다. 헨리포드는 "만약 내가 고객에게 원하는 것이 무엇인지 물었다면 그들은 '더 빠른 말을 달라'고 대답했을 것이다."라고 말한 것으로 알려져 있습니다.' 그가 사업을 시작한 1900년대 초에는 자동차가 희소한 재화였습니다. 대다수가 말이 끄는 마차를 타고 다녔습니다. 그렇기 때문에 그들을 대상으로 인터뷰나 FGI를 해보면 아마도 '더 빠르고 힘찬 말이 끌어 주면 좋겠다'는 대답을 했을 수 있습니다. 사실 헨리 포드가 그 말을 실제로 했는지 분명한 증거는 없지만,[1] 역사적으로 그와 유사한 사례가 반복되어 왔습니다.

스티브 잡스는 애플로 복귀한지 얼마 지나지 않아서 아이

---

[1] 다만, 그의 증손자인 빌 포드 주니어가 공개적인 컨퍼런스에서 "제 증조 할아버지는 자신이 만든 첫 번째 자동차에 대해 '고객에게 원하는 것이 무엇인지 물었더라면 더 빠른 말이라고 대답했을 것이라 말씀한 적이 있습니다. 포드는 사람들이 무엇을 원하는지 미처 깨닫기도 전에 알아내서 그것을 제공할 것입니다."라고 말한 적이 있습니다.

맥i-Mac을 출시하였습니다. 그때 한 기자로부터 아이맥을 개발하면서 시장 조사를 했었냐는 질문을 받고 그는 이렇게 대답합니다. "우리는 많은 고객을 보유하고 있으며, 연구도 많이 하고 있습니다. 또한 업계 동향도 주의 깊게 관찰합니다. 하지만 이처럼 복잡한 제품의 경우 포커스 그룹을 통해 제품을 설계하는 것은 정말 어렵습니다. 대부분의 경우, 사람들은 제품을 보여 주기 전까지는 자신이 원하는 것이 무엇인지 알지 못합니다."[8]

이 같은 현상은 미국 실용주의 철학자 찰스 샌더스 퍼스Charles Sanders Peirce가 관찰한 바와 같습니다. 그는 인류에게 있어서 역사상 최초의 아이디어, 그 누구도 생각지 못한 아이디어는 데이터를 분석하여 증명될 수 없다고 보았습니다. 그의 말처럼, 기존과는 차원이 다른 혁신적인 서비스와 제품은 미리 검증될 수 없습니다. 게임 체인저는 기존과는 결이 다른 제품과 서비스를 선보입니다. 그 상당수가 고객에게 직접 보여 주기 전까지는 이해받지 못하는 경우가 많습니다. 고객은 완전히 새롭거나 또는 익숙하지 않은 제품에서 자신이 원하는 점이 무엇인지 알 수 없습니다.[9] 따라서 고객에게 묻는 일과 더불어 다른 방식으로도 게임 규칙을 확인할 필요가 있습니다.

시야를 넓히고
패러다임을 감지하라

그렇다면 산업의 게임 규칙은 어떻게 파악할 수 있을까요? 자동차 산업의 게임 규칙을 확인하고자 사용한 방법을 예시로 살펴보고자 합니다. 첫째, 그 산업이 시작된 시초를 살펴보는 일입니다. 자동차 산업의 시작은 다임러와 벤츠가 4륜, 3륜 가솔린 엔진으로 최초 자동차를 만든 1886년으로 거슬러 올라갑니다. 자동차만이 아니라 '모빌리티 산업'으로 확장하여 정의한다면 인류가 예로부터 오랫동안 사용해 왔던 말이나 마차, 그리고 배로 확장될 수 있습니다. 이 모든 산물은 값싼 비용으로 안전하고 빠르게 원하는 목적지까지 도달하고자 하는 인간의 욕구와 관련이 있습니다. 이동 수단의 가격, 유지비, 안전성, 속도는 가장 기본적으로 내재되어 있는 경쟁 규칙이라 할 수 있습니다.

둘째, 산업이 탄생한 이후로 일어난 혁신을 살펴볼 수 있습니다. 자동차 산업의 첫 번째 혁신은 1910년대 헨리 포드의 대량 생산 방식이었습니다. 헨리 포드는 컨베이어 벨트 방식을 통해 그 당시 수천 달러에 달하던 자동차를 불과 825달러, 몇 년 후에는 260달러로 낮출 수 있었습니다. 1970년대 토요타의 적시생산 시스템 역시 낭비를 최소화하여 원가를 낮추었습니다.

셋째, 법적 규제가 있었다면 언제, 어떤 맥락에서 일어났는지를 살펴보는 방법입니다. 자동차 산업으로부터 지구 환경을 보호하려는 시도는 1950년대부터 있었습니다. 당시 미국은 대기 오염이 인체 건강에 좋지 않은 영향을 미친다는 점을 인식하고 있었습니다. 특히 1940년대와 50년대에 캘리포니아주 로스앤젤레스와 펜실베이니아주 도노라에서 발생한 대규모 스모그 사건으로 대중들 인식과 우려가 높아졌습니다.[10] 1970년에는 에드먼드 머스키 Edmund Muskie가 일명 '머스키 법'이라 불리는 '대기 정화법 개정안'을 제출합니다. 1976년까지 배기가스 배출 허용치를 현재의 10분의 1로 감소시키자는 안이었습니다. 이때 미국 자동차 업계 거두들은 즉각 성명을 내고 그 법에 반발했으며, 해당 법안이 통과되지 못하도록 뒤에서 온갖 로비를 벌였습니다.

그러나 이 같은 법적 규제는 일본 자동차 업체들이 경쟁력을 강화하는 계기가 되었습니다. 미국 연방 정부 움직임에 일본 업체들도 긴장하기는 마찬가지였습니다. 하지만 그들은 미국에 수출하려면, 그리고 아성을 자랑하는 제너럴 모터스와 같은 거두들과 경쟁하려면 그 법에 맞춰야 한다고 생각했습니다. 특히 혼다 자동차 창업주 혼다 소이치로는 배기가스를 줄이자는 방향에 적극 공감하고 있었습니다. 또한 머스키 법이야말로 혼다가 가진 기술력을 미국에 알릴 기회라고 믿었습니다. 혼다는 연구개발에 박차를 가하여 결국 1972년에 CVCC Compound Vortex Controlled Combustion라는 머스키법 기준에 부합하는 엔진을 개발합니다. 오늘날처럼 친환경 에너지로 게임 규칙이 이동하고 있는 그 전조가 이때부터 시작되었다고 할 수 있습니다.

넷째, 압도적인 1위 기업이 있다면, 그들이 그 업계를 장악하고 있는 이유를 살펴볼 수 있습니다. 자동차 업계에서는 2022년 기준으로 토요타가 한 해 약 1,000만 대를 판매하여 1위를 기록하고 있습니다.[11] 지난 수년 동안 토요타가 1위를 차지한 배경에는 '품질'이 절대적이라 할 수 있습니다. 그들이 고안한 적시 생산 시스템은 개선을 강조하는 관행과 문화로 품질을 획기적으로 높였습니다. 자동차는 가격이 비쌀 뿐만 아니라 구매하고 나면 환불이 어려워 리스크가 높은 상품입니다. 그래서 구매를 결정하기까지 오랜 시간이 소요되곤 합니다. 소비자 구매 기준에서 품질은 절대적일 수 있습니다. 잔고장이 자주 발생할 경우 물질적인 비용뿐만 아니라 시간적인 비용도 무시할 수 없을 뿐더러, 그로 인한 정신적 스트레스가 상당하기 때문입니다. 주행하는 도중에 고장이 날 경우 생명에 위협이 될 수도 있는 만큼, 소비자들은 품질을 주요 구매 기준으로 삼곤 합니다.

다섯째, 경쟁사들이 소비자들에게 내세우는 소구 메시지를 검토하는 방법도 좋습니다. 볼보 Volvo는 안전성을 내세웁니다. 볼

보의 창업자들이 살던 스웨덴은 날씨가 추워서 도로가 자주 빙판이 되는 데다가 비포장 도로가 많았기에, 그들은 혹독하고 척박한 환경에서도 견딜 수 있는 자동차를 만들자고 의기투합합니다. 볼보는 자동차 설계부터 생산에 이르기까지 철저히 안전과 사고 예방에 집중하였습니다. 일례로 볼보는 1950년대부터 안전벨트에 상당한 신경을 썼습니다. 당시에는 허리만 조여 주는 2점식 안전벨트를 사용하였는데, 자동차가 충돌하면 탑승자 상체가 급격히 앞으로 쏠리기에 2차 충격이 발생하여 또 다른 부상으로 이어지곤 하였습니다. 볼보는 이 문제를 심각하게 여기고 항공기 조종사 안전벨트를 만들던 한 엔지니어에게 개발 프로젝트를 의뢰하였습니다. 그 결과 볼보는 오늘날 대중적으로 널리 사용되는 3점식 안전벨트를 개발, 업계 최초로 적용하였습니다. 이 방식이 더 많은 생명을 구할 수 있다고 판단한 볼보는 특허 권리를 포기하면서 다른 자동차 제조업체들이 사용할 수 있도록 하였습니다.[12] 2009년에 그들은 3점식 안전벨트가 그동안 100만 명을 구했다고 보고하였습니다.

안전벨트를 개발하고 공개한 이후로 볼보는 안전의 대명사로 여겨지기 시작합니다.[13] 특히, 이들은 지난 40년간 4만 건의 사고를 분석한 연구 결과를 다른 제조업체들에게 공개하였습니다. 더 안전한 차량을 만들 수 있기를 바라는 마음이었습니다.[14] 이에 그치지 않고 볼보는 안전 비전을 야심차게 세웁니다. 이들은 '우리는 모든 일을 자동차 내부 승객과 그 주변에 있는 사람을 보호하는 것에서 출발한다'고 강조하고, '우리는 새로 출시되는 볼보 차

량에서 누구도 사망하거나 중상을 입지 않도록 하겠다'는 목표를 천명하였습니다.[15]

여섯째, 업계에서 암묵적으로 용인되거나 당연하다고 여겨지는 관행도 살펴볼 수 있습니다. 이 책 서두에서 에버하드와 타페닝이 테슬라를 창업하게 된 과정을 살폈습니다. 이들은 자동차 산업에서 자동차가 판매되는 관행을 탐구하였습니다. 그 당시 에버하드는 이제 갓 창업한 테슬라가 자동차와 하드웨어에 있어서 지적 자산은 매우 부족하지만, 자신과 타페닝이 실리콘밸리에서 쌓은 경험과 교훈을 활용하여 사람들이 자동차를 구매하고 즐기는 경험을 완전히 바꿔 놓을 수 있겠다고 생각했습니다.[16] 후에 동참하여 테슬라를 이끌어 가고 있는 머스크도 그들 생각에 깊이 동조하였습니다. 대리점과 딜러의 정책에 따라 달라지는 가격, 그리고 가격을 흥정하는 과정에서 겪는 유쾌하지 못한 경험이 못마땅했던 머스크는 자동차 구매 관행도 모두 뒤엎었습니다.

일곱째, 제품이나 서비스를 재정의하려는 움직임을 확인하는 일도 필요합니다. 이를 패러다임 변화라 부를 수 있습니다. 패러다임이란 어떤 시기에 주류를 이루는 이론이나 관점을 의미합니다. 산업과 조직 맥락에서 사용될 때면 '이 기술은 원래 이런 거야' '이 제품은 이래야 마땅한 거지' '이 서비스는 이래야만 해'라고 암묵적으로 가정하는 지배적인 관념을 의미합니다. 우리나라 기업 쏘카는 자동차를 둘러싼 굳건했던 패러다임을 바꾼 혁신 기업 중에 하나입니다. 그들은 차량 소유와 이용 방식에 관한 기존의 굳건한 가정을 깨트렸습니다. 과거에는 소비자가 무조건 자동차를 구매해서 소유해야만 자가용을 운전할 수 있었습니다. 쏘카는 그에 의문을 제기하고, 자동차가 더 이상 소유가 아니라 공유하는 대상으로 가정하였습니다.

변화 조짐을 읽어라

이처럼 한 산업의 게임 규칙을 통시적으로 살펴보면 그 규칙이 언제 어떻게 자리 잡게 되었는지를 꿰차게 됩니다. 그리고 그 규칙이 영원히 변치 않는 것이 아님을 알게 됩니다. 그동안 우리 산업에서 벌여 온 게임을 보다 동태적으로 바라볼 수 있는 눈을 갖출 수 있습니다. 더 나아가 변화 조짐을 미리 감지하는 감각도 기를 수 있습니다. 게임 규칙을 살피는 데는 다음과 같은 질문들이 도움이 될 수 있습니다.

▶ 기존 경쟁자들은 무엇에 중점을 두고 노력하고 있습니까?
▶ 이 산업과 직·간접적으로 관련된 기술들은 어떻게 변화하고 있습니까?
▶ 이 산업과 직·간접적으로 관련 있는 스타트업들은 어떤 시도들을 하고 있습니까?
▶ 이 산업이 가진 단점 또는 병폐가 있다면 그것은 무엇입니까?
▶ 그것을 주목하고 있는 시민 단체나 운동가들의 움직임이 있다면, 그들이 주장하는 바는 무엇입니까?

법칙 7 게임 규칙을 파악하고 리드하라

자동차 산업을 예시적으로 들어서 살펴보겠습니다. 자동차 제조사들은 기존 게임 규칙에서 벗어나지 않기 위해 노력해 왔습니다. 물론 그들이 다른 시도를 해보지 않은 것은 아닙니다. 일례로 제네럴 모터스는 최초로 EV1이라는 전기자동차를 1996년부터 1999년까지 양산한 적이 있습니다.

1990년에 캘리포니아 대기자원국은 '무공해차 의무화 법안'을 통과시키고, 캘리포니아에서 자동차 제조사들이 차량을 판매하기 위해서는 1998년부터 그들이 판매하는 차량의 일정 비율로 무공해차를 판매해야 한다고 강제하였습니다.[17] 그러자 제네럴 모터스는 그 당시 발표한 콘셉트 카로 전기차를 만들었습니다. 그런데 배터리 무게가 문제였습니다. 일반 승용차가 평균 1.5톤이었던 상황에서 EV1은 배터리만 해도 1세대는 533kg, 2세대는 594kg이나 되었습니다.[18] 차량이 무거우면 그만큼 주행 거리도 떨어질 수밖에 없습니다. 그래서 2인승 소형 쿠페로 설계하고 값비싼 알루미늄 섀시, 경량 강화 플라스틱을 사용하여 경량화를 시켰습니다. 이 차량은 로스앤젤레스, 애리조나주 피닉스와 투싼에 거주하는 주민들에게 리스로 판매되었습니다. 3년간 매달 약 399~549달러를 내는 조건이었습니다.[19] 일반 대중들 반응은 긍정적이었습니다. 특히, 환경 오염에 민감한 이들이 열렬한 추종자가 되었습니다.

그러나 제네럴 모터스는 1999년에 EV1을 단종하고 더 이상 전기차 개발에 신경을 쓰지 않습니다. 단종한 이유는 2가지였습니다. 하나는 수지타산이 맞지 않았기 때문입니다. 경량화로 고가 부품들이 들어가기에 대당 생산비가 11억 원을 넘어서고 있었습니다.[20] 다른 하나는 이들에게 EV1은 규제를 피하기 위한 하나의 수단에 불과하였기 때문입니다. 전기자동차를 본격적으로 연구개발하려 뛰어든 것이 아니라, 캘리포니아주가 공표한 법안에 최소한으로 대응하기 위한 전술이었습니다. 제너럴 모터스는 다른 제조사들과 합심하여 되려 인류의 진보를 후퇴시키는 로비를 벌입니다. 캘리포니아 대기자원국을 상대로 소송을 걸고, 무공해차 판매 시기를 늦추면서 천연가스 자동차, 하이브리드 자동차 같은 저공해 차량 판매를 늘리는 법안 제정을 이끌어 냈습니다. 법안이 수정되자마자 제너럴 모터스는 전기차 프로젝트를 모두 중단시키고, 리스로 빌려준 대다수 차량을 모두 회수해 버린 다음 전량 폐기시켜 버렸습니다.

제너럴 모터스의 EV1을 둘러싼 일들은 이 산업에 변화 조짐을 보여 준 신호탄입니다. 첫째, 환경 오염을 줄이려는 법적인 규제 움직임들이 끊임없이 시도되며 더욱 그 강도가 높아지고 있음을 보여 줍니다. 앞서 언급한 대로 미국은 1955년 연방 정부 대기오염 관리법, 1964년 청정 대기법, 1970년은 머스키 법이 계속 부상하고 있었습니다. 그리고 1990년에는 캘리포니아 주정부 자체적으로 더욱 강도 높은 법안을 추진하였습니다. 이 같은 움직임은 그만큼 대기 오염이 더욱 악화되고 있는 현실, 그리고 이를 우려하는 시민 단체와 운동가들이 더욱 강하게 결집하여 행동할 것임을 의미했습니다. 그러나 기존 자동차 제조사들은 이

법칙 7 게임 규칙을 파악하고 리드하라

를 또 다른 기회라 생각하지 않고 자신들 아성을 위협하는 일이라 여겼습니다. 그리하여 무공해차 연구개발에 집중하는 일보다도 정부 규제를 저지하거나 완화시키는 로비에 시간과 노력, 그리고 돈을 쏟아 부었습니다. 기존 게임 규칙을 지켜내고 공고히 하는 일에 전력을 기울인 셈입니다.

둘째, EV1은 시장성에 있어서 일말의 가능성을 보여 주었습니다. EV1의 판매량은 1,117대에 불과합니다. 오늘날 테슬라가 2022년 기준으로 일년에 약 131만 대를 판매하고 있으니, 그에 비하면 정말 미미한 수준입니다.[21] 그러나 당시 배터리 기술력 한계로 주행거리가 매우 짧고, 충전소가 극히 부족해서 운행하기 불편하다는 점을 감안하면 실망스러운 수준은 아닙니다. 판매대수 자체보다도 EV1에 광적인 충성도를 보이는 팬덤이 전기자동차 시장의 성장 가능성을 말해 주고 있었습니다. EV1 사용자들은 단지 호기심에 이끌려 신기한 아이템을 한번 사용해 보는 수준에 그치지 않고, 자신의 주요 이동 수단으로 삼았습니다. 일부 연예인과 유명 인사들이 그 선두에 있었습니다. 유명 드라마 감독인 마빈 러쉬Marvin Rush는 제너럴 모터스가 EV1 홍보에 점차 소극적인 행보를 보이자 사비 2만 달러를 들여서 자신이 직접 라디오 광고 4편을 제작하여 방송합니다.[22]

셋째, 전기 자동차가 기술적으로 불가능한 일은 아님을 보여 주었습니다. EV1은 배터리가 무겁고 1회 충전 주행 거리가 짧은 단점이 있었습니다. 2세대는 1세대보다 주행 거리가 대폭 늘어나긴 했지만, 만족할만한 수준이 아니었습니다. 더구나 배터리가 차지하는 중량만큼 다른 부위를 경량화하느라 비싼 부품을 써야 했기에 생산 원가가 다른 자동차에 비해 훨씬 비쌌습니다. 충전소가 일부 도시에만 한정되어 있고 그 수 또한 부족해서 먼 거리를 가기는 어려웠습니다. 하지만, 더 이상 상상 속에서만 존재하는 기술은 아니었습니다. 더구나 전기 자동차만 제공할 수 있는 매력이 여러 기술적인 한계를 상쇄할 가능성도 있었습니다. 전기 자동차를 꿈꾸며 테슬라를 창업한 에버하드도 EV1을 빌려서 타 보았습니다. 그에 따르면 EV1은 좁은 내부로 인해 매우 답답한 차였습니다. 배터리팩이 운전석과 보조운전석 중앙에 담벼락처럼 튀어 나오게 설치되어 있어서 더욱 답답하게 만들었습니다. 그럼에도 EV1은 에버하드를 매혹시켰습니다. 페달을 살짝 밟았을 뿐인데 차가 훅 튀어 나가면서 가속이 붙었습니다. 그 같은 갑작스런 발진에도 휘발유나 디젤 엔진처럼 큰 소리가 전혀 나지 않았습니다.

아울러 자동차 산업과 간접적으로 관련이 있는 기술이 점차 변화하고 있는 조짐이 있었습니다. 그 하나가 배터리 기술입니다. 테슬라에 다섯 번째로 입사한 사람이자, 후에 공동창업자 지위를 인정받은[23] 제프리 스트라우벨Jeffrey Straubel은 스탠포드대학교에서 에너지 시스템 엔지니어링을 전공한 이입니다. 당시 그는 지구에 매장된 석유는 언젠가 고갈되고, 그때까지 모든 자동차들이 유독성 이산화탄소를 내뿜어 내서 지구를 망가뜨릴 것이라 생각했습니다.[24] 더구나 휘발유는 자동차 에너지원으로는 매우 비효율적이라 판단했습니다. 그래서 태양광으로 움직이는 자동차를 연구하기 시작했습니다. 그러다 어느 순간 배터리에 매료됩니다. 2003년 당시 MP3, 캠코더, 핸드폰, 노트북 등 휴대용 개인 전자제품이 널리 보급되면서 배터리 기술이 점차 발전하는 모습을 목도하고 있었기 때문이었습니다. 특히 그는 일본 소니가 자사 캠코더에 사용하기 시작하면서 알려진 리튬이온 배터리에 주목하였습니다. 이 배터리는 시중에서 사용되던 납산 배터리보다 훨씬 작고 가벼우며 더 많은 전력을 저장할 수 있었습니다. 하지만 생산 비용이 상대적으로 높고, 물리적인 충격이 가해질 경우에 폭발 위험이 큰 단점도 있었습니다. 하지만 리튬이온 배터리가 가진 잠재력을 크게 본 그는 그 위험도 어떤 방식으로든 해결할 수 있으리라 생각했습니다. 그는 노트북에 들어가는 작은 리튬이온 배터리를 수천 개 연결하면 얼마나 주행할 수 있는지를 계산해 보았습니다. 운전자 체중이 충분히 가볍다고 가정한다면 500kg 정도 나가는 배터리를 탑재한 자동차는 대략 4,000km를 갈 수 있다는 결과를 얻었습니다.[25] 앞으로 배터리 기술이 발전하는 추세를 고려한다면 충분히 가능성이 있다고 판단하였습니다. 그리하여 그는 자기 집 차고에 작업장을 꾸리고 리튬이온 전지를 연결하여 배터리팩을 만들기 시작합니다. 그때 마침 테슬라 창업자인 마틴 에버하드로부터 입사 요청을 받고 그 후부터 테슬라에서 전기 배터리를 구현하는 일에 집중합니다.

지금까지 자동차 산업의 견고한 게임 규칙이 어떻게 변화해 왔는지를 역동적으로 살펴봤습니다. 제너럴 모터스 같은 전통을 자랑하는 강자들이 보여준 궤적들, 이 산업이 가진 병폐, 정부가 가하는 지속적인 규제, 환경 보호에 앞장서는 시민 단체와 운동가들이 펼쳐온 활동들, 관련 있는 기술의 변화, 그리고 스타트업인 테슬라가 보여준 행보를 짧게 살폈습니다. 게임 규칙이 변화할 수 있다는 징조들이었으며, 이들이 한데 어우러지면서 100여 년간의 규칙을 완전히 바꿔 버렸습니다.

독자 여러분이 종사하는 산업의 경쟁 규칙은 무엇입니까?
변화 조짐으로서 감지되는 바는 무엇입니까?

새로운 패러다임을 감지하라

패러다임은 과학 분야에서 처음 사용되었다가 일상에서도 흔히 접하게 된 표현입니다. 경영에서도 패러다임 변화가 일어날 때가 있습니다. '이 기술은 원래 이런 거야' '이 제품은 이래야 마땅한 거지' '이 서비스는 이래야만 해'라는 지배적인 가정이 질적으로 크게 바뀌는 현상을 의미합니다.

지금까지 살펴본 자동차 산업에는 2가지 패러다임이 존재했습니다. 하나는 토요타, BMW, 벤츠 등 전통적인 자동차가 정의하는 관점입니다. 자동차는 조립 완성도가 높고 기계적 성능이 우수해야 하며 무엇보다도 안전해야 한다는 가정입니다. 지난 100여 년 동안 이 산업에 켜켜이 쌓여 온 지배적 신념입니다.

그러다가 2010년 초, 자동차를 재정의하는 세력이 등장했습니다. 자동차를 '4바퀴 달린 최첨단 컴퓨터'라고 단언한 일론 머스크와 테슬라입니다. 20세기 자동차 산업의 심장이었던 디트로이트가 아니라 IT, 통신, 전자기기, 소프트웨어 엔지니어가 밀집한 실리콘 밸리에 테슬라 본사를 꾸린 일은 그 상징이었습니다.

최근에는 제3의 패러다임이 유입되고 있습니다. 최근 이 산업에 뛰어든 회사들은 화웨이, 샤오미, 소니입니다. 이들은 공통적으로 스마트폰을 연구개발하고 제조하는 회사입니다. 이들은 자동차를 두고 뭐라고 정의할까요? 그 대표 격인 화웨이는 2022년에 자사 브랜드 '아이토AITO'를 출시하면서 '바퀴 달린 스마트폰'이라 칭하였습니다. 샤오미 역시도 이 패러다임에 입각해서 전기차를 출시할 계획을 세우고 있습니다.

전통을 자랑하는 자동차 회사들도 스마트폰과 원활하게 연동하기 위해서 노력을 기울여 왔습니다. 하지만 시각 자체가 다릅니다. 전통 회사들은 기존에 견고하게 쌓아 왔던 자동차 개념에 스마트폰 연동을 추가하는 접근이었습니다. 각기 독립적으로 존재하던 산업(자동차와 스마트폰)으로 여기고, 개별적인 두 기기를 연결시키는 개념입니다.

전통적인 자동차 플레이어들이 가정하는 관점(우수한 성능에 안전성 높은 이동 수단), 테슬라가 자동차를 바라보는 시각(4바퀴 달린 최첨단 컴퓨터)에 더해 화웨이, 샤오미 등이 견지하는 시선(스마트폰 그 자체), 3가지 패러다임이 이 산업에 병존하고 있습니다. 어느 패러다임이 더 좋고 나쁘다고 가치 판단을 내릴 수는 없습니다.

자동차를 정의하는 시각이 서로 다를 뿐입니다. 다만, 고객과 시장이 내리는 선택에 따라 어떤 패러다임은 역사의 뒤안길로 사라질 수 있습니다.

소비자들에게 무엇이 더 친숙하고 편하게 느껴지느냐가 그 선택을 좌우할 가능성이 커 보입니다. 우리나라 자가용 사용량은 2023년 조사에 따르면 하루에 2시간을 넘지 않습니다.[26] 컴퓨터는 2021년 기준으로 2.9시간입니다.[27] 반면, 스마트폰을 사용한 시간은 2022년 기준으로 하루 평균 5시간이었습니다.[28] 특히 한국이든 미국이든 그 어디든 오늘날 청소년들은 스마트폰 세상 속에서 살아가고 있습니다. 이들이 성인이 되어서 이동 수단을 선택하려 할 때, 어떤 선택을 하게 될까요?

자동차 시장에 출현한 패러다임을 논할 때면 안타까운 마음이 듭니다. 애플 때문입니다. 지구상 최고 혁신 기업이라 평가받는 이 회사도 자동차 시장에 진입하려 엿보고 있었습니다. '애플 카'라는 이름으로 실체 없이 10년간 소문만 무성하던 애플은 2024년 2월에 공식적으로 자동차 개발 포기를 선언하고 그에 종사하던 자사 직원 2,000여 명을 구조조정하였습니다.[29] 이들은 자동차를 어떻게 정의하고자 하였을까요? 워낙 기밀유지가 철두철미한 기업이라 뚜렷하게 밝혀진 바는 없습니다. 다만, 그동안 이 회사가 걸어온 길을 보면 2가지 가능성을 유추해 볼 수 있습니다.

첫 번째는 '디지털 허브'라는 개념입니다. 애플은 1990년대 후반부터 디지털 허브를 구상하고 있었습니다. 스티브 잡스는 캠코더로 촬영한 디지털 영상을 컴퓨터로 전송하다가 어느 순간 깨달음이 왔습니다. 캠코더, MP3 등 주변 기기들이 늘어날수록 컴퓨터가 디지털 허브 기능을 수행하는 생태계가 다가오리라고, 그럴수록 주변 기기들은 더 가벼워지고 단순해질 거라고 말입니다.

디지털 허브, 그 이상을 향한 첫 발은 동영상이었습니다. 동영상을 쉽게 편집할 수 있는 아이무비 프로그램을 만들어서 그 당시 6mm 캠코더로 만든 영상을 손쉽게 편집할 수 있게 하였습니다. 그 두 번째 발걸음은 아이튠즈와 MP3였습니다. 그러다가 스마트폰에 음악, 인터넷, 전화를 모두 통합시켰습니다. 그 후속으로 구축한 앱스토어는 디지털 허브의 정점이었습니다. iOS로 구동되는 이 세상 모든 소프트웨어들이 한 곳으로 집적시켰으니 말입니다.

이제는 스마트폰이 데스크탑, 노트북 등 기존 컴퓨터를 대체해 가고 있습니다. 애플이 오래전부터 구상했던 디지털 허브 개념으로 비추어 본다면, 그들에게 자동차는 스마트폰과 연결할 수 있는 주변기기였을 수 있습니다. '주主'가 스마트폰에 담긴 소프트웨어와 콘텐츠이고 '보補'가 이동인 것입니다.

두 번째는 '창조적 공간'입니다. 애플의 영혼은 스티브 잡스가 복귀해서 만든 광고 "미친 사람들에게 바칩니다.Here's to the crazy ones."에 상징적으로 담겨 있습니다. 탐험하고 상상하고 발명하여 인류를 발전시키는 이들, 무언가에 미쳐서 몰입하는 이들을 위한 도구를 만든다고 천명하였습니다. 그런데 그동안 인류에게 자가

용을 운전하는 시간은 무의미하고 무가치한 시간이었습니다. 콘텐츠를 제대로 즐길 수도, 창조적인 일을 할 수도 없는 시간이었습니다. 애플에게는 자동차 운전 그 자체가 죽어 있는 시간이었을 겁니다.

만일 완전히 자율주행이 될 수만 있다면 이 공간은 어떻게 변할까요? 작곡가는 음악을, 소설가는 집필을, 그래픽 아티스트는 그림을, 그야말로 창조적인 작업을 수행할 수 있는 나만의 장소로 바뀔 수 있습니다. 2024년에 출시한 애플 비전 프로는 어쩌면 그 이상을 이루려는 전초였을지 모르겠습니다.

산업 경쟁 규칙 파악하기

1. 현재 경쟁 규칙 확인하기

현재 종사하고 있는 산업을 대상으로, 다음 질문들을 검토해 보시기 바랍니다.

▸ 이 산업은 어떻게 시작되었습니까?
▸ 이 산업에서 알려진 주요 혁신들은 무엇입니까?
▸ 법적인 규제가 있다면 언제 어떤 맥락에서 발생하였습니까?
▸ 압도적인 1위 기업이 있다면 그들이 그런 점유율을 갖고 있는 이유는 무엇입니까?
▸ 경쟁사들이 소비자들에게 내세우는 메시지는 무엇입니까?
▸ 현재 업계에서 암묵적으로 용인되거나 인정받거나 당연하다고 여겨지는 관행은 무엇입니까?
▸ 실패했거나, 또는 망한 기업이 있다면 그 이유는 무엇입니까?
▸ 고객들이 이 업계 기업들에게 기대하는 바는 무엇입니까?

2. 경쟁 규칙 변화 조짐 감지하기

앞으로의 경쟁 규칙이 어떻게 변화할지를 파악하기 위해 다음 질문들을 활용할 수 있습니다.

▶ 기존 경쟁자들은 무엇에 중점적으로 노력하고 있습니까?
▶ 이 산업과 직·간접적으로 관련된 기술들은 어떻게 변화하고 있습니까?
▶ 이 산업과 직·간접적으로 관련 있는 스타트업들은 어떤 시도들을 하고 있습니까?
▶ 이 산업이 가진 단점 또는 병폐가 있다면 그것은 무엇입니까?
▶ 그것을 주목하고 있는 시민 단체나 운동가들의 움직임이 있다면, 그들이 주장하는 바는 무엇입니까?
▶ 법적 규제에 있어서 변화 조짐이 있다면 그것은 무엇입니까?
▶ 새로운 패러다임이 유입되거나 생성되고 있다면 그것은 무엇입니까?

조직과 산업을
다각도로 바라보라

리더의 일은
바라보는 일이다

전략적 사고를 향상시키는 또 하나의 방법은 자기 업을 다각도로 조망하는 일입니다. 이 방법은 헨리 민츠버그에게 빚을 지고 있습니다. 경영전략 분야 대가로 널리 알려진 하버드 경영대학원 마이클 포터에 비해 민츠버그는 우리나라 사람들에게 그리 익숙한 학자는 아닙니다. 우선 그가 누구인지 살펴보고, 그 주장을 들어 보도록 하겠습니다.

특정 분야에서 중요한 이론이나 논지를 잘 기억하려면, 그것을 주장한 사람이 걸어온 일생을 먼저 엿봐야 한다고 전작 《조직문화 통찰》에서 여러 번 언급하였습니다. 이론은 그 주창자 인생사와 함께 버무려져야 기억에 오래 남기 때문입니다. 아울러 그가 어떻게 해서 그 이론을 제시했는지 이해하는 폭이 넓어질 수도 있습니다. 학자도 인간이므로, 그 생각과 주장도 그가 자라고 성장한 맥락 틀에서 벗어나기 어렵습니다. 여기서는 민츠버그 일생을 살펴보고, 그가 어떤 맥락에서 '바라보기로서 전략적 사고'를 제안했는지 살펴보고자 합니다.

헨리 민츠버그는 위대한 사상가 50인 중 1명으로 꼽힙니다. 1961년에 몬트리올 맥길대학교에서 기계공학을 전공하고, 1965년에 MIT 슬론 경영대학원, 1968년에는 동 대학원에서 박사 학위를 받았습니다. 이처럼 정형화된 성공 가도를 달려온 이력이지만, 그는 야생미를 뽐내는 이단아와 같습니다. 그는 기존에 확립된 독트린Doctrine, 즉 원칙과 원리를 배격하고 파괴하여 왔습니다. 이 같은 행적은 그의 출신 배경과 무관하지 않습니다.

그는 캐나다 몬트리올에서 태어났습니다. 아버지 영향으로 어릴 때 재건교라고 불리는 유대인 회당에 자주 나갔습니다. 유대인으로서, 몬트리올 출신으로서, 캐나다인으로서 미국 중심의 주류 사회를 벗어나 있던 인물이었습니다. 민츠버그는 그와 같은 주변인 정체성이 세상을 보는 방식에 영향을 미친 것 같다고 스스로 추정합니다.[1] 그는 항상 세상을 다르게 보려고 노력해 왔고, 또 그것을 즐겨왔습니다. 그래서 기존에 형성된 학문적 질서를 한 꺼풀 비틀어서 보거나 뒤집는 주장을 해 왔습니다. 그렇기에 혹자는 그를 두고 반체제주의자라고 부르곤 합니다.

그는 박사 학위 논문조차도 주류를 벗어난 주제와 방법론으로 집필했습니다. 그는 직장에서 관리자들이 도대체 어떻게 시간을 보내고 행동하는지를 알아보고자 했습니다. 지금이나 그때나 데이터를 입수하고 통계적인 분석으로 시사점을 이끌어 내는 방식이 학위 논문으로서의 가치를 인정받습니다. 그런데 민츠버그는 그런 정량적인 방법론으로는 관리자들의 실상을 알기 어렵다고 생각했습니다. 표본 수가 1명이더라도 그를 밀접히 관찰하는 일이 더 의미 있다고 여겼습니다. 그래서 그는 기존에는 존재하지 않았던 방법론인 '구조적 관찰'이라는 신조어를 만들어 가면서 박사 학위를 쓰고자 합니다.[2] 통계적인 분석처럼 화려한 방법이 아니라 관리자를 일주일간 따라다니면서 관찰하는 방식이었습니다. 누구와 함께 있는지, 무슨 주제로 이야기를 나누는지, 어떤 결정을 내리는지를 기록하고 이 결과물을 체계화하였습니다. 이 방식은 인류학과 민족지학에서 사용하는 현장 연구와 같은 방식인데, 당시 경영학 분야에서는 듣지도 보지도 못한 생경한 방법론이었습니다. 다행스럽게도 그가 박사 과정에 입학한 MIT 슬론 경영대학원은 '자유롭게 살아가라'라는 기조를 갖고 있었기에 기존 관행에 얽매이지 않고 그 주제와 방법론으로 연구를 진행할 수 있었습니다. 그는 NASA에서 관리자로 일하는 5명을 관찰해서 학위 논문을 마쳤습니다.

그는 학계 경력을 시작할 때부터 기존 통념에 동의하지 않았습니다. 교수로서 종신 고용을 받지 못할까 걱정하지 않았습니다. 그저 '할 말은 하겠다'는 자세로 무소의 뿔처럼 걸어가면서 학계를 헤집어 놓았습니다. 그런 민츠버그를 두고 '미꾸라지'라고 폄하하곤 하지만, 그는 학계 주목을 사로잡습니다. 그 비결은 그의 우아하면서도 대담하고, 유려하면서도 통렬한 문장에 있었습니다.

예를 들어 그는 학계와 실무계에서 강조해 왔던 리더십을 통렬히 비판합니다. 그는 리더십을 무엇이라 콕 짚어서 정의하기는 어렵지만, 무엇이 아닌지는 명확하게 얘기할 수 있다고 밝힙니다. 그러면서 "노동자보다 몇 백 배나 많은 보수를 받는 최고경영자는 리더가 아니다."라고 단언합니다.[3] 특히 그가 2004년에 《하버드 비즈니스 리뷰》에 출판한 기사 서론은 매우 도발적이었습니다.[4]

"리더십! 우리는 모두 리더십이 무엇인지 알고 있습니다. 팀워크를 촉진해야 한다, 장기적인 관점으로 접근해야 한다, 신뢰를 형성해야 한다, 그 이상으로 뭔가를 해야 한다고들 합니다. 그렇지요? 그럼 이제 몇 가지만 질문해 보죠. 리더십이 팀워크를 자극하는 일이라면서요? 그렇다면 여러분 회사에서 스톡옵션은 어떻게 분배되고 있습니까? 리더십이 장기적인 관점을 취하는 일이라면서요? 단기적으로 스톡 옵션 중 얼마를 현금화할 수 있습니까? 리더십이 신뢰를 형성하는 일이라면서요? 그렇다면 현재회사에 신뢰를 형성한 사람이 얼마나 남아 있나요?"

이 기사는 많은 경영자들이 훌륭한 리더십을 발휘하고자 말로는 팀워크, 신뢰, 사람을 강조하지만, 정작 행동은 이기심의 극단을 보여 준다는 점을 꼬집습니다. 팀워크를 말하지만 경영자들은 구성원들보다 수십, 수백 배의 연봉을 가져 가고 있다고 비판합니다. 장기적인 관점을 말하지만 정작 경영자들은 스톡옵션 때문에 단기 경영 성과에 집착하는 모습을 보인다고 비판하고, 신뢰를 강조하지만 실적이 조금이라도 저조하면 구조조정을 단행하여 해고해 버린다고 통렬하게 비난하였습니다.

이처럼 그는 기존의 학계와 실무가 당연하다고 믿거나 주류로 여겼던 이론을 유려한 문장과 설득력 있는 근거, 그리고 때로는 파격적이고 맹렬한 표현으로 뒤집어 왔습니다. 그의 박사 학위 논문이 그 출발점이기도 합니다. 기존 학자들은 고위 관리자들을 '직장에서 시간적 여유를 가지고 깊이 고심하면서 고차원적인 일을 하는 이들'이라 묘사하곤 하였습니다. 일례로, 앙리 파욜Henri Fayol은 경영은 계획하고 조직하고 조정하고 통제하는 일이고, 관리자들은 그것을 수행하는 사람이라고 보았습니다. 그러나 민츠버그는 "제가 사무실에서 본 실상과는 매우 달랐기에 그의 의견에 저는 매우 비판적이었습니다."라고 밝힙니다.[5] 그의 연구에 따르면, 관리자들은 이런 저런 일들로 방해를 받아서 한 가지 일에 집중할 겨를이 없고, 여러 일들을 거의 동시에 손에 쥐고 다루어 내고 있었습니다. 그리고 사려 깊이 생각할 겨를이 없이 "합시다" "갑시다" "하지 맙시다"처럼, 행동 지향적으로 일하는 경향이 나타났습니다.

그의 주 전공인 경영전략에 있어서도 그와 같은 모습들이 자주 나타납니다. 앞서 살펴본 대로 그는 마이클 포터가 정의한 전략적 사고를 촌철살인으로 비판합니다. 전략적 사고는 체계적인 분석 도구를 활용해서 데이터와 자료를 치밀하게 분석한 근거로, 소속 회사 산업 구조가 어떻게 구성되어 있는지, 시간이 흘러 가면서 어떻게 변화할 것인지, 그 산업에서 상대적인 위치를 정하는 일을 고민하는 과정이 아니라는 것입니다.

　그는 직감, 직관 그리고 창의적 생각이 그 원천이며, 자신이 종사하는 산업이나 업무를 통시적이고 종합적으로 조망하는 일이 전략적 사고의 핵심 사항이라 주장하였습니다. 그리하여 그는 '바라보기로서 전략적 사고 Strategic thinking as seeing'를 제안합니다.[6] 그는 제안한 7가지 방향을 하나씩 살펴보겠습니다.

헨리 민츠버그의
7가지 사고법

앞을 바라보라

첫째는 '앞 바라보기 Seeing Ahead'입니다. 이를 다른 말로 '예견' 또는 '선견력'이라 하는데, 어떤 일이 일어나기 전에 미리 앞을 내다보는 힘을 의미합니다. 전략적 사고라 하면 대부분 이를 뜻한다고 생각하는 경향이 있습니다. 본인 업에서 앞으로 펼쳐질 풍경을 내다보는 생각입니다.

이 책 서두에서 우리는 이건희 회장의 선견력을 살폈습니다. 이건희 회장은 에세이에서 '경영'이란 말을 쓸 때, 그는 '미래, 상황, 환경, 예측, 기회, 선점'이란 표현과 함께 사용한 경향이 있었습니다. 이로 미루어 볼 때, 그에게 경영이란 상황과 환경 변화를 예의 주시하면서 미래를 내다 보고, 그로부터 새로운 기회를 포착하고 선점하는 일이었습니다.

앞서 살핀 대로 이건희는 '만일 그렇다면?'이라는 구조로 앞을 내다보려 하였습니다. '만일 그렇다면 앞으로 펼쳐질 궤적들은 무엇인가'를 고민해 보는 방식입니다. 이건희 회장은 1974년, 당시 부도를 맞아서 기로에 서있던 한국 반도체를 인수해서 삼성도 그 사업에 뛰어들어야 한다고 아버지 이병철 회장에게 건의했습니다. 이병철 회장은 여러 가지 이유를 들며 반대했습니다.[7] 하지만 이건희 회장은 그 당시 미국을 드나들면서 정보화 사회로 넘어가는 조짐을 보았습니다. 그는 앞으로 정보화 사회가 된다면If, 그러면Then 부상할 분야들은 무엇인가, 그 중에 우리가 잘 할 수 있는 산업은 무엇인가를 끊임없이 고민했습니다. 오랜 사유 끝에 그는 개인 돈을 털어서 한국 반도체를 인수해 버립니다. 거의 10년이 지나서야 아버지 이병철 회장도 그 시대적 조류를 선명히 볼 수 있었습니다. 결국 삼성은 1983년 '도쿄 선언'으로 반도체 산업에 본격적으로 진출한다고 발표합니다.[8]

뒤를 바라보라

둘째는 '뒤 바라보기Seeing Behind'입니다. 앞 바라보기와 뒤 바라보기는 동전의 양면이기도 합니다. 과거를 알지 못하면 미래를 예측할 수 없기 때문입니다. 미래에 달성하고자 하는 비전은 지난 날 과거를 이해해야만 세울 수 있습니다. 본인 업이 언제부터 시작했고, 그것이 어떻게 자리 매김을 했으며, 각 시대마다 변곡점이 어떻게 이 업에 영향을 미쳤는지를 고찰하는 일입니다.

예시로 코로나19가 처음 우리 사회를 강타했을 때를 회고해 볼 수 있습니다. 초반에는 전세계적인 유행병이 앞으로 어떻게 전개될지, 언제 어떻게 종식될지 아무도 알 수 없었습니다. 그래서 전문가들은 과거를 주시했습니다. 1347년 흑사병, 1918년 스페인 독감, 2002년 사스, 2009년 신종플루, 2015년 메르스까지 각 유행병의 양상을 톺아 보면서 코로나가 보여 줄 궤적을 유추하려 했습니다.

탁월한 전략가들은 뒤 바라보기를 즐겨합니다. 대표적으로 이건희 회장을 들 수 있습니다. 앞서 살핀 대로 그 짧은 에세이에서 '역사'라는 단어는 32번이나 등장합니다. 이 단어는 주로 과거에 나타난 경향성을 보고 향후를 예측하려 할 때 사용되었습니다. 이건희 회장은 1800년대 쇄국 정책으로 인해 우리나라가 일본에 비해 50년 이상이나 뒤쳐졌다고 지적하면서 새로운 지식, 기법, 기술을 주도적으로 받아들여서 우리 것으로 만들어야 한다고 설파했습니다.

과거 탁월한 임원들의 특성을 찾는 연구를 수행한 적이 있습니다. 전략적 통찰력으로 조직이 가야 할 방향성을 명확히 짚어 내고, 탁월한 리더십으로 조직을 이끌어 가면서 우수한 성과를 내는 이들이었습니다. 저는 탁월한 임원 집단과 그렇지 않은 집단 간에 무슨 차이가 있는지, 10여 년간 축적된 데이터에서 마치 수많은 주름을 열어 젖히듯이 탐구하기 시작했습니다. 어느 날 '탁월한 임원은 취미가 다를까?'라는 의문이 들었습니다. 마침 '귀하는 평소 어떤 취미를 즐기십니까?'라는 문항에 임원들이 응답한 텍스트가 쌓여 있어서 바로 착수할 수 있었습니다. 분석 결과는 놀라웠습니다. 탁월한 임원 집단에서 '역사를 공부한다'는 취미가 다른 집단에 비해 무려 5배나 많이 나왔기 때문이었습니다. 우리나라, 서양, 중국, 일본의 역사를 탐독하거나, 동서양 미술사를 깊게 꿰차고 있었습니다.

바로 역사 공부가 어떤 효용이 있는지를 살펴보기 시작했습니다. 많은 이들이 과거를 살펴 미래를 내다보는 일이 곧 역사의 효용이라는 논지로 얘기를 하고 있었습니다. 윌리엄 셰익스피어는 희곡《템페스트 The Tempest》에서 "과거는 다가올 이야기의 서막이다."라고 했습니다. 미국에서 노예 제도 폐지를 선구적으로 주장했던 웬델 필립스 Wendell Phillips는 "과거의 유산은 미래의 수확을 가져오는 씨앗이다."라고 표현하기도 하였습니다. 과거 역사가 현재 맥락을 형성하고 이는 다시 미래에 영향을 미친다는 의미입니다.

이 연구는 취미로 삼은 역사 공부가 과거의 추세와 경향을 예리한 시각으로 볼 수 있는 힘을 길러 주고, 그것이 미래를 내다보는 역량으로 이어질 수 있다는 것을 시사합니다.

위에서 바라보라

민츠버그는 전략가로서 큰 그림을 봐야 한다고 주장합니다. 그러자면 헬리콥터를 타고 하늘로 올라가 내가 활동하는 지형 전체를 둘러봐야 한다고 하였습니다. 이것이 '위에서 바라보기Seeing Above'입니다.

이는 리더십 분야에서 말하는 '발코니 사고Balcony thinking'와 유사합니다. 공공 분야 리더십을 연구하고 가르치는 하버드 케네디 스쿨의 로널드 하이페츠Ronald Heifetz가 주장한 은유적 표현입니다.' 파티를 주최한 이가 1층 바닥에서 정신없이 춤을 추고 있다고 가정해 보겠습니다. 그러면 전체를 보지 못합니다. 그 주변에 열심히 춤추는 이들만 있기에 모두가 즐겁게 파티를 즐길 거라 착각하게 됩니다. 그런데 1층에서 벗어나 2층 발코니로 올라와서 아래를 내려다 보면 전체 윤곽과 실태가 보입니다. 열심히 춤을 추면서 파티를 즐기는 이들도 있지만, 누군가는 술만 마시고, 누군가는 구석에 쳐 박혀서 통화만 하고, 또 누군가는 옷을 주섬주섬 입고 나가려 하고 있습니다. 그리고 발코니 창문 너머로 밖을 보면서 혹시 이웃 주민들이 시끄럽다고 항의하러 온 건 아닌지, 밖에 비가 오지는 않는지도 볼 수 있습니다. 이렇게 넓은 시야로 바라봐야 주최자로서 파티를 어떻게 이끌어 가야 할지 생각이 자극되겠지요. 그리고 행동으로 옮길 수 있습니다.

리더는 종종 헬리콥터(민츠버그의 표현)나 발코니(하이페츠의 표현)

에 올라설 필요가 있습니다. 달리 표현하면 시야를 크게 확장해서 봐야 한다는 의미이기도 합니다. 우리 산업 또는 내 업에 영향을 미칠 수 있는 사회적, 문화적, 기술적, 경제적, 정치적, 법 및 제도적 환경을 주기적으로 검토해야 합니다.

빌 게이츠가 즐겨 한다는 '생각 주간'은 위에서 바라보는 노력의 한 방편이라 할 수 있습니다. 그는 1년에 2번 태평양 북서부로 비행기 그리고 헬리콥터, 배를 갈아타고 떠납니다. 아주 외진 곳 그 어딘가의 2층 오두막집에 도착하면, 외부와 격리된 상태에서 온전히 혼자서 일주일 간 머뭅니다. 핸드폰도 인터넷도 없기에 세상과 단절된 적막한 곳입니다. 모든 가족, 친구, 직원들과 연락이 끊깁니다. 그곳 관리인이 하루 2끼 간단한 식사를 제공해 줄 뿐입니다. 그는 이곳에서 사회, 환경, 정치, 기술 분야의 전문 서적을 읽습니다. 또한 마이크로소프트 내부에서 리서치한 결과물을 읽습니다. 1980년대부터 할머니 집에 조용히 방문해서 이런 시간을 갖기 시작했고, 급기야는 완전히 고립된 태평양 북서부 어딘가를 사들여서 정례화하고 있습니다. 이 시간을 통해서 그는 마이크로소프트에 영향을 미칠 수 있는 거시 환경, 사회 환경, 기술 환경, 경쟁 환경 등 흐름을 읽으려 합니다.

그 산물 중 하나가 윈도우 95에 인터넷 익스플로러를 기본적으로 탑재한 일이었습니다.[10] 그는 1995년 상반기에 생각 주간을 끝내고 "인터넷 해일"이란 제목의 메모를 임원진에게 보냅니다. 그는 초고속 정보통신망과 인터넷이 컴퓨터 산업을 뒤엎을 것이

라 예측하고, 마이크로소프트가 새로운 환경에 빠르게 적응해서 기회를 잡도록 촉구하였습니다.[11]

카카오톡으로 기업을 일군 김범수 의장의 일화에서도 위에서 바라보는 일이 필요함을 볼 수 있습니다. 산업공학 석사를 마치고 1992년 삼성SDS에 입사한 그는 90년대 말 PC방과 온라인 게임이 토네이도처럼 거세게 일기 시작하는 흐름을 읽었습니다. 회사를 퇴사하고 1998년에 한양대학교 앞에 2억 4,000만 원을 들여 우리나라 최대 규모의 PC방을 차립니다. 대박을 터트려 그 당시 6개월만에 5,000만 원을 벌었습니다. 그가 찾은 또 다른 사업 기회는 PC방 자동 관리 프로그램이었습니다. 당시 PC방은 손님이 이용한 시간과 요금을 수기로 기록하고 관리하고 있었습니다. 그는 카운터에 앉아서 자동으로 관리할 수 있는 프로그램을 만들어 PC방 사장들에게 판매합니다.[12] 이 사업은 PC방 사업보다도 더 많은 이익을 냈습니다.[13] 이때 벌어들인 자금으로 온라인 게임 회사인 '한게임'을 창업하고, 삼성 그룹 입사 동기였던 이해진 의장이 이끄는 네이버와 합병합니다. 한게임은 초고속 인터넷과 온라인 게임 열풍에 힘입어 승승장구했습니다.

그러던 2007년, 돌연 그는 대표직을 그만두고 가족과 의미 있는 시간을 보내고 싶다며 가족과 함께 미국으로 떠납니다. 자녀들을 학교에 데려다 주고 함께 놀면서 1년을 쉬었습니다. 그러다 다시 국내에 들어와 여행 가고, 당구 치고, PC방에서 밤새 게임도 했습니다.[14] 물론 마냥 놀기만 한 것은 아니었습니다. 그는 쉬는 사이 스티브 잡스가 선보인 아이폰이 어떤 변화를 일으킬지 주목하기 시작했습니다. 인터넷을 처음 접했던 시절 '인터넷이 무엇일까, 이걸로 무엇을 할 수 있을까' 고민하다가 온라인으로 밤새 게임하는 일을 구상했던 것처럼, 아이폰이 처음 나왔을 때 '이 새로운 도구로 무얼 할 수 있지?'를 고심하기 시작했습니다. 어느 순간 앞으로 세상이 어떤 방향으로 흘러갈지가 눈에 들어 오기 시작했습니다.[15] 그는 나중에 "TV에서 PC, 그리고 스마트폰으로 오는 큰 흐름이 있었다. 거기서 스마트폰 시대에는 무엇을 하면 좋을지 원론적 질문을 주고 받았다. 결국 커뮤니케이션이라는 답을 얻게 됐고 전방위적으로 여러 앱을 출시한 뒤 어떤 게 성공하는지 지켜보려 했다."라고 당시를 회상하였습니다.[16] 그때 내놓은 여러 앱 중 하나가 카카오톡이었습니다. 카카오톡은 급속도로 성장하여 출시 6개월만에 사용자 100만 명, 1년 만에 1,000만 명, 2년 반 만에 1억 명을 돌파합니다. 이처럼 김범수 의장은 위에서 바라보기 덕분에 시류를 읽고, 사업 기회를 포착할 수 있었습니다.

여기서 핵심은 방학과 같은 긴 시간을 내는 일이 아닙니다. 빌 게이츠나 김범수 의장 같은 이들은 충분히 부자가 되었기에 일주일이든 1년이든 생각 주간을 가질 수 있습니다. 하지만 현업에서 정신없이 일하는 리더들은 그렇게 길게 따로 시간을 내기가 어렵습니다. 요는 끊임없이 위에서 바라보려는 노력을 기울이는 일입니다.

제가 만난 어느 CEO는 업무 중에서 그와 같은 자세를 견지하고 있었습니다. "뉴스와 신문을 접할 때마다, 그리고 휘하 임원들에게서 업계와 기술 동향을 들을 때마다 계속 머리가 돌아갑니다. '만일 경쟁사가 그런 액션을 취하면 이 산업 지형이 어떻게 변화할까?' '만일 그 신기술이 비용 효율적으로 구현될 수 있다면 무슨 일이 펼쳐질까?' '만일 그처럼 법적 제도가 바뀌면 우리 회사에 어떤 영향을 미칠까?' 같은 질문들이 끊임없이 머리를 휘몰아치거든요. 그뿐만 아니라 거시적이고 간접적인 질문도 계속 떠오릅니다. 학령 인구가 급속도로 줄어들면, 온난화가 가속된다면, 강대국의 패권 전쟁이 격화된다면, 그렇다면 무엇을 어떻게 해야 하나 하는 고민들이죠."

아래를 바라보라

큰 그림만 갖고 있다고 해서 전략적인 통찰을 가질 수는 없습니다. 두 발을 땅에 굳게 딛고 서야 합니다. 그렇지 않고 큰 그림만 보려 하면 몽상가에 가깝습니다. 그래서 민츠버그는 "가공되지 않은 다이아몬드를 발견하는 일에 비유할 수 있다. 조직을 변화시키는 아이디어라는 보석을 찾아내야 한다. 보석은 이곳저곳을 열심히 파야 나온다."라고 주장했습니다.[17]

'아래를 바라보기 Seeing Below'는 현재 우리 사업과 조직 면면을 깊숙이 들여다보라는 의미입니다. 이는 곧 'MBWA Management By

Walking Around'와 결을 같이 합니다. 리더가 현장 곳곳을 돌아다 니며 회사 면면을 살피고 구성원과 고객을 관찰하며 그들 의견 을 적극적으로 수렴하는 일을 말합니다. 경영전략 학자 톰 피터 스Tom Peters 와 로버트 워터먼Robert Waterman 은 1980년대 메가 히트 를 친 저작 《초우량 기업의 조건》에서 이 단어를 언급하였습니 다.[18] 이들은 초우량 기업과 그렇지 않은 기업 간 차이를 찾아내 고자 하였습니다. 그들은 영업, 제조, 구매 등 일상적인 업무를 처리하기 위해 마련된 전통적인 관료제 구조는 자칫 관료주의 를 만들어 조직을 망친다고 지적합니다. 본인 업무 외에 다른 일 에는 신경을 쓰지 않고, 서로 책임을 떠넘기며, 지나치게 서열을 중시하여 소통이 가로막히는 현상 때문입니다.

초우량 기업들은 부서와 벽을 넘나들 정도로 유연하게 소통하 고 있었습니다. 부서와 부서, 구성원과 구성원이 서로 다양한 방 식으로 비공식적으로 교류하는 활동들 덕분이었습니다. 그 중 하 나가 바로 경영진이 사무실 밖으로 나가서 현장을 돌아다니는 일이었습니다. 종업원들이 열심히 일하나 감시하고 관리하러 마 치 일제 순사처럼 날카로운 눈으로 서성이는 것이 아니라, 가치 가 만들어지고 전달되는 실제 과정을 직접 보고 듣고 느끼기 위 함이었습니다. 그 당시 HP는 MBWA를 가장 중요한 'HP way' 의 신조로 간주하고 있었습니다.

우리나라 역사에서도 현장에서 고군분투하면서 회사 가치를 높인 사례들이 적지 않습니다. 정주영 회장은 1967년에 현대자동차 창립 총회를 만들고 다섯 번째 동생 정세영을 사장으로 임명하였습니다. 정세영 사장은 포드와 계약을 체결하고 코티나 같은 차량을 조립하여 국내에 판매하기 시작하였습니다. 1970년대 말까지 현대자동차는 오로지 내수 시장에만 의존하고 있었습니다. 대량 생산으로 원가를 낮추어 경쟁력을 갖춰야 하지만, 내수 시장 수요만으로는 그리할 수 없었습니다. 오직 수출만이 살길이었습니다. 그러자면 일정 수준의 품질을 갖춘 자동차를 빠르게 많이 생산할 능력을 갖춰야만 했습니다.

정세영 회장은 그 당시 장낙용 공장장과 더불어 조립 공장에 살듯이 하였습니다.[19] 하지만 아무리 노력해도 생산 기술이 전혀 나아지지 않았습니다. 그래서 정세영 회장은 전문가를 초빙하기로 결정합니다. 일본 자동차 업계에서도 세 손가락 안에 드는 실력파인, 미쓰비시자동차 생산기술본부장에서 은퇴한 세이슈 아라이 Seishu Arai 상무였습니다. 그는 매우 괴팍하고 불 같은 성격으로 소문이 나 있었으며, 본인 성에 차지 않으면 경영진이든 간부든 협력업체 사장이든 물불 안 가리고 거칠게 다그쳤습니다. 하지만 일본에서도 그 사람만큼 이론이나 실무를 동시에 겸비한 사람은 드물었기에 그를 초빙하여 공장 설비와 공정을 보여 주고 평가를 받아 보면 좋겠다 싶었습니다. 어렵사리 승낙을 받고 약 열흘 간 한국 현대자동차 공장으로 초빙하였습니다.

그런데 그는 공장에 온 첫날부터 기능공에게 손찌검을 하였습니다. 상황은 이랬습니다. 아라이 상무가 처음 둘러본 공정은 엔진 실린더 헤드 주물공장이었는데, 주물을 부어서 주르륵 늘어

법칙 8 조직과 산업을 다각도로 바라보라

놓은 것을 보고 현장 기능공에게 "왜 물건을 잔뜩 늘어 놓고 있냐?"고 묻습니다. 기능공이 "뜨거워서 식히느라 놔두었습니다."라고 답하자 아라이 상무는 다짜고짜 고함을 고래고래 지릅니다. "당신 지금 농사짓고 있나? 뜨거우면 어떻게든 빨리 식힐 노력을 해야지! 빨리 식혀서 빨리 만들 생각은 안하고 벼가 익을 때까지 기다리기만 할 셈인가?" "농사는 계절에 맞추느라 하루 이틀 늦어도 상관없지만 공업은 시간과 초를 다투는 일이다."라면서 잔뜩 화를 냈습니다. 그 다음으로 그가 간 곳은 자동차 차체를 만드는 곳이었습니다. 1시간 동안 가만히 서서 보고만 있던 그는 "이렇게 많은 사람이 있어서야 되겠나?" 버럭 화를 내고는 더 이상 못 봐주겠다며 일본으로 가버립니다.

아라이 상무가 갑자기 가 버리자 황망했던 장낙용 공장장은 정신을 차리고 다음날부터 차체를 만드는 공장에 가서 일주일 동안 기능공들과 일했습니다. 공장장이 함께 일하면서 보니, 기능공 13명이 연장을 가져오고 부품을 가져오고 섀시를 조립하느라 여기저기 분주하게 왔다 갔다 하고 있었습니다. 그 거리를 계산해 보니 무려 50여 미터를 움직여야만 했습니다. 낭비를 최소화하는 데 초점이 맞춰진 토요타 생산 시스템으로 보면 이동 시간 낭비와 더불어 인력 낭비가 벌어지고 있는 현장이었습니다. 장낙용 공장장은 일주일 간 난리를 피우며 문제점을 해결하고자 하였고, 그 결과 2주일째는 불과 7명이 5미터만 움직이면 조립이 가능하도록 바꾸어 놓았습니다. 빠르게 많이 만들어 생산 원가를 낮추고, 이를 통해서 해외 수출을 꾀하려는 회사 전략에 크게 기여한 사례였습니다.

아래를 바라보라는 건 비단 '현장'만을 의미하지 않습니다. 내가 담당하는 영역에서 그 밑단까지 꿰차는 일도 포함됩니다. 리더들에게 이 같은 자세를 요구하는 최고 기업이 있습니다. 바로 애플입니다. 애플은 모든 리더들에게 그 분야 최고 전문성을 갖추고 있기를 요구합니다.[20] 그 분야에서 지속적으로 혁신을 이끌어 가려면 리더야말로 기술의 최전선에 서 있어야 한다고 가정하기 때문입니다. '전문가가 이끄는 전문가 집단'이어야만 세상에 없는 가치를 만들어 낼 수 있다고 믿습니다. 그래서 애플은 '리더는 본인 3단계 아래 직급까지 담당하는 조직의 디테일을 알아야 한다.'라고 강조합니다. 그리하여 어떤 문제가 일어났을 때, 또는 의사결정을 내려야 할 때, 그에 대해 깊이 파고 들어가서 조사하고 문제의 냄새까지 맡을 수 있기를 기대합니다. 리더가 기술, 그리고 현실과 현장을 명확히 알아야 제대로 의사결정을 내릴 수 있다고 보기 때문입니다.[21]

옆을 바라보라

민츠버그 설명에 따르면, '옆으로 바라보기Seeing Beside'는 전략가로 거듭나기 위해 필요한 요소 중 하나인 창의성을 가리킵니다. 전략가는 다른 사람들과는 다르게 상황을 바라보며, 남들이 놓치는 보석과 기회를 발견합니다. 그들은 일반적인 관점과 통념에 도전하고 자기 조직을 차별화시킵니다. 이 같은 창의적인 사고는 수평적 사고로도 알려져 있습니다. 옆으로 바라보기는 상황을 다양한 각도에서 이해하고, 통념을 뒤짚는 접근법을 적용하여 새로운 관점을 찾는 것을 의미합니다. 이는 문제 해결과 혁신에 중요한 역할을 합니다. 예를 들어, 전통적인 사고 방식으로는 해결하기 어려운 문제가 있을 때 옆으로 바라보기를 통해 새로운 아이디어와 해결책을 찾을 수 있습니다.

옆을 바라보기로 성과를 거둔 야마토 운수Yamato가 있습니다. 일본 택배 회사로 점유율 1위를 자랑하는 회사입니다.[22] 보내는 이와 받는 이가 개인인지 회사인지를 막론하고 모든 형태의 택배를 취급하고, 거리가 500킬로미터 이내라면 다음날까지 배송을 보장합니다. 운송 트럭에는 '쿠로네코'라 불리는 어미와 새끼 고양이 로고가 그려져 있습니다. 어미 고양이가 새끼를 정성스럽게 물어가듯이 가정에서 고객이 보내는 택배를 그만큼 소중하게 배송하겠다는 의지를 담았습니다.[23] 이들은 택배 내용물뿐만 아니라 포장에 사소한 파손도 용납하지 않겠다는 자세를 보여 줍니다. 상차·하차를 할 때 작업자들이 물건을 집어 던지지 않고 조심스럽게 다루기로 정평이 나 있습니다. 그래서 일본 내 다른 경쟁사에 비해서 배송 신뢰성이 매우 높은 것으로 평가받고 있습니다.

1940년대 이들은 동일본과 서일본을 오가는 일본 국철(JR그룹)이 운영하는 화물 열차에서 물량을 받아서, 도쿄 반경 100km 지역에 한정하여 배송 사업을 하고 있었습니다. 그 당시 운송 업계에는 "하코네 산맥 반대편에는 귀신이 있으니 넘으면 안 된다."라는 미신이 있었습니다. 창업자 오구라 야스오미小倉康臣는 그 미신을 무시하고 10톤 트럭을 몰고 하코네 고갯길을 넘으려 시도하였습니다. 하지만 실패로 돌아가고 말았습니다. 도로 상태가 좋지 못했던 데다가 트럭이 고장나 버렸기 때문입니다. 결국 그는 미신이 맞다고 결론 내리고, 하코네 산맥을 넘지 말라는 경영 방침을 내렸습니다. 그리하여 야마토 운수는 오랫동안 도쿄를 포함하는 간토 지방에 국한하여 단거리 소량 운송에 애착을 가지고 일해 왔습니다.

하지만 점차 입지가 줄어들고 어려움을 겪기 시작합니다. 무엇보다 일본 국철에 의존했던 철도 화물 운송이 문제였습니다. 철도 파업이 여러 번 반복되면서 고객으로부터 신뢰를 잃게 되었습니다. 그리고 1973년에 발생한 오일 쇼크로 화물 운송 건수가 급격히 감소하여 치명타를 입게 되었습니다. 또한 이들은 백화점이 고객에게 배송하는 물량도 담당하고 있었는데, 실적은 좋았지만 물량이 일정 수준 이상으로 늘어나면서 영업 이익이 감소하기 시작했습니다. 월별, 계절별 수요 변동을 고려하지 않고 추석과 연말 같은 성수기 물량을 차질없이 배송하고자 많은 인력을 연중 고정적으로 고용하고 있었기 때문입니다.

창업자의 장남 오구라 마사오小倉昌男는 사업을 다시 재건해야만 하는 부담을 안고 회사를 물려 받았습니다. 그는 무엇을 어떻게 해야 할지 몰랐습니다. 그런데 예상치 못한 곳에서 영감을 얻습니다. 어느 날 마사오는 아들이 입던 옷을 타지에 사는 조카에게 보내려고 했습니다. 그런데 마땅한 방법이 없었습니다. 소포를 보내려면 사업소에 가져가야만 했고, 포장할 때도 운송 회사가 정한 규칙을 세세하게 지켜야만 했습니다. 더구나 배송 속도도 매우 느렸습니다. 그때 그는 한 가정에서 다른 가정으로 배달하는 소형 소포 서비스를 해 보면 어떨까 하는 생각이 들었습니다. 소포를 보내려는 가정에 방문해서 물품을 수거하고, 그 물량을 집하하여 지역별로 분류하고, 소포를 받으려는 가정으로 배송해 주는 서비스였습니다. 야마토 운수는 비록 간토 지방에 국한되어 있었지만, 백화점이 개인 고객에게 보내는 택배 서비스를 제공하고 있었기에 소형 소포를 고객 집까지 신속하게 배송하는 일은 어느 정도 경험이 있었던 상황이었습니다.

이 같은 '소량 방문 택배'는 산발적인 수요에 대응해야만 하는 어려움이 있었습니다. 발송자가 누구인지도 모르고, 얼마나 많은 소포가 발송될지도 모릅니다. 더구나 대량으로 보내는 상업용 화물에 비해서 발품을 많이 팔아야만 합니다. 그 때문에 당시 업계에서는 수익성이 전혀 없는 사업이라는 인식이 팽배했습니다. 하지만 마사오는 그래서 더욱 이 시장에 매력을 느꼈습니다. 산업용 화물에 승산이 없다면 개인 가정에서 보내려는 작은 소포를 모두 수거하는 것이 더 낫다고 생각했습니다. 땅바닥에 '흘린 콩을 한 번에 하나씩 줍는 것처럼' 하면[24] 트럭을 가득 채우고 많은 소포를 운반할 수 있으리라 생각했습니다.

이를 어떻게 구현할 수 있을지 깊은 고민에 빠집니다. 이때 그는 옆 바라보기로 아이디어를 얻습니다. 그는 항공업계를 본떠서 B-C-D 네트워크를 구상하였습니다. 'B Basement'는 항공 업계의 허브 공항처럼 작동하는 거점 기지를 말합니다. 'C Center'는 허브 공항에 연결된 중소 공항처럼 작동하는 센터, 'D Depot'는 소포를 수령하고 배송하는 전문 창고, 즉 영업소를 말합니다. 각 가정에서 수령한 소포가 영업소를 거치고 지역 센터를 거쳐서 기지로 이동하고, 기지에서 다른 기지로 보내진 후 다시 센터와 영업소를 거쳐서 최종 목적지인 각 가정에 배송되는 방식이었습니다. 마사오는 1974년에 이 배송 서비스를 시작합니다. 초기에는 각 가정에 배송한 경험이 있는 백화점 사업부가 맡아서 20kg 이하 소포를 익일 배송하였습니다.

1년여가 흐른 후인 1976년에는 이 서비스를 일본 전역으로 확대하고자 하였습니다. 하지만 여기서 그는 또다시 풀기 어려운 문제를 만납니다. 전국으로 확대하기 위해 각 지역마다 설치해야 하는 영업소 개수를 추정하기 어렵다는 문제였습니다. 예상한 수요보다 영업소가 많으면 고정비가 많이 들어갈 것이고, 반면에 수요는 많은데 영업소가 적으면 고객에게 소포를 전달하는 거리와 시간이 길어져서 서비스 질이 떨어질 것이었습니다. 이 같은 방문 택배는 일본에서도 처음 시도되는 사업이었기 때문에 벤치마킹할 대상도 없었습니다.

이때, 마사오는 다시 옆 바라보기를 시전합니다. 그는 택배 서비스와는 무관한 조직들을 살펴보았습니다. 그중 하나가 바로 경찰서였습니다. 경찰서는 마사오가 생각한 택배 서비스에 가장 부합하는 대상이었습니다. 각 도시와 지역마다 인구 밀도를 고려하여, 사건 사고가 벌어지면 그 즉시 경찰차로 출동하여 빠른 시간에 도달할 수 있는 위치에 세워져 있었기 때문입니다. 마사오가 조사해 보니 당시 전국 경찰서 수는 1,200개였습니다.[25] 이를 근거로 마사오는 1,200개 영업소를 전국에 만드는 일을 목표로 삼았습니다. 그 목표는 1994년에 달성되었습니다.[26]

오구라 마사오는 민츠버그가 말한 '옆으로 바라보기'를 잘 활용한 인물이라 할 수 있습니다. 답을 알기 어려운 문제를 만날 때마다, 그는 수평적 사고를 통해서 해결책을 찾았습니다. 항공 업계를 관찰하면서 택배 네트워크를 구상하고, 경찰서를 보면서 이상적인 영업소 개수와 위치를 추정해 냈습니다.

너머를 바라보라

다음으로 민츠버그는 '너머를 바라보기 Seeing Beyond'를 권고합니다. '너머'를 바라보라는 것이 '앞'을 바라보라는 권고와 무엇이 다른지 의문이 들 수 있습니다. 그는 이렇게 설명합니다. "전략가는 옆은 물론 너머도 바라볼 필요가 있다. 즉, 앞으로 펼쳐질 세상을 볼 수 있어야 한다. 앞 바라보기와 비슷해 보이지만 사실상 다르다. 앞 바라보기는 과거 사건들로 틀을 만들어 예상되는 일을 내다보는 일이다. 반면에 너머를 바라보기는 존재하지 않았을 어떤 세상을 창조하는 일이다."

앞을 바라보기는 뒤를 바라보는 일과 밀접한 관련이 있습니다. 과거에 발생했던 일련의 사건에서 패턴을 발견하고, 그에 따라 향후에 펼쳐질 상황을 예측하는 일입니다. 그런데 너머를 바라보는 일은 새로운 세상이나 장르를 창조하는 일입니다. 그 대표적인 사례가 애플의 아이튠즈입니다.

스티브 잡스는 컴퓨터가 '디지털 허브'로 진화한다고 생각했습니다. 그 단초를 제공한 계기는 '파이어와이어 Firewire' 기술이었습니다. 1980년대 후반에 애플이 주축이 되어 개발한 기술로, 외장 기기와 컴퓨터 간 정보를 빠르게 송수신하는 기술이었습니다. 소니, JVC 같은 일본 캠코더 제조사는 디지털 캠코더에 녹화된 영상을 다른 기기로 빠르게 옮길 수 있도록 이 방식을 채택하였습니다. 그 당시 USB 1.0 케이블보다 몇 배 더 빠른 속도를 자랑했기에, 디지털 비디오 영상을 옮기는 데 가장 좋은 기술이었습니다.

본인이 촬영한 캠코더 영상을 파이어와이어 단자로 옮기던 와중, 잡스는 전에 없던 깨달음을 얻습니다. 그는 훗날 "컴퓨터가 새로운 무언가로 변신하리라는 생각이 떠오른 것이 바로 그때였습니다."라고 회고합니다. 디지털 캠코더처럼 휴대용 기기들이 점차 늘어나게 되면 컴퓨터는 디지털 허브 역할을 하게 된다는 점이었습니다. 그리 되면 휴대용 기기는 더욱 단순해지고, 컴퓨터는 더욱 감성적이고 창조적인 작업을 수행하는 도구로 변모할 수 있을 터였습니다. 과거에는 많은 이들이 캠코더로 영상을 열심히 촬영하긴 했지만, 창조적인 작업을 할 수 없었습니다. 편집기가 비싸서 보유할 수 없었기 때문입니다. 그런데 캠코더로 찍은 영상을 컴퓨터로 옮기면 편집 프로그램으로 음악을 깔고, 자막을 입히고, 엔딩 크레디트도 만들 수 있으리라는 생각이 들었습니다. 자신의 생각과 아이디어를 예전보다 더 입체적이고 역동적으로 표현할 수 있는 훌륭한 도구가 될 것이었습니다.

디지털 허브를 위한 첫 발은 동영상이었습니다. 사용자가 캠코더로 영상을 찍고 파이어와이어로 컴퓨터에 옮기고, 애플 아이무비로 편집해서 자신만의 작품을 만들고, 다시 DVD로 옮겨서 가족 친구들과 함께 TV로 감상할 수 있는 생태계를 구상했습니다. 그 다음 목표는 사진, 그리고 음악이었습니다. 2000년 무렵, 사람들은 냅스터, 소리바다 같은 파일 공유 서비스로 개인끼리 음악 파일을 공유하고, 저작권을 무시한 채 불법적으로 익명의 공유자로부터 원하는 음악 파일을 다운 받고 CD를 구워 음악을 감상하곤 했습니다. 그러나 당시 음악을 다운 받고 리스트를 관리하고 감상하는 프로그램들은 제작사가 모두 달라 인터페이스가 통합되어 있지 않았습니다. 잡스는 합당한 대가를 지불하는 온라인 마켓과 더불어, 수많은 음악 파일을 깔끔하게 관리하면서도 동시에 편리하게 감상할 수 있는 컴퓨터 프로그램과 휴대용 기기를 구상했습니다. 그리하여 2001년에 1월에 아이튠즈를, 같은 해 10월에 그 유명한 아이팟 1세대를 출시합니다.

스티브 잡스는 계속해서 '너머를 바라보려' 했습니다. 전에 없

던 세상과 장르를 만들려 노력해 왔습니다. 그리하여 2007년에
는 전무후무한 혁신이라 여겨지는 '아이폰'을 발표합니다.

꿰뚫어 보라

민츠버그는 마지막으로 '꿰뚫어 보기Seeing Trough'를 간략히 설
명하고 마무리하였습니다.

"이제 마지막 한 요소가 남았다. 아무 일도 이루어지지 않는
다면 앞과 뒤, 위와 아래, 옆과 너머를 바라볼 이유가 없다. 다시
말해서 전략가라면 꿰뚫어 볼 수 있어야 한다."

이 말은 전후좌우 위아래를 다 들여다 본 다음에 비로소 입체
적인 관점이 형성되고, 이를 근간으로 조직의 가치를 높이는 참
신하고 독창적인 방안이 나올 수 있다는 것을 의미합니다.

* * *

우리는 지금까지 민츠버그가 주장한 '바라보기 전략'을 살펴
보았습니다. 각각의 바라보기를 아는 것도 필요하지만, 내 업에
맞춰서 생각하고 고민하고 정리하고, 그로부터 통찰력을 이끌어
내는 일이 더욱 중요합니다. 다음 연습하기를 통해서 입체적으로
바라볼 수 있는 눈을 길러 보시기 바랍니다.

7가지 방향으로 바라보기

아래 연습하기는 한 번에 끝내기 어렵습니다. 그럴 수 있는 분이라면 그 분야의 대가이거나 탁월한 전략가일 겁니다. 대다수의 독자들이라면 오랫동안 관찰하고 고민하는 일이 필요할 수 있습니다. 연습 게임이라 생각하면서 자신의 생각을 스케치해 보길 바랍니다. 그리고 지속해서 고민을 보완하고 갱신해 나가기 바랍니다.

회사 또는 부문·부서 단위의 업에 초점을 맞추어 다음 섹션별로 질문들을 생각해 보시기 바랍니다. 처음부터 완벽하게 바라볼 수 없습니다. 질문이 다소 어렵거나 막연하다 하더라도, 본인의 생각을 채워 보시기 바랍니다.

앞 바라보기

▶ 이 업은 앞으로 어떻게 변화할 것이라 예상합니까?(경영환경, 경쟁환경, 고객 니즈, 비즈니스 모델 등)

뒤 바라보기

▶ 이 업의 시초는 언제입니까? 어떤 맥락에서 탄생하였습니까?

▶ 이 업의 주요 변곡점이 있다면, 언제 일어난 어떤 일입니까?

▶ 그것이 이 업에 어떤 영향을 미쳤습니까?

위에서 바라보기

▶ 이 업과 관련된 사회적·문화적·정치적·기술적·법적·인구통계적 변화는 무엇입니까?

▶ 현재 이 업을 둘러싼 거시적인 트렌드는 무엇입니까?

▶ 이 업과 관련이 없더라도, 요즘 눈에 띄는 트렌드는 무엇입니까?

▶ 그 트렌드가 본인 업에 어떤 영향을 미칠 수 있습니까?

아래 바라보기

▶ 이 업이 당면한 문제와 과제는 무엇입니까?

▶ 현재 우리 회사·부문·부서가 집중하고 있는 일들은 무엇입니까?

옆 바라보기

▶ 이 업과 유사성은 없지만 새로운 관점을 제공해 줄 수 있는 산업이나 비즈니스는 무엇입니까?

▶ 그로부터 배울 수 있는 점은 무엇입니까?

너머 바라보기

▶ 이 산업이 질적으로 변화한다면, 어떤 미래가 펼쳐지리라고 생각하십니까?

▶ 이 산업에 파괴적인 스타트업이 들어온다면, 이 업계 지형이 어떻게 변화하리라 예상하십니까?

꿰뚫어 보기

▶ 한마디로 말해서 이 업의 개념은 무엇입니까?

▶ 우리 회사·부문·부서를 어떤 방향으로 끌고 나가겠습니까?

경험을
자산화하라

전략가들은
어떤 경험으로 성장하는가

지금이야 빛 바랜 폴라로이드 사진처럼 그 명성이 퇴색되었지만, GE 그룹은 오랫동안 우수한 경영자를 길러 내는 사관 학교라 불려 왔습니다. 이를 대표하던 제도가 '세션 C'였습니다. 매년 2~3회 정기적으로 유망한 인재들을 검토하는 회의입니다. 회장과 C-Level 경영진이 총출동하여 하루종일 주요 인재들 업적과 능력을 검토하고, 승진, 이동, 육성을 결정합니다. GE 그룹 CEO였던 잭 웰치 Jack Welch 는 세션 C를 통해서 고위 임원들 면면을 촘촘히 파악하고 있었습니다. 400여 명 임원들의 얼굴과 이름, 그리고 그들 별명과 습관까지도 알고자 하였습니다.[1] 그는 임기를 무려 7년이나 앞둔 1994년에 본인 뒤를 이을 후임자를 물색하기도 하였습니다. 임원들의 자료를 모두 검토하면서 후보

법칙 9 경험을 자산화하라

자 23명을 추려냈고, 1998년 말에는 최종 3명으로 압축하였습니다. 그만큼 철저하게 인재를 검토하고 선발하고 육성하고자 총력을 기울였습니다.[1]

이에 더해 GE는 '일을 통한 육성'으로 리더들을 키우기로 유명했습니다. 세션 C에서 꼼꼼하게 검토하여 선발된 이들을 의도적으로 거의 2년마다 새로운 직무나 산업으로 이동시키며 순환 배치하곤 하였습니다. 다양한 경험을 계획적으로 제공하여 경영자가 갖춰야 할 전략적 사고와 통찰력을 개발시키려 하였습니다. 예를 들어, 부회장을 역임한 존 크레니키John Krenicki는 화학, 재료, 조명, 초연마재, 운송, 플라스틱, 첨단 소재 분야에서 임원을 역임한 후 GE 그룹의 가장 큰 사업인 에너지 사업부 CEO가 되었습니다.[2] 이 같은 육성 방법은 상당한 효과를 거두었던 것 같습니다. 무수히 많은 기업들이 GE 그룹 출신 경영자들을 데려가고자 너도나도 경쟁하였기 때문입니다.

---

[1] 그 뒤를 이은 제프리 이멜트도 역시 그러하였습니다. 지금은 이빨 빠진 호랑이로 전락하였지만, GE의 이 같은 노력들은 우리 기업이 배울 필요가 있습니다. 저는 기회가 될 때마다 "핵심 인재 선발, 임원 승진 결정은 곧 우리 회사 미래를 그들에게 걸겠다는 의미입니다. 그렇다면 그들 면면을 마치 내 배우자를 탐색하고 결정하듯이 해야 합니다. 미래를 함께 살아갈 사람이기에 허투루 결정할 수 없습니다. 마치 결혼할 대상을 관찰하듯이 인재들도 그리해야 합니다."라고 주장합니다. 우리 기업들에서 적지 않은 경영진이 자사 인재들을 깊이 있게 살펴보려 하지 않습니다. 인사 부서에서 작성된 자료만으로 손쉽게 결정하려 합니다. 안타까운 현실입니다. 사람은 등수와 같은 성긴 열쇠 하나로 파악할 수 있는 존재가 아닌데 말입니다.

제가 예전에 근무했던 그룹은 GE 그룹이 했던 방식을 벤치마킹하고자 하였습니다. 그리하여 CEO 후보자라면 갖추어야 할 경험을 선정했습니다. 이 프로젝트를 수행한 팀은 3가지 자료를 검토하였습니다. 먼저 그룹이 나아가고자 하는 전략 방향을 고려하였습니다. 또한 과거 CEO를 역임했던 이들의 프로필을 검토하였습니다. 마지막으로 CEO의 자질과 경험을 다룬 논문들을 확인한 결과, 5가지 경험이 선정되었습니다.

첫째, P&L Profit and Loss, 즉 손익을 직접 다루고 책임지는 경험입니다. 'CEO를 하려면 슈퍼마켓이라도 꾸려서 직접 몸으로 손익을 겪어 봐야 한다.'라는 말이 있습니다. 사업부나 자회사 책임자 역할을 수행하면서 겪을 수 있는 경험입니다.

둘째, 계열사와 그룹 본부에서 근무한 경험입니다. 삼성 그룹에는 과거에 기업 구조 조정 본부, 후에 미래 전략실, 현재는 사업지원TF라 불리는 그룹 조직이 있습니다. SK그룹은 SUPEX 추구협의회, 엘지그룹은 ㈜LG, 롯데그룹은 과거 정책본부, 현재 롯데지주라 불리는 조직이 있습니다. 각 계열사에서 일 잘하는 프로급 선수들만 모인 집단입니다. 이들 상당수가 계열사에서 근무하다가 그룹 조직으로 넘어가면서 시야가 확장되는 경험을 하곤 합니다. 한 산업에서 통용되던 성공 방정식 또는 지배적인 논리가 다른 산업에서는 통용되지 않는 현상을 보면서 굳건해진 세상 틀이 깨지기 때문입니다. 또한, 일의 복잡도가 증가하면서 다양한 변수들, 상황들을 고려해야만 합니다. 이런 직무 환경이 그들의 사고력을 자극하기에 그룹 조직에 근무하는 이들은 시야가 넓은 경향이 있습니다.

셋째, 신규 사업 관리 경험입니다. 신규 사업 관리는 누구도 명확한 답을 모르고 대안을 제시 받을 수 없는 상황에서 그 스스로 고심하여 새로운 방향을 설정해야 하는 일입니다. 사업을 빠르게 구체화하고 소기의 성과를 보여야 하기에 속도감 있게 결단을 내리고 추진해야 합니다. 또한 실패할 가능성이 크기 때문에 적잖은 위험을 감수해야 하는 경험이기도 합니다.

넷째, 도전적인 업무 경험입니다. 대표적으로 성과가 저조한 조직을 맡아서 크게 개선시키거나, 이해 관계가 복잡하게 얽혀 있거나 첨예하게 대립하고 있어서 실타래를 하나씩 풀어 헤쳐가며 정상화해야 하는 직무를 담당하는 일을 의미합니다. 예전에 경영자 후보로 낙점된 임원에게 베트남 법인에 가서 2년 안에 사업을 모두 청산하고 들어오라는 임무가 주어졌습니다. 사업을 키우는 일도 아니고, 생판 모르는 나라에 가서 사업을 청산하는 일이 얼마나 골치 아프고 어려울지 가히 상상이 될까요.

다섯째, 글로벌 경험입니다. 본인이 익숙한 문화적 환경에서 벗어나 다른 문화권에서 사업을 추진하는 일입니다. 남의 나라에 가서 돈을 쓰기는 쉬워도 벌기는 어렵습니다. 또한, 우리나라에서 근무한다 하더라도 다양한 문화권에서 온 구성원들을 관리하고 이끄는 일도 이 경험에 포함됩니다.

이 5가지 경험이 선정되고 나서 5년 후에 저는 실제로 이 같은 경험이 전략적 사고를 향상시키는지를 확인하고자 하였습니다. 데이터를 정리해서 분석해 보니 이 5가지 경험이 많은 집단이 그렇지 않은 집단보다 전략적 사고가 더 높은 것으로 확인되었습니다. 물론 이 결과만으로는 인과관계를 명확하게 말하기 어렵습니다. 전략적 사고 수준이 원래 높아서 시야가 탁 트인 이들에게 의도적으로 그와 같은 경험들이 더 많이 부여될 수 있기 때문입니다. 5가지 경험들을 더 많이 부여 받은 결과로 전략적 사고가 높아졌다고 볼 수도 있지만, 원래 전략적 사고가 높은 이들을 경영자로 키우기 위해서 더 많은 경험을 제공할 수 있다고 볼 수도 있습니다. 이 때문에 다시 여러 절차를 거쳐서 분석하는 일을 수행하였습니다. GE 그룹의 사례와 더불어 위의 데이터 분석 결과를 바탕으로 이런 결론을 내릴 수 있었습니다. '전략적 사고와 경험은 관련이 있다'고 말입니다. 이 분야를 연구하는 학자들도 견해를 같이 합니다.

엘렌 골드만은 한 분야에서 최소한 10년 이상 경험이 있어야만 전략적 사고가 형성될 수 있다고 주장하였습니다.[3] 어떤 경험들이 전략적 사고 형성에 이바지할 수 있는지 알아보고자 그녀는 미국 소재 기업 CEO 총 36명을 인터뷰합니다. 그리고 몇 가지 경험들을 확인하였습니다. 회사 사활을 좌우할 정도로 심각한 위기와 위협 해결해 보기, 단위 조직이나 사업부 또는 회사 전체 차원의 전략을 수립하고 실행해 보기, 새로운 일을 추진해 보기, 단위 조직 성과를 지속적으로 모니터링하기, 멘토를 정하고 그로부터 피드백을 구하기, 동료들에게 비판을 건설적으로 수렴하기 등이었습니다.

그녀는 후속 연구를 거듭합니다. 2012년에는 조직 전체 즉 중간 관리자와 구성원의 전략적 사고를 향상시키는 고위 임원들의 리더십 행동을 연구하였습니다.[4] 세미나에 참여한 420명 임원을 대상으로 조직 전체의 전략적 사고를 향상시킬 수 있는 리더십 행동이 무엇인지 각자 생각해 보도록 요구한 후, 소그룹으로 모여서 논의하고 최종적으로 집단 전체가 합의하는 과정을 거쳤습니다. 그 결과 '현재 당면한 주요 이슈와 위기에 대해 공개적으로 토론하여 구성원들이 관점을 확장시킬 수 있도록 돕는다' '기존과는 질적으로 다른 전략적 방향을 설정한다' '외부 환경 변화를 지속 검토하고 5~10년내 미칠 영향에 대해 논의한다' 등 총 15가지 리더십 행동이 도출되었습니다.

엘렌처럼 질적인 연구를 한 이들도 있지만, 통계적으로 검증하려 한 학자들도 있습니다. 코넬대학교의 리사 드라고니 Lisa Drago-ni는 2011년에 동료 연구자들과 함께 임원 700명을 대상으로 연구하였습니다.[5] 그녀는 평가센터 기법으로 측정된 데이터를 활용하여 실증하고자 하였습니다. 평가센터는 신뢰성과 객관성을 높이고자, 여러 평가자들이 여러 도구를 활용하여 대상자를 평가하는 기법을 말합니다. 리사 드라고니는 어느 기업 현황이 사례 연구처럼 제시된 시뮬레이션 과제를 임원들에게 제시하고, 그 기업이 처한 산업 및 경쟁 환경을 통찰력 있게 파악하는지, 사업 기회를 예리하게 포착할 수 있는지, 가상 제품과 서비스를 제대로 포지셔닝할 수 있는지 등으로 전략적 사고를 평가하였습니다. 그리고 경력 전반에 걸쳐서 자신이 어떤 업무들을 얼마나 깊이 있게 경험하였는지를 임원들에게 자기 보고식으로 평가하게 하였습니다. 엄격한 방법론을 통해서 분석한 결과, 경험은 전략적 사고와 유의한 관계가 있는 것으로 나타났습니다.

2014년에 그녀는 후속 연구를 실시합니다. 이번에는 글로벌 맥락에서 일한 경험이 과연 전략적 사고를 향상시키는지를 탐구하고자 하였습니다. 그녀는 전략적 사고를 '회사 가치를 높일 수 있는 전략적 목표와 대안들을 수립할 수 있는 지식, 기술, 능력'으로 정의하였습니다. 이 역량은 기존 연구와 같이 평가센터 방식으로 측정되었습니다. 연구 결과 해외에서 근무한 시간은 전략적 사고와 통계적으로 강한 관계가 있었습니다. 특히 문화적으로 이질적이고 색다른 국가나 지역에서 근무한 경우에 그 관계가 더욱 강화되는 것으로 나타났습니다. 이 연구는 제가 일했던 그룹에서 2008년에 '글로벌 경험'을 CEO에게 필요한 경험 중 하나로 선정했던 것이 타당하였음을 지지하는 결과이기도 합니다.

앞서 '사고 스타일을 이해하라'에서 국내 700여 명 임원들을 대상으로 전략적 사고를 형성하는 촉진 요인을 살펴본 분석 결과를 검토했었습니다. 그 결과에서도 리더들이 경력 전반에 걸쳐서 쌓아 온 경험들이 전략적 사고와 통계적으로 유의한 관계가 있었습니다.

경험의
힘

몇몇 기업 사례와 더불어 연구를 살펴봄으로써 우리는 '경험이 전략적 사고를 높인다.'라는 결론을 얻을 수 있었습니다. 이제 2가지 질문이 생깁니다. 경험은 어떻게 전략적 사고를 높일까요? 그리고 어떤 경험들이 전략적 사고 형성을 촉진할까요?

우선 전자의 질문을 생각하기 전에, 이 장에서 가장 중요한 개념인 '경험'을 두고 내진 설계부터 해야 하겠습니다. 영어 'experience'에서 'ex'는 '~으로부터', 'per'는 '시도하다'는 뜻을 가진 라틴어가 그 원형입니다. 이 단어들이 조합되면 'experientia'가 되며 이는 '반복된 시도를 통해서 얻은 지식'이라는 뜻을 갖게 됩니다. 14세기 후반에는 'experience'라는 단어로 사용되기 시작하며 '지식의 원천, 자신에게 영향을 준 사건'이라는 의미가 있었습니다. 15세기 후반부터는 '어떤 일을 해보고 능숙해진 상태'를 가리키게 되었습니다.

이번에는 이 단어를 정의한 문장에서 가장 빈번하게 나타나는 표현들을 살펴보겠습니다. 예전에는 이런 작업을 하려면 개인적으로 빅데이터를 만들어 살펴봐야만 했습니다. 그런데 요즘은 챗GPT와 같은 생성형 인공지능에게 물어보면 쉽습니다. 챗GPT에게 "경험을 정의한 문장에서 주로 나타나는 단어들은 무엇인가요? 20가지를 가장 빈번한 단어부터 나열해 줄 수 있나요?"라고 물었습니다. 그러자 '개인, 상호작용, 환경, 세계, 주관적, 지각, 감정, 이해, 학습, 해석, 적극적, 참여, 의미, 형성, 축적' 등의 단어들을 제시하여 주었습니다. 이 단어들을 조합해서 하나의 문장으로 만들어 보면 "개인이 환경과 상호작용하거나 적극적으로 참여하면서 세계를 주관적으로 지각하고 이해하며, 의미를 형성해 나가는 사건이자 학습 과정"이라 할 수 있을 것입니다.

경험은 지식과 학습의 원천입니다. 일찍이 존 듀이John Dewey와 같은 교육철학자들은 이 속성에 주목하였습니다. 존 듀이는 학습이 곧 '경험의 끊임없는 재구성Reconstruction of experience'이라 보았습니다. 단순한 행동과 행위 자체를 넘어서 지각, 개념, 관념, 감정을 의도적으로 결합시키는 조작화 과정이자, 개인과 환경 간 상호작용 속에서 보편적인 지식을 획득하는 과정으로 보았습니다.

존 듀이는 어린아이의 행동을 예로 듭니다. "어린이가 불꽃 속으로 단순히 손을 내미는 것은 경험이라고 할 수 없다. 손을 불꽃 속에 내미는 일(개인 행동), 불꽃의 뜨거움(환경), 그 결과로서 알게 되는 고통과 연결될 때(조작화) 우리는 그것을 경험이라고 할 수 있다. 그 후부터는 불꽃 속에 손가락을 내미는 것은 화상을 의미하게 된다."[6] 이런 경험을 몇 번 겪으면 불꽃을 봤을 때 더 이상 손을 뻗지 않습니다. '저건 날 아프게 하니까 손을 대면 안 돼'라고 의미를 형성하고 기억했기 때문입니다. 몇 번의 반복적인 경험을 통해서 학습이 일어났다고 말할 수 있습니다.

이런 특성 때문에 경제학과 경영학에서 널리 활용되는 인적자본 이론은 경험을 하나의 '자산'으로 간주합니다. 이 이론으로 노벨 경제학상을 수상한 게리 베커Gary Becker는 1950년대 고용 시장에서 왜 어떤 이들은 고용주에게 더 매력적으로 보이는지 그 차이를 알고자 하였습니다. 대학교 졸업자가 시장에 많지 않았던 당시, 대졸자 집단 내에서도 각기 임금 수준이 다른 이유에 대한 궁금증에서 촉발된 연구였습니다. 그래서 그는 하나의 가설을 만듭니다. 마치 금융 자산을 투자해서 돈이 불어나듯이, 노동자도 임금 일부를 자신에게 재투자해서 새로운 지식과 스킬을 학습하고 다채로운 경험을 하게 되면 고용주에게 더욱 가치 있는 사람으로 여겨질 것이라고 말입니다.

여러분이 함께 일할 경력직을 채용하는 상황을 상상해 보겠습니다. 여러분은 '이 지원자는 A도 경험해 보고 B도 해 봤네, C 같은 프로젝트도 했구나' 등 지원자가 제출한 이력서와 자기 소개서를 유심히 살펴볼 것입니다. 여기에는 '경험이 많을수록 그 과정에서 쌓은 지식과 기술이 많을 것이다. 그래서 성과를 많이 낼 것이다.'라는 가정이 깔려 있습니다. 그렇기에 경험이 풍부한 지원자를 암암리에 눈 여겨 보는 경향이 나타나겠지요.

앞서 살편 엘렌 골드만이나 리사 드라고니 등의 연구들은 이 같은 가정을 갖고 있습니다. 즉 조직 내에서 겪는 경험은 지식과 학습의 원천으로서 전략적 사고를 형성한다고 보는 것이지요. 어떤 메커니즘으로 형성될 수 있는지 여러 설명이 가능할 수 있지만, 2가지만 짚어보겠습니다.

첫째, 패턴들을 체득하기 때문입니다. 인간은 유사한 상황들을 반복적으로 접하면 그로부터 일관된 패턴을 발견하고 익히게 됩니다. 이 같은 패턴들이 다양하게 축적되면 여러 문제들에 즉각적으로 대응할 수 있는 레퍼토리가 형성됩니다. 문제를 해결하거나, 일어날지 모르는 위험에 선제적으로 대응할 수 있습니다.

비록 조직 맥락은 아니지만, 체스 선수 대상으로 수행한 연구가 그 점을 조명해 줍니다. 노벨 경제학상 수상자인 허버트 사이먼Herbert Simon과 윌리엄 체이스William Chase는 1973년에 체스 게임 선수를 연구하였습니다.[7] 이들은 기억과 인지에 있어서 고수와 초보자 간에 무슨 차이가 있는지 탐구하고자 하였습니다. 그리하여 체스 게임을 하다가 중지된 말과 판을 책상 위에 올려 놓았고, 그 오른편에는 비어 있는 체스판을 두었습니다. 그 사이에는 칸막이를 두었습니다. 연구자들은 고수와 초보자에게 왼편의 체스 게임 현황을 5초 간 보여 주고 칸막이를 가린 뒤 오른편에 있는 빈 체스판에 그대로 재현해 보도록 하였습니다. 그 결과 초보자는 25%의 정확도를 보인 반면, 체스 고수는 95%의 정확도

　　　　　　　법칙 9 경험을 자산화하라

를 보였습니다. 연구자들은 체스 고수들이 패턴 형태로 기억한다고 결론을 내렸습니다. 그리고 그들의 장기 기억 장치에는 약 5만 가지 패턴이 존재할 것이라고 추정하였습니다. 또한 체스 판위에 있는 말의 배치에 따라 겪을 수 있는 위협적인 정서 또는 만족감 등도 기억속에 각인된다고 결론을 내렸습니다.

비록 체스처럼 정해진 규칙대로 움직여지는 폐쇄적인 게임은 아니지만 조직 맥락에서도 일정한 패턴들을 체득할 수 있습니다. 그리고 그것이 전략적 사고에 도움이 되는 경우가 적지 않습니다. 제가 면담한 어느 임원이 바로 그러했습니다. 그는 어느 비즈니스 그룹 본부에서 각 계열사 재정 상태를 지속적으로 살피는 일을 하던 중이었습니다. "어느 날, 한 계열사 자료를 살피다가 미묘한 느낌을 받았습니다. 과거 언젠가 겪었던 경험이 떠오르면서 당황하고 힘들어 했던 감정이 올라왔습니다. 자료를 찬찬히 훑어보면서 전후 맥락을 다시 살펴보니, 명백한 증거를 제시하기는 어려웠지만 상당한 문제가 의도적으로 은폐되어 있거나, 또는 그 계열사에서 미처 감지하지 못하고 있다고 느껴졌습니다. 그때 제가 그냥 스쳐 지나갔다면 그 계열사는 큰 위기를 맞을 뻔했습니다."

둘째, 여러 경험을 겪으면서 다양한 시각을 접하기 때문입니다. 조직에서는 일 하나를 두고 여러 사람이 합심하는 경우가 종종 있습니다. 그 과정에서 상사의 관점, 동료들의 관점, 후배 또는 부하들의 관점을 접합니다. 저마다 성장 배경, 경험, 지식, 전문성을 바탕으로 다양한 의견을 피력합니다. 이를 잘 수렴하고 소화시킬 수 있다면, 관점을 보다 확장시킬 수 있습니다.

일 그 자체로 시각이 달라지는 경우들도 있습니다. 앞서 살펴본 GE 그룹의 경우 경영자 자질을 갖고 있다고 여겨지는 이들은 임원으로 승진하기 전까지 한 계열사에서 마케팅, 영업, 구매, 기획 등 여러 핵심 부서에서 근무하게 하였습니다. 한 부서에서 절대적이었던 도그마Dogma를 내려 놓게 되면서 다른 부서의 미션과 입장을 이해하게 됩니다. 이 과정에서 한 부서에 국한된 시각이 아니라, 회사 전체를 조망하는 전사적 관점이 점차 자리 잡게 됩니다.

그리고 임원으로 승진하면 여러 산업들을 경험하게 하였습니다. 한 산업에서 오랫동안 체득한 성공 방정식이 다른 산업에서는 전혀 통하지 않음을 알게 될 때, 굳건하게 서있던 기존 세계관이 무너집니다. 잠시 멘탈 붕괴를 겪다가 서서히 적응하면서 점차 세계관이 확장됩니다. 서울로 가는 길은 하나밖에 없다는 식이 아니라, 다양한 수단으로 수많은 갈래 길을 타고 갈 수 있다는 관점이 확립되면서 시야가 넓어집니다.

일부 기업은 글로벌 트렌드를 시의적절하게 읽을 수 있도록 리더들에게 다양한 고객과 문화를 경험하는 기회를 제공하곤 합니다. 대표적으로 네슬레Nestlé를 들 수 있습니다. 2023년 현재 이사회 의장이자 전 CEO인 폴 불케Paul Bulcke는 벨기에 출신으로, 그의 나이 25살에 네슬레에서 경력을 시작하였고, 총 9개국을 돌며 일한 뒤에 CEO로 임명되었습니다. 전임 이사회 의장인 페터 브라베크Peter Brabeck은 오스트리아 출신으로 오스트리아에서 2년, 칠레에서 10년간 영업과 마케팅을 담당하다가 에콰도르 법인장, 베네주엘라 법인장, 스위스 본사로 이동한 후에 CEO로 임명되었습니다. 다양한 국가와 문화에서 일한 경험들은 세상의 흐름을 읽는 눈을 갖추게 해 주었습니다.

경험이 어떤 속성이 있길래?

'전략적 사고를 개발하려면 꼭 원대하고 거창한, 남들이 정말로 부러워하는 화려한 경험들을 겪어야 하는 것일까?'라는 생각이 들 수 있습니다. 앞서 CEO 후보가 갖춰야 할 5가지 경험이나 다양한 국가와 문화권에서 근무한 경험이 있는 네슬레 경영진처럼 말이죠. 과연 그럴까요?

그 5가지 경험을 많이 한 집단이 그렇지 않은 집단에 비해서 전략적 사고가 분명 높기는 하지만, 그렇다고 월등히 높은 수준은 아니었음을 앞서 지적하였습니다. 경험 그 자체가 학습과 성장에 직결된다면, 그 5가지 경험이 높은 집단이 그렇지 않은 집단에 비해 전략적 사고가 압도적으로 높아야 합니다. 하지만 5점 척도로 약 0.5점 수준 정도만 차이가 있을 뿐이었습니다.

왜 이런 걸까요? 경험이 가진 특성을 좀 더 살펴봐야 답을 얻을 수 있습니다. 첫째로, 경험은 객관보다도 주관성이 큽니다. 가족끼리 〈개그 콘서트〉 같은 코미디 프로그램을 보면서 특정 코너에 어떤 이는 웃지만 어떤 이는 무표정하거나 '이게 뭐가 재밌냐'

라며 이해 안 된다는 표정을 지을 수 있습니다. 이처럼 외부에서 동질적인 자극을 동시에 겪는다 하더라도, 받아들이는 사람에 따라서 다르게 반응하고 기억할 수 있습니다.

특히 여러 사람이 복합적으로 겪은 커다란 사건은 각자 다르게 받아들여지곤 합니다. 1990년대 발생한 일본 지하철 테러 사건이 대표적입니다. 옴진리교 교도들이 생화학 테러를 자행하여 아침에 출근하던 시민들이 죽음을 당했습니다. 유명한 소설가 무라카미 하루키는 르포 형식으로 생존자들을 인터뷰하면서 그 사건을 재구성해 나가려 했습니다.[8] 그러나 생존자들은 사건 당시 그 테러가 어떤 목적과 과정으로 일어났는지 제대로 기억할 수 없었습니다. 기자들이 바쁘게 움직여 준 덕분에 후에 여러 사실과 정황이 밝혀졌지만, 생존자들에게는 각자 서로 다른 기억으로 남았습니다. 그 사건이 각자 인생에 미친 여파도 각기 달랐습니다. 어떤 이는 트라우마로 남아서 심리적으로 움츠러들고 대인을 기피하여 사회생활이 어려워졌던 반면, 어떤 이는 그런 상황에서도 살아 남아 여벌의 삶을 살고 있다 여기고 인생을 즐겁게 살려 하였습니다.

둘째, 경험은 개인이 의미를 부여하는 대상입니다. 인간은 어떤 일을 겪는 과정에서 의미를 얻기도 하지만 시간이 흐르고 나서 진짜 의미를 찾기도 합니다. 지금 겪고 있는 유쾌한 경험이 나중에는 본인에게 나쁜 영향을 준 것으로 받아들여질 수도 있고, 지금 겪는 불행하고 힘든 경험이 나중에는 피와 살이 된 유익한 계기로 해석될 수 있다는 점입니다.

스티브 잡스 얘기가 대표적입니다. 그는 스탠포드대학교 졸업식 연설에서 자신이 갓난 아기로 입양된 얘기, 대학을 들어가게 된 계기, 1학기만에 그만 둔 이유, 그리고 학교에서 몰래 청강했던 서체 수업 등 일련의 경험들을 언급하였습니다. 그 경험들이 최초의 매킨토시 컴퓨터를 만들 때 긍정적으로 도움이 되었다고 밝히면서, 이렇게 결론을 내립니다. "제가 대학에 있을 때는 미래를 내다보면서 점을 잇는 것은 불가능했습니다. 하지만 10년이 지난 후 과거를 되돌아 볼 때 그것은 너무나 분명했습니다. 다시 말하지만, 우리는 미래를 내다보면서 점을 이을 수 없습니다. 우리는 오직 과거를 돌이켜 보면서 점을 이을 수 있을 뿐입니다. 따라서 여러분들은 지금 잇는 점들이 미래 어떤 시점에는 서로 연결될 것이라는 믿음을 가져야만 합니다."[9]

우리가 경험을 겪는 그때는 그것이 어떤 의미인지, 무슨 가치를 갖고 있는지 알지 못할 수 있습니다. 그러나 오랜 세월이 지나 그 경험을 여러 번 곱씹어 보면 그것이 진정으로 자신에게 주는 의미를 이해하는 순간이 올 수 있습니다. 그래서 존 듀이는 경험의 재구성, 즉 과거의 경험을 반추하고 재해석하는 일이 누적적으로 인간의 성장에 기여한다고 보았습니다.[10]

마지막으로, 경험은 기억하지 못하면 겪지 않은 것이라는 점입니다. 경험을 했지만 그 자체를 기억하지 못하거나 그냥 스쳐 보내면 아무것도 배우지 못한 것입니다.

글로벌 기업과 합작 투자를 추진하는 프로젝트에 홍길동 과장과 김철수 과장이 참여하였습니다. 두 사람 모두 같은 학교 출신에 연배, 연차도 비슷합니다. 둘은 유럽에 있는 글로벌 기업 본사와 한국을 오가며 산적한 난제들을 하나씩 해결해 나갔습니다. 조인트 벤처 회사 설립부터 거버넌스 설계, 조직과 인력 구성 등의 문제들을 아울렀습니다. 이 과정에서 홍길동과 김철수 과장은 여러 지식을 쌓을 수 있었습니다.

그런데 성장과 성숙의 정도는 서로 다를 수 있습니다. 홍길동 과장은 이 일을 하면서 여러 지식들을 평면적으로 습득했을 뿐 질적으로 성장하지는 못했습니다. 소중한 경험들을 그냥 스쳐 보내 버렸기 때문입니다. 반면, 김철수 과장은 이 일로 시야가 크게 확대되었습니다. 자신이 겪은 경험을 계속 곱씹고 숙고하였습니다. 그리하여 사업이란 무엇인지, 조인트 벤처 상대 기업이 가진 경쟁 우위가 무엇이고 그 원천은 무엇인지, 소속 회사의 상대적인 장점과 단점은 무엇인지, 다양한 가치와 문화가 얽혀 있는 맥락에서 조직을 어떻게 이끌어 가야 하는지 등에 있어서 자신만의 관점을 갖추게 되었습니다. 이와 유사한 사례를 주변에서 심심치 않게 볼 수 있습니다.

법칙 9 경험을 자산화하라

성찰하지 않은 경험은
무용지물이다

교육철학자 존 듀이는 경험 그 자체로 학습이 이루어지는 게 아니라, 경험을 성찰한 결과로 성장이 이루어진다고 지적했습니다. 이는 곧 우리가 조직에서 아무리 화려하고 거대한 경험을 겪는다 하더라도, 남들이 부러워할 법한 기회를 얻는다 하더라도, 그로부터 의미를 이끌어 내지 못하면 배우지 못하고 성장하지 못할 수 있음을 의미합니다. 반면에 아주 작은, 그래서 경력 기술서에 담기조차 어려운 경험이라 하더라도 그것을 반추하고 곱씹어서 자신만의 함의를 갖는다면, 그리고 마치 복리처럼 그것이 일상적으로 축적되면 진보를 이루어 낼 수 있음을 시사합니다.

CEO가 갖추어야 할 필수 경험을 많이 갖추었던 집단과 그렇지 않은 집단 간에 차이가 그리 크지 않았다는 점을 달리 말하면 그 5가지 경험을 겪지 않고도 작은 또는 일상 경험을 통해서 전략적 사고를 일정 수준으로 개발할 수 있음을 의미합니다.

실제로 그냥 지나칠 법한 사소하고 작은 일에서 큰 성장을 이룬 이들이 적지 않습니다. 비즈니스 맥락은 아니지만, 대표적인 역사적 예시가 바로 원효 대사입니다. 원래 그는 30세 때 당나라로 유학을 가서 유명한 고승에게 사사받기를 바랐습니다. 하지만 모종의 이유로 좌절되었고, 다시 10년 후인 40세에 동료인 의상대사와 함께 유학길에 오릅니다. 그러던 어느 날, 비가 내리기 시작해 둘은 쉴 만한 곳을 찾아 들어 갔습니다. 몸을 누이고 잠을 자던 새벽에 목이 말라 주변을 더듬어 보니 마침 물이 찰랑이는 바가지가 있었습니다. 시원하게 마시고 목을 축인 후 다시 단잠에 듭니다. 아침에 일어나 보니 웬 걸, 새벽에 마신 그 바가지가 사실은 해골이었던 겁니다. 그걸 알자마자 토악질을 합니다. 그러다 문득 '새벽에는 그렇게 달콤하게 느껴지더니, 지금은 그토록 거북하고 혐오스럽게 느껴지나'라는 생각이 들었습니다. 똑같은 해골과 빗물이었는데도 말입니다. 유일하게 달라진 건 받아들이는 자신의 인식뿐이었습니다. 결국, 깨달음은 외부에 있는 것이 아니라, 자기 자신 안에 있음을 알게 되었습니다. 그날로 당나라 유학을 포기하고, 다시 신라로 돌아가 포교 활동을 합니다.

경영의 구루라 불리는 피터 드러커 Peter Drucker 역시도 그 전형입니다. 그가 어떤 경험으로 성장했을지 한번 상상해 보시죠. '구루라 불리는 만큼 엄청나게 화려한 경험들로 성장했겠지. 거대한 경험들로 시각을 확장하여 그토록 깊은 통찰력을 가질 수 있었겠지.'라고 생각할 수 있습니다. 그런데 정작 그가 자신을 성장시켰다고 밝힌 7가지 경험을 보면 일상에서 사소하고 작은, 그래서 그냥 지나칠 법한 일들이었습니다. 그 중 2가지만 살펴보겠습니다.[11]

첫 번째 경험은 대학생 때였습니다. 그는 고향인 오스트리아 빈을 떠나서 독일 함부르크에 있는 면제품 수출 회사에 견습생으로 입사합니다. 돈은 없었지만 일주일에 1번씩 오페라를 관람하러 가곤 했습니다. 막이 오르기 전 팔리지 않은 제일 값싼 좌석을 국가에서 대학생들에게 무료로 제공한 덕분이었습니다. 어느 날 그는 이탈리아의 위대한 작곡가 주세페 베르디가 만든 〈폴스타프 Falstaff〉라는 오페라를 보고 깊게 매료된 나머지 베르디에 관한 자료들을 찾기 시작합니다. 그러다 〈폴스타프〉를 그의 나이 80살에 만들었음을 알고 깜짝 놀랍니다. 당시 18살이었던 그에게는 80살이란 전혀 상상할 수 없는 나이였습니다. 더욱이 "이미 유명한 당신이 그 나이에 왜 굳이 힘든 오페라 작곡을 계속하는가?"라는 질문에 베르디가 말한 대답을 읽고 깊이 감명을 받습니다. 베르디는 "음악가로서 나는 일생 동안 완벽을 추구해 왔다. 완벽하게 작곡하려고 애썼지만, 작품 하나가 완성될 때마다 늘 아쉬움이 남았다. 때문에 나에게는 분명 한 번 더 도전해 볼 의무가 있다고 생각한다."라고 답하였습니다. 이에 피터 드러커는 이렇게 생각을 남깁니다. "나는 베르디의 말을 잊은 적이 없다. 나이를 더 먹게 되더라도 포기하지 않고 계속 정진하리라 굳게 마음먹었다. 살아가는 동안 완벽은 언제나 나를 피해 갈 테지만 나 또한 언제나 완벽을 추구하리라고 다짐했다."

이는 '직접 경험'도 아닌 '간접 경험'입니다. 전자는 개인이 직접 체험한 바를 의미합니다. 개인이 현실 세계에 직접 참여하며 경험한 기억을 말합니다. 예를 들어, 자전거를 타 보거나 유럽에 여행을 가 본 일은 직접 경험이라고 할 수 있습니다. 반면 후자는 다른 사람의 경험을 통해 얻은 지식이나 이해를 말합니다. 개인이 직접 경험하지 않은 상황이나 사건을 다른 사람의 이야기, 보고서, 책, 영화, 뉴스 등을 통해 알게 되는 것을 의미합니다. 친구가 파리에 다녀온 경험을 듣는 것, 여행 서적으로 파리라는 도시를 이해하는 일이 이에 속합니다.

자신을 성장시켰다고 밝힌 7가지 경험 중에서 2가지나 간접 경험이었습니다. 나머지는 5가지는 직접 경험이지만, 이들도 화려하고 범접하지 못할 엄청난 경험들이 아니었습니다. 그중 한 가지만 더 소개합니다.

드러커는 독일을 떠나 런던으로 가서 처음에는 대기업 보험 회사의 증권분석사로 일합니다. 그리고 1년 후에는 70대 노인이 창업하여 30대 중반의 수석 파트너 2명이 이끌어 가는 회사로 이직합니다. 두 수석 파트너 밑에서 비서로 일하던 중 하루는 창업자가 자신을 불러 이렇게 혼냅니다. "자네는 내가 생각한 것보다 훨씬 더 어리석군." 드러커는 수석 파트너들로부터 계속 칭찬만 받아왔던 터라 당혹감을 감추지 못합니다. 그런 드러커에게

법칙 9 경험을 자산화하라

창업자는 "나는 자네가 증권분석사로서는 일을 썩 잘했다는 것을 알고 있네. 그러나 만약 자네가 증권분석 업무를 계속하길 바랐다면 우리는 자네를 이리로 데려오지 않고 원래 있던 그 자리에 그냥 두었겠지. 그런데 지금 자네는 시니어 파트너들 수석 비서인데도 여전히 증권분석사 시절에 하던 것처럼 일하고 있더군. 지금 자네가 무엇을 해야 하는지 생각해 보게. 다시 말해, 새로운 직무에서 효과적인 사람이 되려면 자네가 무엇을 해야만 하는지 생각해 보게." 드러커는 화도 나고 속상했지만, 창업자의 말을 받아들였습니다.

이후 그는 일을 대할 때마다 이 경험을 되새겼습니다. 수십 년 동안 새로운 일을 맡을 때마다 그 역할에서 가장 효과적인 사람이 되기 위해서 무엇을 해야 하는지를 끊임없이 자신에게 질문해 왔습니다. 또한 조직 내에서 계속 승진하다가 무능해지는, 또는 실패하는 다른 이들을 관찰하면서 그들이 과거 자신과 같은 실수를 저지르고 있음을 알았습니다. 새로운 직무나 역할을 맡았는데도 과거에 이미 성공을 거두었던 방식, 그들을 승진시켜 준 스타일에 고착하고 있었던 것입니다.

이 같은 경험은 우리가 직장 생활을 하면서도 흔히 접할 수 있는 유형입니다. 드러커의 이 일화를 볼 때면 제 경험이 종종 생각납니다. 저는 30대 초반에 대졸 공채로 뒤늦게 어느 비즈니스 그룹에 입사를 하였습니다. 제 동기들, 그리고 주변에서 일하는 선배 동료들은 학벌이 저보다 훨씬 좋았습니다. 제 눈에는 그들의 출신 학교가 상당한 후광 효과로 작용하는 것처럼 보였습니다. 그게 부족했던 저는 '내게 후광이 없다면 스스로 빛나는 사람이 되어야겠다'고 마음먹었습니다. 그때부터 전투적으로 일하기 시작했습니다. 주말이면 회사에 나가 사무실이 내 집무실이고 연구실이라 생각하면서 일하고 공부했습니다. 마치 일본 사무라이가 칼을 갈면서 정신을 가다듬듯이 일요일 저녁에 다음 주 입고 갈 와이셔츠를 다리며 칼 주름을 잡곤 했습니다. 부서 차원에서 중요하고 굵직한 일들은 제 손에 모두 거머쥐고 갔습니다.

그러던 어느 날, 어렵고 버거운 일을 추진해야만 하는 상황에 직면하였습니다. 그 일의 실패 가능성도 높았을 뿐만 아니라, 성공한다 하더라도 우리 부서의 공으로 돌아오지 못할 개연성이 있었습니다. 제 상사인 임원과 팀장은 그 프로젝트를 제가 끌고 나가기를 바랬지만, 저는 이미 조직과 부서 차원에서 중요한 일들을 수행하고 있었기에 '여력이 없다'는 말로 거절 의사를 표현하였습니다. 다음날 팀장은 커피를 마시면서 이렇게 조언했습니다. "양손에 가득 쥔 걸 놓아야, 새로운 걸 잡을 수 있다."라고 말입니다. 그 말에 불현듯, 제 양손이 한동안 꽉 움켜 쥐기만 했다는 것을 알았습니다. 중요한 일들을 하고 있다는 자기 위로에 취해, 한동안 발전과 진보가 없었음을 깨달았습니다. 중요한 일을 하는 사람이 되는 것보다도 끊임없이 탈피하여 진화하고 발전하는 일이 더욱 중요함을 알게 되었습니다. 이 경험은 제 인생 경로에 큰 영향을 미쳤습니다.

법칙 9 경험을 자산화하라

* * *

지금까지 경험이 가진 특성을 살펴봤습니다. 경험의 유형과 크기도 물론 중요합니다. 전략적이고 거시적인 식견을 형성하는 데 P&L, 신규 사업 관리, 도전적인 업무, 글로벌 경험 등이 도움이 될 수 있습니다. 하지만 그보다 더 중요한 것은 경험을 대하는 내 태도와 습관입니다. 존 듀이가 정곡을 찌른 대로 경험 그 자체보다도 경험을 반추한 결과로 사람은 성장하기 때문입니다.

저는 많은 리더들을 만나면서 이 현상을 관찰할 수 있었습니다. 어떤 이는 프로필 상으로는 정말 화려해 보였습니다. 투자도 해 보고, 인수 합병도 해 보고, 남들과는 다른 시도도 해 보는 등 정말로 거창한 일들을 해 왔습니다. 개별 지식들은 많이 알고 있어서 무언가를 질문하면 그에 대해 빠삭하게 나열해 읊곤 했습니다. 하지만 정작, 조직 경쟁력을 높이기 위한 탁견은 부족한 리더들이 있었습니다. 본인이 담당하는 조직이 어떤 방향으로 가야 하는지, 자신만의 관점이 부족하였습니다. 반면 뾰족하게 내세울 이렇다 할 경력이나 경험이 없음에도 만나서 대화를 나눠 보면, 탁 트인 식견을 갖고 있는 이들이 있었습니다.

양자의 차이는 존 듀이 식으로 말하면 바로 경험의 재구성입니다. 그는 이에 관해 깊이 있는 견해를 남겼습니다. "하나하나의 경험이 그 자체로 좋을 뿐만 아니라 심지어 흥미로운 것이라고 하더라도, 그것들이 하나로 결합하여 더 커다란 경험으로 축적되지 못할 수도 있다. 그러한 경우 우리 에너지는 분산되고, 우리는 이것저것 산만한 경험으로 들뜨게 된다. 각각의 경험들이 서로 유기적으로 관련을 맺지 못하고 뿔뿔이 흩어져 버리면, 그러한 경험을 하는 우리는 산만해지고 통합적이지 못한 상태가 된다."[12]

이제 한마디로 이렇게 정리할 수 있겠습니다. 전략적 사고를 개발하려면 '크든 작든, 경험을 자산화하라!'라고 말입니다.

경험의 재구성으로
통찰력을 키워라

나는 어떤 경험을 축적해 왔는가?

이제 경험 자산화 작업을 해 보겠습니다. 먼저 리더들이라면 공통적으로 겪을 수 있는 경험들을 반추하는 일이 필요합니다. 앞서 CEO 후보로서 갖춰야 할 5가지 경험이 전략적 사고와 유의한 관계가 있음을 밝혔습니다. 그런데 이들 5가지 경험은 상당히 추상적인 경향이 있습니다. 보다 더 구체적인 경험 단위들을 추출해 낼 필요를 느꼈습니다.

저는 국내 임원 약 700여 명이 기술한 경력 기술서 1만여 건을 구할 수 있었습니다. 입사 초기부터 고위 임원이 될 때까지 본인이 수행하고 겪어 본 주요 과업들이 텍스트 형태로 기술되어 있습니다. 어느 직급일 때 어떤 프로젝트를, 무슨 내용으로, 언제부터 언제까지 수행하였다는 내용이지요. 이 데이터를 활용하여 고위 임원으로 성장하기까지 겪는 주요 경험들을 추출해 내고자 했습니다. 이런 질적 데이터를 분석하려면 예전에는 연구자 여러 명이 눈 빠지게 읽어 가면서 범주화해야만 했습니다. 하지만 2010년 이후로 텍스트 분석 기법이 눈부시게 발달하고 있었기에, 그 기술에 기대어 보다 빠르게 체계적으로 분석을 할 수 있었습니다.

그 결과 리더들이 성장 과정에서 공통적으로 겪을 수 있는 경험 36개가 도출되었습니다. 그리고 이들 단위 경험들은 다시 10개의 대범주, 즉 전략적 변화 경험, 어려운 문제 해결 경험, 자원 배분 경험, 시장 및 고객지향적 경험, 업무 프로세스 및 시스템 구축 경험, 관리 범위가 넓은 경험, 조직구조 및 구성원 변화 경험, 내/외부 관계 관리 경험, 글로벌 다양성 관리 경험, 본사 및 계열사 근무 경험으로 유목화될 수 있었습니다.

그런데 이들 경험들은 국내 임원들이 기술한 경력 데이터만을 대상으로 추출한 것이었기에 한계가 있을 수 있습니다. 우리나라 기업들이 글로벌 경쟁을 하고 있는 상황에서 우리 리더들도 그에 준하는 경험이 필요하리라 여겨졌습니다. 그리하여 2017년 기준으로 《포춘》 200대 기업 CEO를 대상으로 추가적인 연구를 실시하였습니다. 200대 기업 CEO들 리스트를 만들고, 그들의 경력기술서 또는 이력서를 구하고자 하였습니다. 바이오그래피Biography 닷컴과 블룸버그Bloomberg 에서 제공하는 인물 검색 기능을 활용하였고, 그 결과 200명 중에서 172명의 이력서나 경력 기술서를 확보할 수 있었습니다.

글로벌 기업 CEO들의 경험을 분석해 보니, 국내 임원들이 기술한 경험 유형과 유사하게 나타났습니다. 다음과 같은 경험들은 글로벌 기업 CEO에게서 차별적으로 나타났습니다. 하나는 위기 관리 경험이었습니다. 금융 위기, 또는 자사에 좋지 않은 영향을 미칠 수 있는 입법 등으로 인한 체계적인 리스크에 대응하거나, 제품과 서비스 결함 또는 회사 내부 이슈가 드러나 사회적으로 주목을 받는 상황을 해결하고자 했던 경험들이었습니다. 다른 하나는 TV, 신문 잡지 등의 대중 매체 앞에서 유연하게 대응한 경험이었습니다. 이와 같은 작업을 통해서 총 11개 범주, 39개의 단위 경험이 최종 확정되었습니다.

독자 여러분도 경력 전반에 걸쳐서 본인이 어떤 경험을 겪어 왔는지 체크해 볼 수 있습니다. 다만 다음 사항을 유의해서 응답해야 합니다. 첫째, 각 경험마다 5점척도로 응답하도록 요구하고 있는데, 각 점수마다 기준이 모호하게 느껴질 수 있습니다. 예를 들어 3점 '보통 수준으로 경험했다'와 4점 '많이 경험했다' 간에 차이는 분명하지 않습니다. '몇 년을 해야 많이 경험한 건가?' '유사한 경험을 몇 번 겪어야 많이 했다고 할 수 있나?'라는 생각이 들 수 있습니다. 그런데 이전 장에서 살펴본 대로, 경험은 어디까지나 주관적입니다. 같은 경험을 겪고도 어떤 이는 많이 겪었다고 느낄 수 있지만, 어떤 이는 아직도 부족하다고 느낄 수 있습니다. 어떤 이는 1년만에 다방면으로 밀도 있게 겪을 수 있지만, 어떤 이는 10년에 걸쳐서 겪기도 합니다. 그렇기 때문에 절대적인 기준을 제시하기 어렵습니다. 본인 스스로 어느 정도 겪었는지 판단할 수 밖에 없습니다.

둘째, 각 문항마다 심사숙고해서 응답하길 바랍니다. 성격검사 문항에 응답하듯 직관적으로 바로 반응하기보다는 일생 전반을 검토하면서 기억해 내시기 바랍니다. 인간의 경험은 기억하지 못하면 겪지 않은 것이기 때문입니다.

셋째, 다른 사람과 비교하기보다 내 특성을 찾는 데 집중하시기 바랍니다. 앞서 여러 속성을 살펴본 대로 경험은 그 우열을 가르기 어렵습니다. 다른 사람이 얼마나 축적했는지를 궁금해하기 보다 본인이 어떤 경험을 많이 겪어 왔고, 한편으로는 그렇지 않았는지 확인해 보시기 바랍니다.

리더 성장에 도움이 되는 공통 경험들[2]

리더로서 공통적으로 겪을 수 있는 경험들이 제시되어 있습니다. 각 문항을 꼼꼼히 읽고, 과거 기억을 모두 탐색하여 본인이 겪은 수준을 주관적으로 판단하여 체크하여 주시기 바랍니다.

---

[2] 본 경험 검사는 독자 개인 활용에 한하여 사용 가능합니다. 사기업에서 활용하거나, 개인이 영리적 목적으론 활용될 수 없습니다.

번호	단위 경험					
1	회사에서 남들이 해 보지 않은 것을 최초로 시도한 경험	1	2	3	4	5
2	회사 또는 부문/본부의 전략 방향을 수립한 경험	1	2	3	4	5
3	신제품 개발이나 신성장 사업을 검토하고 추진한 경험	1	2	3	4	5
4	인수 합병을 검토하거나 추진한 경험	1	2	3	4	5
5	조인트 벤처, 파트너십을 검토하거나 추진한 경험	1	2	3	4	5
6	성과에 좋지 않은 영향을 미치는 고질적인 문제를 해결하고자 한 경험	1	2	3	4	5
7	업계 또는 회사 내 만연해 있던 불합리한 관행/관례를 타파하려 했던 경험	1	2	3	4	5
8	여러 부서가 얽힌 경영 이슈를 분석하고 해결하고자 한 경험	1	2	3	4	5
9	회사 내 다른 부서들로부터 소속 조직에 대한 신뢰를 회복시키려 한 경험	1	2	3	4	5
10	성과가 저조한 조직을 개선하려 한 경험	1	2	3	4	5
11	회사 또는 부문/본부의 매출 및 수익을 검토하거나, 예산을 편성한 경험	1	2	3	4	5
12	특정 사업에 투자를 검토한 경험	1	2	3	4	5
13	외부로부터 자금을 직접 조달하고자 시도한 경험	1	2	3	4	5

번호	단위 경험					
14	비용을 대폭 절감하고자 노력한 경험	1	2	3	4	5
15	구조조정, 지분 또는 자산 매각, 아웃소싱 등을 검토하거나 추진한 경험	1	2	3	4	5
16	시장의 니즈와 원츠를 심층 파악하거나, 새로운 니즈를 창출하고자 한 경험	1	2	3	4	5
17	자사 고객 집단을 재정의하려 한 경험	1	2	3	4	5
18	기업 이미지, 제품·서비스 브랜드를 정립하거나 개선한 경험	1	2	3	4	5
19	경영환경 위기, 법적 제도 변화 등으로 인한 체계적 리스크에 대응한 경험	1	2	3	4	5
20	재무적 리스크, 제품·서비스 결함, 또는 회사 내부 이슈가 외부에 밝혀져 사회적 주목을 받는 상황을 해결하고자 한 경험	1	2	3	4	5
21	TV, 신문, 잡지 등의 대중 매체 앞에서 조직 이슈 등과 관련하여 유연하게 대응한 경험	1	2	3	4	5
22	회사/조직 차원의 새로운 정책, 지침, 기본 방침 등을 수립한 경험	1	2	3	4	5
23	조직의 업무 프로세스를 개선하거나 새롭게 구축하려고 시도한 경험	1	2	3	4	5
24	KPI 등 제도나 시스템을 설계하고 그 실행을 모니터링한 경험	1	2	3	4	5
25	단일 부서 내에서 다양하고 이질적인 상품, 기술, 서비스 등을 책임져야 하는 경험	1	2	3	4	5
26	복수의 기능 또는 여러 부서를 책임지고 수행하는 경험	1	2	3	4	5

번호	단위 경험					
27	현저히 많은 구성원, 지리적으로 떨어져 있는 다양한 사업장 등을 관리한 경험	1	2	3	4	5
28	조직 구조를 설계하고 필요 인력을 충원한 경험	1	2	3	4	5
29	조직 문화를 개선 또는 변화시키려 한 경험	1	2	3	4	5
30	조직과 구성원 역량을 제고하여 경쟁력을 강화하려 한 경험	1	2	3	4	5
31	회사 내 다른 조직들과 상당히 많은 조율/협력이 필요로 하는 경험	1	2	3	4	5
32	고객/협력사/공급자 등 산업 관계자들과 협상 및 협업하거나 관리한 경험	1	2	3	4	5
33	정치인·정부 관료·규제 기관과 접촉/협상/조율/관리하는 경험	1	2	3	4	5
34	해외 현지에서 근무하면서 생소한 문화/가치관을 접한 경험	1	2	3	4	5
35	해외 현지 법인을 직접 설립 또는 운영한 경험	1	2	3	4	5
36	다양한 출신, 문화적 배경을 가진 사람들과 일을 한 경험	1	2	3	4	5
37	회사 단위의 본사 또는 사장실에서 근무한 경험	1	2	3	4	5
38	계열사에서 근무하면서 다른 계열사(들)와 공동의 이슈/문제에 대한 대응 방안을 모색한 경험	1	2	3	4	5
39	그룹 본사에서 근무하면서 그룹 전체의 공통 이슈를 해결하려 한 경험	1	2	3	4	5

모두 체크하였다면 자신의 경험 프로파일을 확인해 보겠습니다. 먼저 대범주 경험 평균을 내 보고, 그 결과를 그래프로 옮겨 보겠습니다.

항목별 평균 계산하기

		문항 번호	평균
1	전략적 변화 경험	1, 2, 3, 4, 5	
2	어려운 문제 해결 경험	6, 7, 8, 9, 10	
3	자원 배분 경험	11, 12, 13, 14, 15	
4	시장 및 고객지향적 경험	16, 17, 18	
5	위기관리 경험	19, 20, 21	
6	업무 프로세스/시스템 구축 경험	22, 23, 24	
7	관리 범위가 넓은 업무 경험	25, 26, 27	
8	조직구조, 구성원 변화 경험	28, 29, 30	
9	내/외부관계 관리 경험	31, 32, 33	
10	글로벌 다양성 관리 경험	34, 35, 36	
11	본사 및 계열사 근무 경험	37, 38, 39	

법칙 9 경험을 자산화하라

패턴 그려보기

원래 본 검사는 국내 기업 리더 3,000여 명과 비교하여 본인 수준을 알 수 있도록 설계되었습니다. 즉, 본인이 어떤 경험을 얼마나 많이 했는지 다른 리더들과 비교한 수준을 검토할 수 있도록 만들어졌습니다. 그러나 이 책에서는 남과 비교하지 않은, 본인의 절대적 평균 점수로만 해석해 보도록 권하고자 합니다. 앞 절에서 짚은 대로 경험은 주관성이 강하기 때문입니다. 어떤 이는 마케팅 업무를 3년 수행해 보고 이만큼이면 많이 해 봤다고 평가합니다. 반면 어떤 이는 20년을 수행해도 아직도 멀었다고 생각합니다.

또한, 남들과 비교한 결과가 자기계발에 부정적인 사례를 여러 번 봤기 때문입니다. 점수가 낮은 항목이 많으면 좌절을 느끼는 분들이 있었습니다. 어떤 이는 '지금까지 회사 생활만 몇 년인데 나는 그동안 뭐하고 산 걸까?'라는 생각이 든다고 하였습니다. 이 같은 열등감 혹은 좌절감은 되려 성장에 방해가 되곤 합니다. 남들과 비교하는 것보다도 자기 경험을 성찰하여 의미와 시사점을 이끌어 내는 것이 핵심입니다.

경험의 재구성을 통한 전략적 사고 개발

이제 존 듀이가 말한 '경험의 재구성'으로 배움과 의미를 이끌어 내어 전략적 사고를 개발하는 일에 집중해 보겠습니다. 앞에서 그린 그래프를 통해 지금까지 직장 생활하면서 겪어 온 경험 프로파일이 어떤 모습인지를 유심히 관찰해 보시기 바랍니다. 다음 질문에 답을 해 가면서 말입니다.

▶ 11가지 범주 중에서 가장 많이 경험한 것은 무엇입니까?
▶ 구체적으로 어떤 경험들입니까?
▶ 상대적으로 경험이 적게 나온 범주는 무엇입니까?
▶ 프로파일을 보고 어떤 생각, 느낌, 감정이 듭니까?

그런데 예리한 독자는 여기서 한 가지 의문을 제기할 수 있습니다. '앞에서 체크한 경험들은 비단 전략적 사고만이 아니라 다른 역량들도 향상시킬 수 있는 원천이 아닌가?'라고요. 타당한 문제 제기입니다.

인간의 모든 경험은 건설적으로 재구조화하고 제대로 소화하기만 한다면 전인적 성장에 기여할 수 있습니다. 지식의 원천이면서도 정서 발달의 계기이자 인격 성숙의 기회입니다. 소통, 협업, 협상, 실행력 등 다양한 역량을 개발할 수 있는 보고입니다. 비단 전략적 사고 개발에만 국한되지는 않습니다. 그래서 때로는 미리 목적지를 분명히 설정하고 경험을 반추해 볼 수도 있습니다. "전략적 사고에 집중하여 내 경험들을 자산화하겠다."라고 말입니다.

경험 자산화를 위해 웨스턴 리저브 대학교 데이비드 콜브David Kolb가 제안한 경험 학습 모형을 검토해 보고자 합니다.[13] 그는 인간이 경험으로 4단계 과정을 거쳐서 학습한다고 주장하였습니다. 첫 번째는 경험하거나 또는 과거 경험을 떠올리는 단계입니다. 다음으로 경험한 상황을 주의 깊게 관찰하고 분석하는 과정입니다. 경험을 1단계 높은 차원으로 변환하고 해석하여, 일반적인 원리나 이론을 이끌어 냅니다. 마지막으로 추상화된 원리나 이론을 현실 상황에 다시 적용하고 실험하는 단계입니다. 이를 통해서 그 원리와 이론을 수정하고 발전시켜 나갑니다.

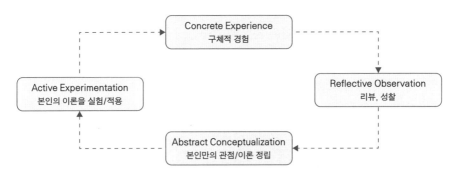

데이비드 콜브의 경험 학습 모형

그가 말한 사이클에 따라서 경험을 자산화해 보겠습니다. 위의 39개 항목들 중에서 약간의 경험이라도 있다면 모두 자산화하면 좋겠지만, 지금은 가장 많이 경험한 항목 1개만을 선정해서 연습해 보겠습니다. 그리고 다음 질문들로 성찰해 보시기 바랍니다.

구체적인 경험

▶ 그 경험은 무엇입니까? 무슨 일이 일어났습니까?

▶ 그 문제 또는 이슈를 해결하고자, 또는 그 과업을 완수하고자 어떤 사고 과정을 거쳤습니까? 그 근거나 논리는 무엇이었습니까?

▶ 결정을 내리고 행동으로 옮긴 바는 무엇입니까?

▶ 그 결과는 어떻게 되었습니까?

▶ 주변 사람들의 반응은 어떠했습니까?

리뷰와 성찰

▶ 이 경험을 통해서 얻은 지식과 기술은 무엇입니까?

▶ 분석력, 논리력, 직관력, 창의력, 전사적 관점 등을 개발하는 측면에서 도움이 된 점은 무엇입니까?

▶ 실행 과정에서 잘한 일이 있다면 그것은 무엇입니까? 잘못한 일이 있다면 그것은 무엇입니까?

▶ 그때로 다시 돌아간다면 어떻게 하고 싶습니까?

▶ 다른 이들(이해관계자, 유관부서 등) 입장에서 그 상황을 다시 보면, 어떻게 달리 평가될 수 있습니까?

본인만의 관점과 이론 정립

▶ 어떤 패턴이나 법칙이 관찰된다면 그것은 무엇입니까?

▶ 그 경험을 하면서 사람, 조직, 업무, 성공, 성과, 경쟁 등을 바라보는 관점이 달라진 점이 있습니까? 이전의 관점은 무엇이고, 그 이후의 관점은 무엇입니까?

▶ 자신만의 원리나 이론을 정리할 수 있다면 그것은 무엇입니까?

▶ 그 경험을 통해서 시야가 넓어졌다면 그것은 무엇입니까?

본인의 이론을 실험/적용

▶ 어떤 상황에서 그 원리나 이론을 적용할 수 있습니까?

▶ 그 이론이나 원리를 적용하여 얻을 수 있는 기대 효용은 무엇입니까?

▶ 그 원리나 이론을 적용할 때 유의할 점이 있다면 그것은 무엇입니까?

어떤 리더는 '회사에서 남들이 해 보지 않은 것을 최초로 시도한 경험'을 자신을 크게 성장시킨 항목으로 꼽았습니다. 그는 대학생 때 연구개발직을 꿈꿨고 그 바람대로 작은 연구조직에 입사할 수 있었습니다. 부푼 가슴을 안고 입사를 하였지만, 정작 그가 하는 일은 연구개발이 아니었습니다. 그 회사는 겉으로는 연구개발을 표방하고 있었지만, 실상은 글로벌 기업에서 개발한 기술을 로열티를 매년 지급하면서 국내로 들여와 배급하던 곳이었던 것입니다. 초반 2년간은 일을 배우느라 정신없는 나날을 보냈지만, 3년차부터는 연구개발에 갈증이 생겼습니다.

그는 조금만 노력을 하면 우리도 충분히 개발할 수 있는 기술인데, 굳이 1년에 수십 억씩 로열티를 주면서 다른 기업에서 사오는 행태가 이해가 되지 않았습니다. 그래서 팀장에게 "우리가 자체적으로 개발할 수 있을 것 같습니다. 한번 해 보고 싶습니다."라고 진중하게 얘기를 꺼냈습니다. 그러나 팀장은 "우리가 무슨 능력이 있어서 그런 기술을 개발할 수 있나요. 돈도 없고 인력도 없는데 무슨 연구개발, 그냥 하던 일이나 열심히 하세요."라고 면박을 줬습니다. 처음에는 실망했지만, 거기서 그만두기가 싫었습니다. 여기서 이렇게 좌절할 거면 다른 회사를 가더라도 또 좌절하고 말 거라는 생각이 들었습니다.

그래서 선배들을 설득하기 시작했습니다. 밥 먹으면서, 커피 마시면서, 술 마시면서도 계속 회사 모르게 우리라도 연구개발을 해 보자고 졸랐습니다. 그러자 몇몇 선배가 동조해 줬고, 업무 시간이 끝나고 그네들끼리 모여서 연구개발을 시작하였습니다. 그렇게 2년간 회사도 모르게 연구개발을 하다가 점차 개발 성공이 가시권에 이르자 회사에 공개적으로 알렸습니다. 그러자 대표가 인력을 더 붙이고 예산을 편성해 주었습니다.

마침내 4년만에 기술 개발에 성공하였습니다. 글로벌 기업과는 다른 방식으로 더 좋은 품질의 기술을 개발해 냈습니다. 회사는 더 이상 외부에 로열티를 주지 않아도 되었고, 해외에 수출하면서 매출과 영업 이익이 크게 향상되었습니다.

이 경험을 통해서 그는 매우 많은 교훈을 얻었다고 밝혔습니다. 먼저, 선배들을 설득하는 과정에서 진심 어린 소통이 얼마나

법칙 9 경험을 자산화하라

중요한지를 깨달았습니다. 연구개발에 있어서 협업을 어떻게 해야하는지도 배웠습니다. 그리고 계속 시도하다 보면 무엇이라도 얻는다는 걸 배웠습니다. 무엇보다도 원래 회사는 예산, 인력, 시간, 역량 등의 제약으로 '안 되는 일 투성이'이지만, 그럼에도 되게 만들어야 진짜 가치, 경쟁 우위를 만들어 낼 수 있음을 몸으로 체득했다는 것입니다. 그리고 다른 회사로 이직한 후에도 동일한 원리와 이론을 적용하여 계속 성장해 왔습니다. 다만, 그 원칙을 자신에게만 엄격히 적용할 뿐, 다른 이들에게 요구하거나 주입시키려 하지 않는다 하였습니다.

나만의 고유하고 차별적인 경험은 무엇인가?

앞에서 체크한 경험들의 절대적인 수준이 낮으면 자신에 실망감이 들 수 있습니다. 하지만 그것은 인간이 겪을 수 있는 경험의 일부만을 포착한 결과물입니다. 학문적으로 '관리 업무 경험'이라 부르는 항목들로, 리더들이 공통적으로 겪을 수 있는 경험들을 추출한 결과입니다.[14] 데이터 분석으로 리더들이 경력 기술서에 빈번하게 언급한 경험 단위들만 두드러지게 그물망에 걸린 셈입니다. 이 말은 곧 각 개인마다 고유하고 차별적인 경험들은 제외되었음을 의미합니다. 그 독특하고 희소한 경험들이 한편으로는 우리를 크게 성장시킬 수 있는 원천이 될 수 있습니다.

인간의 경험은 앞서 살핀 '관리 업무 경험'에 더하여 '사적인 경험' '전문가 경험' 3가지 대범주로 개념화하고 구분할 수 있습니다. 사적인 경험은 우리가 어릴 때부터 성장하면서 지금에 이르기까지 개인적인 영역에서 겪을 수 있는 일들입니다. 전문가 경험은 특정 분야에서 지식과 기술을 쌓고 전문성을 개발하는 과정에서 겪는 일들을 의미합니다. 관리 업무 경험은 리더로서 일과 사람 그리고 조직을 이끌면서 접할 수 있는 일들을 일컫습니다. 앞에서 체크한 항목들은 '관리 업무 경험'에 국한되어 있습니다.

개인이 유년기부터 청년기에 이르기까지 겪을 수 있는 이벤트는 너무 다양하고, 이 세상에는 전문적 분야가 많기 때문에 '사적인 경험' '전문가 경험'은 공통 요소를 추출하기 어렵습니다. 독자 여러분께서 각 영역별로 겪은 고유하고 독특한 경험을 떠올려 보고, 그것을 자산화해 보기를 바랍니다.

관리 업무 경험에서 고유한 경험을 했던 유명한 사례가 있습니다. 스티브 잡스가 경영자로 성숙해진 계기는 바로 그가 창업한 회사에서 이사회에 의해서 쫓겨났을 때였습니다. 상당한 정신적 충격과 심리적 고통을 동반했던 사건이었습니다. 하지만 그 경험이 그를 보다 성숙한 경영자로 변모하게 만든 자양분이 되었습니다. 이 경험은 위의 39개 항목에는 없습니다.

HP CEO였던 칼리 피오리나Carly Fiorina가 크게 깨닫고 각성한 경험도 위의 '관리 업무 경험' 리스트에는 나와 있지 않은 그녀만의 고유한 경험입니다.[15] 그녀는 AT&T의 영업 담당 관리자로서 항공기 제작사 보잉Boeing와 협업하던 중이었습니다. 양사는 공동으로 연방 정부에 입찰하려 계획 중이었습니다. 정부 관계자 앞에서 대표로 프레젠테이션을 해야 하는 이들이 필요했고, 칼리는 자신이 그 일을 잘할 수 있다고 여겼습니다. 양사 임원들과 칼리는 입찰 전략을 논의하고자 모여 그날 저녁을 함께 하였습니다. 그런데 보잉의 고위 임원 중에 하나가 그녀에게 웃으며 "당신은 우리 발표자 중 1명이 아니어도 될 것 같아요. 여성 중에는 그와 같은 부담을 견디지 못하는 이들이 있지요. 우리는 당신이 그 장소에서 냉정함을 잃지 않았으면 좋겠어요. 그런데 왜 이렇게 열심히 일하는 건가요? 남편과 더 많은 시간을 보내고, 아이를 낳고 싶지 않으세요?"라고 비아냥거렸습니다. 집에 가서 애나 보라는 말을 넌지시 전한 것이었습니다.

여성 차별적 발언을 듣자마자 그녀의 얼굴에 피가 솟구쳤습니다. 얼굴이 너무 붉어지자 식사를 같이 하던 이들이 모두 웃었습니다. 그리고 그 임원은 계속해서 칼리에게만 남편이 누구이고, 무슨 일을 하는지, 결혼한지 얼마나 되었는지 물었습니다. 결국 속이 상한 그녀는 자리에서 일어나 주차장으로 가서 주저 앉아 울었습니다. 더구나 울고 있는 자기 자신에게 또 화가 나기도 했습니다. 그리고 집에 가서 또 펑펑 울었습니다. 그리고 이렇게 결심합니다. "그날 밤 오랫동안 울고 나서 한 가지 결심을 했다. 다시는 다른 사람들의 편견 때문에 울지 않겠다고. 그들의 좁은 마음이나 편견을 내 짐으로 떠안지 않으리라. 인생이 항상 공평한 것은 아니다. 남성보다는 여성들에게 특히 그렇다. 나는 현실을 받아들이고, 그것 때문에 위축되지 않겠다고 결심했다. 내가 할 수 있는 모든 것을 성취하리라. 내 인생은 내 것이라고 생각했다. 이제는 내 마음 역시 내 것이라고 결론지었다."[16] 이 경험을 통해서 그녀는 세상을 보는 눈, 일을 대하는 태도, 여성으로서 경력을 쌓는 일에 관한 관점이 예전과는 질적으로 달라졌습니다.

전문가로서 겪은 경험을 통해서 조직을 이끄는 일에 통찰력을 얻은 이도 있습니다. 제가 만난 대표 A는 제게 "CEO 역할은 항상 제 본성을 거스르는 자리인 것 같습니다."라고 고백하였습니다. 어떤 말인지 감은 잡았으나, 직접 생각을 듣고 싶어 무슨 의미냐고 되물었습니다. 그러자 그는 이렇게 말했습니다. "저는 경력 초반에 증권사에서 주식 투자 업무를 10여 년간 했었습니다. 한 회사를 깊이 분석해서 잠재력이 있다 싶으면 주식을 샀지요. 그런데 그 다음날부터는 그 회사를 대하는 마음가짐과 가정이 달라지더군요. 그 회사에 관한 기사를 긍정적으로 해석하려는 경향이 보였습니다. 정보를 편향적으로 해석하게 되는 거죠. 투자자는 그래서는 안 된다 싶었습니다. 일단 투자를 하게 되면 그 다음날부터는 '나는 이 회사에 투자하지 않았다'고 가정하고 그 회사 정보를 대하려 노력했습니다. 제 본성을 거슬렀기에 그 증권사에서 성공할 수 있었습니다. 창업을 하고 대표가 된 지금도 여전히 제 본성을 거슬러야 하는 것 같습니다. 개인으로서는 정말 하고 싶지만 CEO 역할을 고려하면 하지 말아야 할 것, 원래 잘하지만 CEO이기에 해서는 안 되는 것, 정말로 하기 싫지만 CEO 역할을 생각할 때 반드시 해야만 하는 일을 잘 구분하는 일이 필요하더군요. 그리고 그에 맞게 노력을 기울여야 이 일을 잘 할 수 있고요."

A는 자기 경험에서 '자신의 일을 잘 수행하려면 자신의 본성대로 행하는 게 아니라 끊임없이 거슬러야만 한다.'라는 자신만의 원칙을 이끌어 냈습니다. 그리고 기존과는 완연히 다른 새로운 상황에 들어갔을 때 그 원칙을 적용하려 시도합니다. 그 결과, 그 원칙이 여전히 유효하다는 점을 재확인하였습니다. 이 과정에서 그는 CEO가 해야 할 역할을 끊임없이 고민했고, 그래서 자신을 어떻게 다스려야 하는가에 관한 뚜렷한 관점을 확립할수 있었습니다.

사적인 경험을 통해서 새로운 산업을 만든 사례도 있습니다. 즉석 사진기 폴라로이드를 발명한 에드윈 랜드Edwin Land는 하버드대학교에서 광학을 공부했지만 1학년을 다니다 그만두었습니다. 뉴욕으로 이사를 가야만 했기 때문입니다. 하지만 그는 편광 기술에 매료되어 나름대로 연구를 계속해 왔었습니다. 뉴욕 공립 도서관을 전전하기도 하고, 실험을 하기 위해서 콜롬비아대학교 실험실에 몰래 잠입하기도 했었습니다. 그 노력의 결과로, 선글라스용 편광 필터나 사진 필터를 개발하여 상용화하고 제품을 팔기 시작했습니다.

그러던 어느 날, 3살배기 큰 딸 제니퍼와 함께 뉴멕시코주 산타페로 휴가를 떠났습니다. 딸은 망아지를 사진으로 찍고 싶어

했습니다. 그래서 에드윈 랜드는 카메라를 꺼내 사진을 찍어 주었습니다. 그때 딸이 "왜 사진 찍고 나면 곧바로 볼 수 없는 거예요?"라는 질문을 하였습니다. 에드윈 랜드는 그 질문에 머리를 한 대 맞은 것 같았습니다. 그는 사진을 찍으면 현상소에 필름을 맡기고 며칠 지나서 인화된 사진을 찾아 가는 일을 당연하게 여겼습니다. 기술적인 한계가 있음을 알고 있었기 때문입니다. 그런데 딸은 사진을 찍으면 바로 확인할 수 없는 일이 이해가 되지 않았습니다. 꼬리에 꼬리를 물고 생각이 펼쳐졌습니다. 그러자 머릿속에 섬광처럼 아이디어가 떠올랐습니다. 3년간 연구를 거듭한 끝에 1947년 미국 광학 학회에서 최초로 폴라로이드 기술을 선보입니다.

우리나라의 예도 있습니다. 한 가전 업체 기술자는 고졸 출신이었지만 그 전문성을 인정받아 임원으로 승진하였습니다. 그런데 중남미 출장만 가면 양복 때문에 애를 먹었습니다. 가방에 옷을 오래 넣어 놔서 구김이 심했는데, 대다수 호텔에 다리미가 없었던 탓이었습니다. 아내에게 이 얘기를 했더니 "목욕탕 욕조에 뜨거운 물을 받고 뜨거운 습기로 욕실을 가득 채운 다음, 옷을 걸어 두면 주름이 펴지니 앞으론 그렇게 해 보세요."라는 조언을 받습니다. 아내 말을 듣고 다음 출장에서 해 봤더니 실제로 주름이 펴졌습니다. 이에 영감을 받아서 2002년에 컨셉트를 기획했고, 2006년에 본격 제품 개발에 돌입합니다. 그래서 탄생한 제품이 바로 LG 스타일러입니다.[17]

독자 여러분도 여러분이 겪은 고유하고 차별적인 경험을 샅샅이 살펴보시기 바랍니다. 그리고 앞에서 연습하신 바와 같이 경험 학습 모형에 따라 자산화해 보시기 바랍니다.

자신에게 의도적으로 경험을 부여하라

핵심 인재나 중간 계층 리더들과 얘기하다 보면, 특정 직무를 해 보고 싶지만 선택권이 없어서 아쉬움을 토로하는 경우가 있습니다. 회사가 인사 발령을 내서 자신에게 중요한 경험을 부여해 줘야만 할 수 있는데, 그렇게 해 주지 않아서 경력 개발에 어려움을 겪고 있다고 말입니다.

회사 내에서 전략적으로 중요한 직무를 맡을 수만 있다면 정말 좋을 겁니다. 크나큰 성장의 계기가 될 수 있습니다. 물론 경험의 재구조화를 잘 한다면 말입니다. 하지만, 그와 같은 직무는 매우 제한적입니다. 더구나 자기 개발과 성장의 주도적 책임은 회사가 아니라 본인에게 있습니다. 회사는 가능하다면 또는 기회가 된다면 지원해 줄 뿐입니다.

경험을 다음처럼 3가지로 유형화해 보면 생각이 달라질 수 있습니다. 첫째, 그 누구도 의도하지 않았지만 우리에게 다가온 경험입니다. 스티브 잡스에게는 2번의 성숙이 일어나는데, 경영자로서 성숙은 앞서 언급한 자신이 창업한 회사에서 쫓겨났을 때였습니다. 인간으로서 성숙은 2003년 췌장암 판정을 받고 6개월

시한부 인생을 선고받았을 때였습니다. 죽음 가까이에 이르렀을 때 그의 내면이 질적으로 크게 바뀌었습니다. 후자는 누구도 의도하지 않은, 살면서 다가온 경험 유형이라 할 수 있습니다.

둘째, 누군가의 의도에 의해서 부여받은 경험입니다. 조직에서 이런 유형의 일을 많이 겪곤 합니다. 팀에서 상사로부터 수명 업무를 받거나, 인사 명령으로 기존과는 질적으로 다른 업무를 수행하는 일입니다. 자신의 의사에 반해서 부여된 경험이라도, 성장의 계기가 된 사례들이 있습니다.

어느 임원은 연구개발자로 입사를 했습니다. 그는 평생 연구개발자로 살다가 은퇴하기를 소망하였습니다. 그만큼 연구개발에 소신을 걸었고, 또 그 일 자체가 재미있었습니다. 그렇게 15년간 그 일을 하던 중, 어느 날 사장급 연구소장이 본인 의향을 묻지도 않은 체 구매 팀장으로 발령을 내렸습니다. 구매팀이 회사에서 존재감 있는 부서이긴 하지만 도대체 자기가 소장님께 뭘 밉보였길래 아무런 지식과 경험도 없는 그런 부서에 발령을 보냈나 싶었습니다. 인사 명령이 떨어졌으니 구매팀으로 이동했지만 업무를 전혀 모르는 상태였기에 구매팀에서 5년 이상 일하고 있었던 김대리, 박대리에게 "이건 뭔가요" "그건 왜 그런가요"처럼 사사건건 물어야만 했습니다. 저자세로 후배들에게 건건이 물어보는 일도 스트레스였던지라, 이동한 지 1달만에 무려 10kg이나 빠졌습니다. 하지만 뒤돌아보니 그때 그 경험으로 자신이 크게 성장할 수 있었다고 회상하였습니다. 구매 업무를 하다 보니 연구소 전체 차원으로 시야가 넓어졌고, 저렴하면서도 우수한 부품이나 장비를 구매하면서 업계를 널리 볼 수 있었으며, 제품 경쟁력을 높이는 방법에 있어서 식견을 갖추게 되었다고 회고하였습니다.

마지막으로 의도를 갖고 그 자신에게 부여한, 즉 주도적으로 선택한 경험입니다. 흔히 우리는 조직에서 두 번째 유형의 경험만 얻을 수 있다고 생각하는 경향이 있습니다. 하지만 우리는 주체성을 가진 인간입니다. 두 번째 유형의 경험만 우리에게 있다면, 이는 주인에게 종속된 하인과 다름없습니다.

사고력 개발과 성장을 위해서 본인에게 의도적으로 부여할 경험을 조직 내에서 찾아볼 수 있습니다. 어느 임원은 실무자 시절부터 실제 업무는 아니지만 시야와 관점을 넓히고 전략적 사고를 높이기 위해서 그 자신에게 경험을 부여하곤 하였습니다. 소속 조직에서 수행하는 여러 기능들을 아웃소싱하게 되면 얻을 수 있는 재무적 효익은 무엇인지, 무슨 장점을 취할 수 있는지, 반면에 단점은 무엇인지를 보고서 형태로 만들어 보기도 하였습니다. 업계 관행들을 살펴보고 불합리한 점은 무엇인지, 어떻게 개선시켜야 하는지를 구상하기도 하였습니다. 더 나아가 그는 조직의 가치를 높여 줄 수 있는 방안들을 지속적으로 탐구하곤 하였습니다. 이를 위해서 업무 시간 이후에 업계 사람들을 만나거나, 접점이 전혀 없을 것 같은 다른 산업들은 무엇을 하고 있는지를 살피기도 하였습니다. 이를 근간으로 새로운 아이디어를 발의하고 프로젝트로 만들어서 주도적으로 이끌어 왔습니다.

글로벌 기업에서 임원 생활을 오래 한 어느 CEO는 이렇게 말했습니다. "많은 이들이 회사가 자신에게 기회를 주어야 성장한다고 가정합니다. 그런데 회사는 성과를 내는 곳입니다. 엄마는 사시사철 자녀를 돌보면서 이런저런 교육을 제공하며 개발시켜주지만, 회사는 그리할 수 없습니다. 저는 제 스스로 기회를 찾고 만들어 내야 한다고 생각했습니다. 그래서 주니어 시절부터 표로 만들어서 맨 위쪽 행에는 년도를 적었어요. 1년, 3년, 5년 단위로요. 그리고 그 아래 행에는 제 목표를 적어 놓았어요. 1년 안으로 이걸 해 보겠다, 3년 뒤에는 이 직무를 해 보겠다, 5년 뒤에는 마케팅 팀 리더를 해 보겠다, 이런 식으로 말입니다. 그리고 다음 행에는 그 직무와 역할을 수행하는 측면에서 내가 현재 가진 장점을 적었고, 마지막 행에는 내가 개선하고 보완해야 할 점을 적어 두었습니다. 이 표를 업무 노트 맨 앞에 붙였습니다. 회사 내부에서 모르는 누군가와 미팅을 할 때면, 바로 본론으로 들어가기 전에 서로 라포를 형성하는 시간을 갖곤 하잖아요? 그때마다 저는 업무 노트 맨 앞을 펴서 그 표를 보여 줬어요. '저는 이렇게 성장하고 싶고, 이런 일을 해 보고 싶습니다. 그런데 이런 지식이나 경험이 부족한데, 어떻게 하면 좋을까요? 혹시 추천할 만한 교육이나 책이 있을까요?'라고 질문을 하는 것으로 시작했습니다. 그러면 백이면 백 적극적으로 같이 고민하고 도와주려고 하더군요. '사내에서 누가 전문가고 업계에서는 이 사람이 최고니까 그를 만나 봐라, 내가 연결시켜 주겠다.'라고요. 많은 이들이 제가 하고 싶은 일과 열망을 알게 되었고, 제가 해보고 싶

법칙 9 경험을 자산화하라

은 포지션에 자리가 날 때마다 그들이 저를 추천해 주었습니다. '아무개가 그 일에 욕심이 많고, 적극적이고 주도적인 자세가 돋보이니 추천해 주고 싶다.'라고요."

이 CEO는 자신에게 의도적으로 경험을 부여하여 성장을 이루어 왔습니다. 여러분은 어떤 경험을 쌓고 있습니까? 스스로의 경험을 잘 관리하여 자산으로 쌓아 성장하기를 바랍니다.

경험 자산화하기

1. 관리 업무 경험을 자산화하기

39가지의 경험에 응답하고 프로파일을 확인해 보기 바랍니다.
그리고 본문에 제시된 질문들로 자산화해 보기 바랍니다.

2. 사적인 경험을 자산화하기

어릴 때부터 청년 시절에 이르기까지 기억에 남는 경험들을 회
상하며 어려움을 겪었던 일, 극복한 일, 위협에 직면한 일, 기회
를 놓쳤던 일, 크게 후회하는 일 등을 떠올려 보시기 바랍니다.

▶ 이를 통해서 배운 점은 무엇입니까? 그로부터 지금까지 가지
  고 있는 원칙이나 기준이 있다면 그것은 무엇입니까?

▶ 분석력, 논리력, 직관력, 창의력, 거시적 관점 등이 발달하게
  된 계기가 있다면 언제 무슨 일이었습니까?

▶ 세상을 보는 관점이 크게 확대되었거나, 본질적으로 달라진 계
  기가 있다면 언제 무슨 일이었습니까? 그 일을 통해서 나는
  세상을 어떻게 보게 되었습니까?

3. 전문가 경험을 자산화하기

지금까지 직장 생활을 하면서 수행한 기능(영업, 생산, 구매 등)을 바탕으로 다음 질문에 답해 보시기 바랍니다.

▶ 일을 수행하면서 배우고 느낀 점은 무엇입니까?

▶ 일이 회사 전체 가치에 기여했던 바는 무엇입니까?

▶ 일이 가지고 있는 기본적인 전제, 가정, 논리들은 무엇입니까? 그것에 지나치게 매몰되면 어떤 문제가 발생할 수 있습니까?

▶ 일을 수행하면서 얻은 원칙이나 아포리즘은 무엇입니까?

▶ 일을 수행하면서 전략적 사고 측면에서 도움이 된 점은 무엇입니까?

▶ 일을 수행하던 시절로 다시 돌아가서, 자기 자신에게 조언을 한다면 무엇이라 하겠습니까?

영광스러운
과거의 덫을 피하라

발목을 잡는
과거의 영광

예전부터 조직에서 관찰되는 여러 아이러니를 선정해 놓고 그 이유와 원인을 하나씩 탐구해 왔습니다. 그 중 하나는 '조직의 성장과 발전을 이끌어야 하는 조직장이 새로운 시도를 계속 가로막아서 되려 조직을 도태시키는 현상'이었습니다.

어느 팀장은 제게 하소연을 했습니다. 구성원들과 새로운 아이디어를 짜고 심혈을 기울여 기획서를 만들어 가면 매번 상사 임원이 "그거 다 해 봤다, 해 보니 안 되더라, 그러니 다른 거 가져와라."라고 한다는 겁니다. 이런 인물들이 공통적으로 기억력이 기가 막힙니다. 기획서를 보자마자 갑자기 회상으로 돌입하더니 "가만 보자, 지금으로부터 정확히 13년 전이었지."라며 거대한 서사가 시작됩니다. 결론은 "그거 안 된다."로 끝나는 이야기입니다. 구성원들은 그들의 잠재력을 마구 뿜어 내려고 하는데, 리더들이 병목처럼 거대한 물결을 가로막고 있는 형국입니다. 결국 리더 자신도 무능의 나락으로 떨어집니다. 이 같은 태도는 특히 경험이 많은 리더들에게서 관찰되곤 합니다. 소위 과거 경험에 갇혀 있는 모습이지요. 이를 두고 학자들은 '경험의 덫 Experience trap'이라 부릅니다.

그 대표 연구를 살펴보겠습니다. 인시아드대학교의 키쇼어 센굽타 Kishore Sengupta는 동료들과 함께 실험 연구를 수행하였습니다.[1] 그는 경험과 성과 간 관계를 살펴보고자 하였습니다. 그는 소프트웨어 개발 프로젝트를 관리하는 컴퓨터 모의 게임을 준비하였습니다. 한정적인 예산 범위 안에서 정해진 납기 시점까지 최고 품질의 소프트웨어를 개발하는 일이 목표인 게임이었습니다. 소프트웨어 품질은 결점이 몇 개인지 점수화하는 방식으로 측정되었습니다. 연구자들은 경험이 적은 이부터 많은 이까지 관리자들 수백 명을 연구에 초대하고 모의 게임을 진행하도록 부탁하였습니다. 결과는 어땠을까요? 초기 가설과는 달리 경험이 많은 관리자일수록 되려 프로젝트가 지연되었고, 예산을 초과했으며, 오류 투성이였습니다.

연구 참가자 A는 소프트웨어 개발 프로젝트로 잔뼈가 굵은 이였습니다. 그는 NASA의 과학 소프트웨어 개발을 총괄하기도 하였고, 다수의 정부 기관과 사기업에서 개발 프로젝트를 이끌어 왔습니다. 모의 게임 속에서 A는 초반에 엔지니어 4명과 함게 작은 팀을 꾸려 개발 업무에 집중했습니다. 이 방식은 단기적으로는 유효했습니다. 인원이 적어서 소통과 협업이 빨랐고, 생산성도 높게 나타났습니다. 하지만 당초 예상보다 프로젝트 수행 규모가 확대되면서 문제가 발생하기 시작했습니다. 처리할 일들이 크게 늘어나면서 팀원들에게 업무가 과하게 할당되기 시작했고, 팀원들은 실수를 연발했으며 번아웃으로 지쳐갔습니다. A는 급히 팀원들을 더 뽑았지만 채용까지 시간이 걸린 데다, 새로 합류한 팀원들이 기존 팀원들과 손발을 맞추는 데도 시간이 걸렸습니다. 결국 계약된 일정보다 납기가 늦어졌고, 소프트웨어 결함도 적지 않게 발견되었습니다. A처럼 경험이 많은 관리자들에게서 이런 패턴이 빈번하게 관찰되었습니다. 이 실험 결과를 바탕으로 '경험이 많으면 되려 덫이 된다.'라는 결론을 내렸습니다.

CEO를 대상으로 실시한 실증 연구에서도 유사한 패턴이 관찰되었습니다. 그 최초는 라이스대학교 장 얀Zhang Yan의 2008년 논문입니다.[2] 그 연구의 주된 초점은 아니었지만, 이전 회사에서 CEO로 일한 경험이 새로 온 회사의 재무 성과와 부정적인 관계가 있었습니다. 예전에 CEO로 일했던 경험이 새로 부임한 회사에서 CEO 역할을 제대로 수행하고 성과를 내는 데 되려 걸림돌이 되고 있었던 것입니다. 이 연구 이후 2017년까지 발표된 4편의 연구는 CEO의 경험, 즉 과거에 CEO로 일한 경험이 기업 성과와 음(-)의 관계가 있음을 일관되게 보여 주었습니다.[3]

스페인 IE 비즈니스 스쿨의 모니카 하모리Monika Hamori는 그 이유를 이렇게 설명합니다. 경험은 지식을 형성하고 빠르게 의사결정을 내릴 수 있도록 돕는 템플릿을 만들어 줍니다. 앞 장에서 상세히 고찰한 대로, 경험은 인간 성장의 원천입니다. 그런데 문제는 오늘날 현대 사회가 급속도로 빠르게 변하고 있다는 점이지요. 시장, 고객, 기술, 경쟁 등 제반 환경은 크게 바뀌었는데 과거에 쌓은 지식과 의사결정 틀에만 의존한다면 어떻게 될까요? 변화 흐름을 놓치고, 결국 도태됩니다.

앞서 "지금으로부터 13년 전이었지."라는 말로 거대한 서사를 꺼낸 임원이 정확히 그와 같습니다. 13년 전 그 당시 시장 상황, 고객 니즈, 경쟁 환경, 기술적인 조건, 조직 내부 역량이 지금과는 완전히 다를 수 있음에도 그때 실패한 일은 지금도 실패한다고 믿고, 그때 성공한 일은 다시 반복해도 성공한다고 믿고 있었습니다. 급변한 환경을 고려하지 않은 채 지나치게 과거 경험에만 근거해서 판단하고 결정을 내리고 있었죠. 이를 '문제은행식 의사결정'이라고 부릅니다. 어떤 문제나 결정을 해야 할 사안을 마주하면 과거 겪은 일 중에서 가장 유사한 일을 떠올리고 그때 성공했던 방식을 그대로 적용하려 하는 습성입니다. 이런 리더는 구성원들의 새로운 시도를 계속 가로막습니다.

이들이 인간적으로 나쁜 리더는 아닙니다. 그들의 생각을 들어보면 몇 가지로 정리할 수 있습니다. 하나는 실패가 뻔히 보이는데 어떻게 그걸 하라고 할 수 있느냐는 얘기입니다. 어떤 리더는 구덩이 앞을 향해 달려가는 3살배기 아이를 부모로서 붙잡아야지, 어디 한번 크게 다쳐 보라고 그냥 놔둘 수 있냐고 말했습니다. 어떤 이들은 자기가 겪은 실패가 자신에게 너무 힘들고 아팠기에 구성원들에게는 그런 경험을 다시는 겪게 하고 싶지 않다, 가급적 꽃길만 걷게 하고 싶다고 하였습니다. 혹자는 리소스 부족을 언급합니다. 시간과 돈의 부족으로 정말로 성공할 가능성이 있고 시도할 가치가 높은 일을 추진해야 하기에, 냉정하게 그리고 비판적으로 판단할 수 밖에 없다는 겁니다. 마지막으로, 일부 리더들은 '팀원들은 아직 경험이 부족해서 뭘 모른다, 그러니 내가 가르쳐 줘야 한다.'라는 의무감을 피력하였습니다. 이처럼 선한 마음에서 그와 같은 모습을 보입니다. 그러나 이런 사고와 판단은 조직의 성장과 발전을 가로막습니다.

자산이 될 수도, 덫이 될 수도?

이 지점에서 독자는 혼란을 느낄 수 있습니다. 앞 장에서는 전략적 사고의 원천으로서 경험을 자산화하라고 독려하고, 본인 경험을 성찰하도록 촉구해 놓고 이제 와서 경험이 덫이 될 수 있으니까 조심하라고 얘기하니 말입니다.

게리 베커가 주장한 인적자본 이론은 경험 그 자체가 한 개인의 경쟁력을 높이는 자산이라는 전제를 갖고 있습니다. 중견 기업에서 경력직 관리자를 뽑으려던 차에, 여러 지원자 중에서 홍길동과 김철수가 그 물망에 올랐다고 가정해 보겠습니다. 홍길동은 우리나라 최고 그룹 계열사와 본사에서 일해 왔고, 그 과정에서 신규 사업과 글로벌 업무를 맡으며 도전적 업무 경험을 겪어 왔습니다. 반면, 김철수는 수준이 비슷한 다른 한 중견 기업에서 오랫동안 근무하면서 두 직무를 모두 경험하였습니다. 여러분은 두 후보자 중에서 누구를 더 선호하시겠습니까? 아마도 대대수가 홍길동에게 더 우호적인 인상을 가질 것입니다. 여기에 내재한 가정은 이렇습니다. '우리나라 최고 회사에서 근무했으니 선진 시스템과 문물을 많이 보면서 성장했겠지. 그리고 주요 경험을 해 봤으니 그 회사에서도 인정을 많이 받았다는 증거 아닌가. 또 다양한 경험을 하면서 사업을 보는 안목을 길러 왔겠지. 그러니 우리 회사에 들어와서 그만큼 성과를 잘 낼 수 있겠지.' 한마디로 경험이 많을수록 지식, 스킬, 식견이 좋고 성과가 높을 거라는 가정입니다.

이 같은 가정을 가진 명언도 많습니다. 로마의 군대 사령관이자 정치 지도자였던 카이사르는 "경험은 모든 것의 스승이다."라고 주장하였습니다. 미국 정치가이자 독립 운동가인 패트릭 헨리Patrick Henry는 "내 발이 인도하는 등불은 오직 하나, 경험이란 등불뿐이다. 나는 과거를 무시하고 미래를 판단할 수 있는 방법을 알지 못한다."라고 피력하였습니다. 미국의 작가 리타 브라운Rita Brown은 "좋은 판단은 경험에서 나온다."라고 말했습니다.

반면, 앞서 살핀 '경험의 덫'을 연구한 이들은 이와 상충되는 주장을 폅니다. 경험이 자산이 아니라 되려 발목을 잡는다고 말이죠. 스포츠 팀을 연구하는 이들도 유사한 현상을 보고합니다. 미국 프로 농구NBA 선수 출신들이 농구팀 감독을 잘 수행할까요? 아니면 프로 선수로 뛴 경험이 없는 감독이 더 잘할까요? 2017년 당시 현역 감독 30명 중에서 선수 경험이 있는 이가 13명, 그렇지 않은 이가 17명입니다.[4] 이 중에서 가장 승률이 높은 감독들 상당수가 프로 선수 경험이 없는 이들로 나타났습니다. 더구나 NBA 감독이 구단주와 맺는 계약은 3년 기간인데, 3년 넘게 같은 팀에서 감독직을 유지하고 있는 이들 중 대다수는 NBA 선수 경험이 없습니다. 통념으로는 선수 출신 감독이 더 잘할 것 같은데, 되려 그렇지 않은 모습을 보이고 있습니다.

이처럼 '인적자본 이론'과 '경험의 덫'이 주장하는 바는 상충적으로 보입니다. 하지만 어느 하나가 틀리고 맞는 게 아니라, 각자 주장이 조명하는 부분이 다른 것 아닐까요? 인적자본 이론에 따르면 경험이 증가할수록 성과가 증가하지만, 그것이 지나치게 많으면 되려 경험의 덫으로 인해 성과가 감소할 수 있겠지요. X축은 경험의 양, Y축은 성과로 놓고 이 현상을 그래프로 그린다면 역U자 형 곡선으로 그려 볼 수 있습니다.

다음 그래프는 각기 다른 경험의 양과 성과를 가진 리더 A, B, C를 표시한 그래프입니다. A처럼 경험 축적 수준이 극도로 적은 리더는 어떻게 될까요? 자신의 역할을 제대로 수행하기 어려울 것입니다. 신입 사원이 입사하자마자 임원 자리를 효과적으로 수행할 수 없듯이 말입니다. 경험이 일천하기에 리더로서 무엇을 해야 하는지, 불확실한 상황에서 결정을 어떻게 내려야 하는지, 어려운 문제에 직면했을 때 리더로서 어찌해야 하는지 등에 대

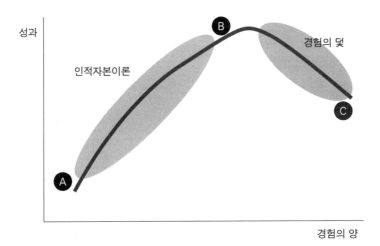

경험과 성과의 관계

해서 기준과 관점이 확립되어 있지 않았을 겁니다.

반면 B처럼 업무 경험이 일정 부분 축적된 이들은 리더 역할 수행에 걸맞는 멘탈 모델이 형성되었을 겁니다. 조직이 가야 할 방향을 짚어 내고, 구성원들과 함께 일하는 방법에 관한 암묵적 지식을 쌓아 왔을 겁니다. 복잡한 문제를 해결하는 절차와 과정에 익숙해지고 그 과정에서 리더십 기술을 습득하게 될 것입니다. 이러한 이들은 위기나 긴급한 상황에 처했을 때 혼란스러워하지 않고 제때에 올바른 결정을 내릴 수 있습니다. 이 부분이 인적자본 이론이 조명하는 지점입니다.

그러나 C처럼 경험이 지나치게 많은 이들은 오히려 그것이 함정으로 작용할 수 있습니다. 앞서 짚어 본 대로 문제에 대한 모든 해답이 과거 경험에 들어 있다고 생각하고, 과거의 성공 방정식에만 의존하는 경직된 사고와 태도를 보여 줄 수 있습니다.

이 같은 가설을 세우고, 저는 동료 연구자와 함께 우리나라 대기업 임원 약 400명을 대상으로 연구를 실시하였습니다. 먼저 임원들을 대상으로 각자 어떤 경험을 얼마나 축적했는지를 측정하였습니다. 그리고 6개월 후, 12개월 후 상사가 직접 매긴 성과 평가 결과를 입수하였습니다. 이들 간의 관계를 분석한 결과는 어떻게 나왔을까요?

앞서 살펴본 가설이 그대로 맞았습니다. 경험이 적으면 성과가 낮게 나타났다가, 경험이 일정 수준으로 쌓이기 시작하면서 성과가 높아집니다. 그러다 최적점을 찍고 어느 지점부터는 경험이 되려 성과와 부정적인 관계를 보입니다. 이 지점이 곧 경험의 덫, 경험 많은 직책자가 되려 그 조직의 성과 창출에 걸림돌이 되는 현상입니다. 보다 직접적으로 X축을 경험의 양, Y축을 전략적 사고로 놓고 양자의 관계를 그려 봐도 역시 유사한 패턴이 관찰됩니다.

이 결과를 토대로 우리는 이렇게 다시 정리할 수 있습니다. '경험은 전략적 사고 향상에 도움이 된다. 다만, 과거 경험에 자신의 생각을 가두고 시야를 가리지 말아야 한다.'라고 말입니다. 이를 두고 교육 철학자 존 듀이는 통찰력 있는 논지를 폈습니다. 그 주장을 인용하면 이렇습니다.

"모든 경험이 똑같이 교육적인 것은 아니다. 경험은 그것이 무엇이든지 간에 이후의 경험을 억제하거나 왜곡한다면, 그래서 성장을 가로막는 결과를 가져온다면 비교육적이다. 어떤 경험은 새로운 것들에 무감각한 상태를 초래하여, 앞으로 더 풍부한 경험을 하게 될 수 있는 가능성을 제약한다. 또한 어떤 경험은 한 개인이 지니고 있는 기능을 거의 기계적으로 특정한 방향으로 강화하며, 그래서 그를 틀에 박힌 활동을 수행하는 존재로 만들어 버린다. 그 결과는 다시 그가 그 이후에 겪을 수 있는 경험의 영역을 좁히게 된다."[5]

경험의 함정을 피한 리더들의 27가지 비밀

경험의 함정에 빠지지 않은 리더들

그렇다면 전략적 사고 개발을 위해서 경험을 많이 하지 말고 적당히 쌓으라는 조언을 드려야 할까요? 이런 식의 조언은 좋지 않습니다. '적당히'의 수준을 정확하게 밝히기 어렵기 때문입니다. 이런 조언은 리더들의 행동 반경을 축소하고 위축되게 만듭니다. '경험의 덫'에 갇히게 될까 봐 새로운 경험을 회피하려 하거나 거부하게 합니다.

여기서 세계적인 임원 헤드헌터 회사 이곤젠더Egon Zhender가 겪은 어려움을 살펴봐야 할 것 같습니다. 이 회사는 글로벌 기업들이 대표급이나 고위 임원을 외부에서 영입하려 할 때 수많은 임원들을 인터뷰하고 그 자질과 역량을 평가하여 사람을 추천하는 일을 해 왔습니다. 이곤젠더에는 클라우디오 페르난데즈 아라오즈Claudio Fernández-Aráoz라는 유명한 파트너가 있습니다. 그는 《하버드 비즈니스 리뷰》 편집장이 원고를 부탁할 정도로 명망이 높습니다.

그가 한국에 내한했을 때 이렇게 밝혔습니다. "지난 30년 가까이 이곤젠더의 성공률은 상당히 높았습니다. 자체적으로 개발한 진단 방법론이 매우 타당해서 우리가 우수한 리더라고 추천한 이들이 CEO, COO, CTO, CMO로서 성과를 잘 내 왔습니다. 그런데 2000년 중반에 이르러서 무언가 삐걱대는 것이 감지되었습니다. 우리 회사가 추천한 리더들이 성과 부진으로 기대보다 이르게 해임되는 경우가 증가하기 시작했습니다. 도대체 이유가 무언가 싶어서 분석에 돌입했습니다. 그리고 결론에 이르렀습니다. 우리는 지금까지 리더가 과거에 얼마나 경험이 풍부하고 깊은지를 면밀히 살피고, 그 과정에서 획득한 역량 수준을 평가해 왔습니다. 이 같은 방식이 예전에는 승률이 높았습니다. 상대적으로 안정적이고 예측가능한 환경에서는 말이죠. 그런데 이 같은 가정이 깨지고 있었습니다. 환경이 너무나도 급변하기 시작했기 때문입니다."

그래서 이들은 경험에 더하여 무엇을 중요하게 평가를 해야 하는지 알아보고자 하였습니다. 그들은 2008년부터 CEO 462명, CXO 985명, 임원 2,680명을 대상으로 연구하였습니다.[6] 그렇게 탄생한 임원 평가 방법이 85% 수준의 예측 정확도를 가지고 있다고 밝혔습니다. 이곤젠더는 "많은 기업이 과거에 좋은 성과를 냈기 때문에 미래에도 좋은 성과를 낼 가능성이 가장 높다고 추정합니다. 그러나 경영 환경이 극도로 불확실하고 요동치고 모호한 환경에서는 더 이상 타당한 예측이 아닙니다."라고 운을 뗀 다음, 급변하는 환경에서는 호기심이 그 사람의 성장과 발전, 그리고 향후 성과를 예측하는 중요한 인자라고 밝혔습니다. 호기심을 갖고 있는 리더들은 주도적으로 새로운 지식을 적극적으로 탐색하기도 하고, 구성원들이 그런 행동을 보일 때 매우 반기곤 합니다. 조직에서 새로운 스킬과 방법론이 공유되고 시도될 수 있도록 촉진합니다. 이와 같은 행동이 경험의 덫에 빠지지 않도록 방지해 주는 특성인 것으로 나타났습니다.

저도 이곤젠더의 연구 결과를 참고하면서, 데이터를 한 차원 더 깊이 들어가서 분석하며 우측 상단으로 고꾸라지는 선을 완화시키는 특성을 찾아보고자 하였습니다. 앞서 살핀 호기심이 우리나라 임원 데이터에서도 경험의 덫에 빠지지 않게 방지해 주는 중요한 요소로 작동하는지를 살펴보는 일이었습니다. 그리고 경험의 덫에 빠진 집단과 그렇지 않은 집단을 구분하고, 그중에서 일부 리더를 대상으로 질적 인터뷰를 수행하였습니다.

제가 분석하여 제시한 그래프는 두드러진 패턴을 평균선으로 그린 결과입니다. 사실은 저 선들 위아래로 무수히 많은 점들이 찍혀 있습니다. 선 아래에 많은 점들이 분포해 있지만, 선 위에도 몇몇 점들이 찍혀 있습니다. 이 점들은 경험이 많아도 성과가

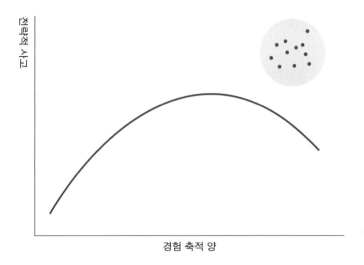

경험의 저주에 빠지지 않은 집단

낮아지지 않은 이들을 의미합니다. 이들은 경험의 저주에 빠져 있지 않았습니다. 이들의 공통점은 무엇일까요? 여기에 우리가 지향해야 할 점이 있지 않을까요?

　이들을 인터뷰하면서 어떻게 사고하는지, 무슨 가정과 신념을 갖고 있는지를 살폈습니다. 아울러 구성원들이 평가한 데이터를 검토하기도 하고, 일부는 그들이 어떻게 행동하는지를 탐구하였습니다. 그 결과는 다음과 같았습니다.

생각을 포용하라

하나는 개방적인 태도였습니다. 경험의 덫에 빠지지 않은 이들은 다양한 생각과 가치관에 열려 있었습니다. 이는 몇 가지 행동으로 두드러지게 나타납니다.

첫째, 구성원들의 생각을 평가하지 않았습니다. 구성원 누군가가 자기 생각을 말할 때마다 상사가 자의적으로 해석하고 시종일관 부정적으로 평가하고 있다고 가정해 봅시다. 구성원이 분명다 이해하고 있다고 얘기하는데, "내가 볼 때는 이해 못한 것 같은데?"라고 자의적으로 해석합니다. 또는 구성원들이 무슨 말을할 때마다 그 내용을 하나하나 조목조목 평가합니다. "그게 말이돼?" "너는 왜 그리 생각이 순진하냐!" 이런 상사와 함께 있다면어떤 태도로 회의에 임하게 될까요? 아마도 침묵하게 될 겁니다. 조용히 있으면 중간이라도 가기 때문입니다. 그 임원이 "왜 이렇게 소통이 안 되냐, 아이디어를 좀 내 봐라!"라고 호통을 쳐도 입을 열지 않는 게 상책입니다. 이런 상사를 상대할 때는 머리에필터 여러 겹을 장착해야만 합니다. 할 말 안 할 말을 구분하게되고, 업무적으로 정말 필요한 말이라도 발언의 양을 최소화해야만 합니다. 또한 머리 속으로 여러 번 시뮬레이션해야 합니다. 어떤 표현과 순서, 논리로 말을 하면 잔소리를 덜 들을까 하고요.

이처럼 리더가 자의적으로 평가하는 자세는 조직 구성원의 영혼을 시나브로 침식시킵니다. 업무 영역에서 더 나은 절차와 방법을 고민해 보고, 그 일과 관련된 사람들을 설득하고 동참시키고, 주도적으로 시도하려는 구성원들의 의지를 싹도 트지 못하게 말려 죽입니다. 더구나 그런 리더는 새로운 지식과 정보로부터 단절되어 신선한 자극을 받지 못합니다. 경험이 많은 데다가 주변에서 새로운 입력이 없으면 더욱 과거에 갇히게 됩니다. 그래서 악순환 고리에 빠집니다.

반면, 경험이 풍부하면서도 경험의 덫에 빠지지 않은 리더들은 "A 님은 그렇게 생각하는군요. 일리 있습니다." "B 님은 그런 관점을 갖고 있군요. 흥미로운 생각입니다."와 같은 태도를 보였습니다. 그래서 정보를 공유하거나, 아이디어를 발전시키거나, 문제를 해결하거나, 의사결정을 내려야 할 때 신선한 견해와 생각들이 넘나들도록 분위기를 조성하였습니다. 이를 통해서 리더 자신도 계속해서 새로운 자극을 받았습니다.

둘째, 구성원들이 낸 아이디어를 서로 보완한다는 자세로 대했습니다. 이는 앞선 첫 번째 행동에 뒤를 잇는 행동입니다. 구성원들이 설익은 아이디어를 얘기했을 때, 그것의 논리적 맹점이나 불확실한 실현 가능성을 비집고 들어가서 꼬집지 않았습니다. 최대한 그 씨앗을 땅에 심고 같이 물을 줘서 싹을 틔우려 하였습니다. "그거 좋은 아이디어 같습니다. 저와 같이 좀 더 깊이 고민하고 검토해서 보다 세련되게 발전시켜 나가 볼까요?"라는 식으로 대했습니다.

한 임원은 이렇게 피력했습니다. "우리나라에서는 리더가 구성원보다 경험도 많고 나이도 많다보니 리더들이 먼저 중요하고 내밀한 정보를 접할 수밖에 없습니다. 그렇기 때문에 구성원들이 얘기한 아이디어는 저 같은 이들에게 빈 구멍이 많을 수밖에 없습니다. 때로는 어설퍼 보이기도 하고, 무모해 보이기도 하고, 제약 조건들을 충분히 고려하지 못한 생각으로 보이기도 합니다. 그런데, 그런 아이디어를 얘기해 주면 저는 정말 고맙더라고요. 뭔가를 해 보겠다고 나름대로 고심했을 터이고, 가능성이 있다고 생각했으니까 저에게 말한 거잖아요. 이 지점에서 리더의 역할은 함께 고민하는 일이라 믿습니다. 그들이 본 가능성에 저도 집중하면서, 아이디어를 같이 숙성시켜 나가는 일이 제 사명이라 생각합니다."

또 다른 임원은 "함께 만든다는 마음가짐으로 구성원을 대합니다. 그러다 보니 아무래도 구성원들이 편하게 자기 생각과 아이디어를 얘기해 주는 편입니다. 그 덕분에 제 머리가 더 자극을 받고, 사고가 열리는 순간들을 자주 맞이하게 됩니다. 이런 경우도 있어요. 한 친구가 A라는 걸 시도해 보면 어떻겠냐고 하더라고요. 제 속마음에서는 별로라는 생각이 들었습니다. 하지만, 즉각적인 판단을 유보했어요. 그건 어디까지나 제가 보는 관점일 뿐, 제가 전지전능한 신은 아니죠. 얼마든지 제 판단이 틀릴 수 있잖아요. 그래서 아이디어를 말해 줘서 고맙다고 격려하고, 아직 감이 서지 않으니 고민해 보겠다고 답변했습니다. 그렇게 몇 일이 지났는데, 그 친구 아이디어가 잔상처럼 남더라고요. A 그 자체로는 아이디어가 매력이 크지는 않은데, 그것을 우리 부문에서 시도하려는 C 프로젝트에 녹여 내거나 반영하면 가치를 더 높일 수 있겠다는 생각이 들었어요. 그래서 그 친구를 불러서 같이 논의했습니다. A라는 아이디어가 꽤 좋은 것 같고, C 프로젝트에 녹여서 구체화하면 어떻겠냐고요. 그랬더니 본인도 좋다며, 또 여러 가지 아이디어를 내더군요. 이런 일들이 몇 번 반복되니까, 구성원들이 아이디어를 낼 때마다 그것에 더하고 보완하는 마음으로 접근하게 되었습니다."

작은 아이디어에 주목하라

다른 하나는 호기심이었습니다. 단순히 호기심이 많냐, 적냐의 문제가 아니라, 그것이 발현되는 양상이 달랐습니다.

경험에 갇힌 리더들은 구성원들이 새로운 시도를 해 보겠다고 기획서를 보고할 때 그 내용의 상당수를 이미 알고 있었거나 과거에 겪어봤던 일이라면 새로운 것이 아니라고 여기는 경향이 있었습니다. 그와 같은 리더와 함께 일하는 어느 구성원은 이렇게 말했습니다. "보고를 드릴 때마다 그분이 자주 하는 말이 있습니다. '아주 똑같지는 않지만, 비슷한 일을 예전에 해 본 적 있었지.' 그때부터 본인이 겪었던 얘기들을 쏟아 냅니다. 그리고는 그때 실패했으니까, 다른 걸 고민해 오라고 결론을 내립니다."

반면 경험에 갇히지 않은 리더들은 아주 일부가 달라져도 거기에 눈길을 주고 집중합니다. 이들은 기존에 고수하던 절차와 방식을 10%만 바꿔도 크게 달라질 수 있다고 가정합니다. 일은 여러 변수가 상호작용하면서 돌아갑니다. 그 중의 하나만 바꿔도 질적으로 크게 달라질 수 있습니다. 과학자들은 인간과 침팬지의 DNA 차이가 1~2%라고 보고합니다. 근소한 차이지만 DNA가 서로 유기적으로 상호작용하면서 인간이 되느냐, 침팬지가 되느냐, 또는 고릴라, 오랑우탄이 되느냐를 결정되는 셈입니다.[7]

작은 차이가 큰 가치를 만들었던 유명한 사례가 있습니다. 90년대만 하더라도 햄버거 가게나 음식점에서 케첩 병 때문에 애를 먹었습니다. 식당에 앉아서 반쯤 찬 케첩 병을 흔들고 두드리며 감자튀김에 뿌리려 했습니다. 때로는 손바닥이 빨갛게 될 때까지 병 바닥을 두들기곤 했습니다. 그런데 언젠가부터는 그럴 이유가 없어졌습니다. 사용 방식을 바꾼 건 아주 작은 차이에서 비롯되었습니다. 90년대 초, 폴 브라운Paul Brown은 미국 미시간 주에서 살면서 샴푸병이 새지 않으면서도 끈적이는 액체가 잘 나오는 병을 만들려 했습니다. 어느 날 그는 통념을 뒤집는 생각을 하게 됩니다. 내용물이 새지 않으면서도 위 아래가 뒤바뀐 병을 만들면 된다는 깨달음이었습니다.[8] 111번이나 실패하고 나서야, 비로소 그가 기대했던 시제품을 만들 수 있었습니다.[9] NASA가 그 시제품을 접하고, 우주 비행사들이 사용할 수 있도록 그 병을 구입했습니다. 화장품 업계에서도 앞 다투어서 러브콜을 보냈습니다. 케첩 제조사들은 매우 적극적으로 접촉해 왔습니다. 결국 최대 제조업체인 하인츠Heinz가 폴의 기술을 사용하여 거꾸로 보관할 수 있도록 설계된 병에 케첩을 담은 제품을 출시하였습니다. 그 결과, 소비자들은 병을 흔들거나 칼로 이리저리 파서 케첩을 짜내는 번거로움이나 지저분하게 묻는 일이 없이 원하는 양만큼 케첩을 짜낼 수 있게 되었습니다.

경험에 갇히지 않은 이들은 작은 차이가 큰 가치를 빚어낼 수 있음을 압니다. 앞서 '단어의 본질을 명확하게 정의하라'에서 내진 설계가 중요함을 짚은 후, '혁신'이란 단어를 예로 들었습니다. 우리가 이노간다, 혁신 연극이 만연한 시대를 살고 있는 이유 중의 하나는 '혁신'을 우리 회사 맥락에서 제대로 정의하지 않은 채 동상이몽 격으로 각자 달리 해석하게 만든 탓이라고 지적하였습니다. '무엇이 혁신인가? 그건 어떻게 만들어지는가?'를 둘러싼 기대 수준이 서로 다르기 때문입니다. 어떤 혁신은 곧바로 시장에 충격을 주기도 하지만, 때로는 한동안 시간이 지나서야 파급을 미치기도 합니다. 그래서 어느 아이디어가 진짜로 혁신이라는 결과를 낳을지는 예측하기 어렵습니다.

그런데 혁신을 부르짖는 많은 조직들이 보이는 관행은 이렇습니다. 먼저 문제 의식을 느낍니다. 경영 환경이 어두워지거나, 매출이 저조해지거나, 경쟁에서 뒤지기 시작했거나 등 신호를 감지합니다. 그러자 경영진이 혁신을 부르짖기 시작합니다. 혁신해야만 우리가 생존할 수 있다고, 그러니 모두가 혁신에 동참하라고 독려합니다. 어떤 회사는 전사적인 혁신 TF 팀을 만들기도 하고, 마치 전시 상황처럼 분위기를 몰아가면서 워 룸War room을 설치하기도 합니다. 각 부서에 혁신 아이템을 내라고 촉구합니다. 상당수 구성원들은 '내가 스티브 잡스도, 우리 회사가 애플도 아닌

데 무슨 혁신을 할 수 있나' 싶습니다. 일부 구성원들이 평소 고민했던, 그리고 시도해 보고 싶었던 아이디어를 내지만 정작 윗사람들은 "그게 무슨 혁신이냐, 개선에 불과한 일이지."라는 반응입니다. 특히, "그런 작은 아이디어들은 경영진에게 보고할 수 있는 꺼리가 아니잖아. 경영진에게 부각할 수 있는 아이템을 좀 가져와 봐."라는 말로 구성원들의 동기를 꺾습니다. '혁신'을 표상하는 포스터들이 회사 곳곳에 붙고 온갖 구호들이 넘쳐 나지만, 조직은 전과 다름이 없이 조용합니다. 여전히 어제와 같은 일상이 반복되고 있을 뿐입니다. 신년이 되면 또 다시 이노간다, 혁신 연극이 시작됩니다.

제가 조직을 계속해서 관찰해 온 바에 따르면 진정으로 혁신을 만드는 조직에서는 그렇지 않은 조직과 다른 점이 있습니다. 혁신적인 아이디어도 필요하고, 생각을 행동으로 옮겨서 구체화하는 실행력도 필수이고, 그에 따르는 시간, 예산, 인력을 투하할 수 있는 자원 동원력도 중요합니다. 하지만 가장 극명하게 다른 점은 3가지입니다.

하나는 혁신에 대한 가정입니다. 어떤 기업은 무에서 유를 만들어 내서 새로운 장르를 창조하는 일로 혁신을 가정하지 않습니다. 고객에게 조금이라도 더 나은 또는 새로운 가치를 제공하는 모든 활동으로 간주합니다. 고객에게 선택을 받도록 끊임없이 진화하고 발전하려는 노력으로 생각합니다. 그리고 경영진과 구성원이 혁신 활동에 동질적인 관점을 갖고 있습니다.

다른 하나는 집단적 마음의 습관입니다. 혁신은 빅뱅처럼 갑자기 펑하고 나타나지 않습니다. 매일 어제와 같이 똑같은 방식과 절차를 답습하고 있다면, 혁신이 떡 하니 우리 앞에 현신할 수 없습니다. 마치 감나무 아래서 감 떨어지기만을 마냥 기다리고 있는 바와 같습니다. 혁신은 아주 작은, 그래서 조직 내부인 그 누구도 주목하지 않는 미세한 시도들이 모이고 쌓였을 때 나올 수 있습니다. 결국 구성원들이 크든 작든 스스로 아이디어를 내어 보고 시도를 해 볼 수 있는 마음의 습관이 집단적으로 자리 잡혀 있을 때, 혁신이 나올 수 있는 토양이 갖춰집니다.

마지막으로 실패에 대한 가정입니다. 당연히 새로운 시도는 실패를 전제로 합니다. 어느 스케이트 보더가 새롭고 화려한 기술을 선보이려 마음먹었습니다. 그 기술을 성공시키면 단번에 주목받을 수 있습니다. 하지만 그 기술을 처음부터 성공시키지는 못합니다. 여러 번 연습해야만 합니다. 아니, 수백 번을 넘어지고 무릎이 까져야 비로소 안정적으로 기술을 구사할 수 있습니다. 사업과 조직도 마찬가지입니다. 우리가 보기에 그토록 간단한 아이디어였던 폴 브라운의 케첩 병도 112번째 시도만에 비로소 성공할 수 있었습니다. 우리 조직에 실패들이 없다면, 또는 발견되지 않는다면, 이는 혁신적으로 일하려 노력을 기울이지 않았다는 반증입니다.

경험의 덫에 갇히지 않고 작은 아이디어에 주의를 집중하는 리더들은 혁신을 위한 토양을 일궈 내는 농부와 같습니다. 그들은 구성원들이 일상 업무에서 작지만 새로운 지식과 스킬, 방법론을 스스로 적용해 보도록 촉진합니다. 구성원들이 실패할까 걱정하기보다도, 그걸로 성장하기를 기대합니다. 실패할 가능성이 아니라 성공할 가능성에 초점을 맞추면서 생각을 보태고, 리더가 가진 권한으로 지원하고 후원합니다. 그렇게 하여 담당 조직에 항상 기존과는 다른 신선한 생각, 관점, 기술, 방법론이 흘러 들게 합니다.

이 같은 환경은 곧 리더 그 자신에게 더 도움이 됩니다. 조직 구성원들의 의욕과 일의 몰입도가 높아지면서 조직 차원의 성과가 좋아질 수 있습니다. 또한 리더가 인식의 지평을 넓히고 전략적 사고를 강화할 수 있습니다. 여러 사람들이 쏟아낸 결이 다른 생각으로 사고가 자극되고, 작은 성공과 실패로부터 통찰력을 얻을 수 있습니다. 어쩌면 이들은 의식하지는 못하지만 전략적 사고를 강화하는 환경을 스스로 만들어 낸 것이라 할 수 있습니다.

경험의 덫 피하기

최근에 의사결정을 내렸던 여러 번의 상황을 생각해 보시기 바랍니다. 또는 다른 이들의 아이디어에 의견을 제시했던 상황들을 떠올려 보시기 바랍니다.

▶ 그 당시 내 결정 또는 판단의 기준은 무엇이었습니까?
▶ 주로 어떤 표현을 많이 사용하였습니까?
▶ 당시 경험의 덫에 빠져 있지는 않았습니까?

과거에 함께 일했던 상사 중에서 경험의 덫에 빠져 있던 이를 떠올려 보시기 바랍니다.

▶ 그와 함께 일하면서 어떤 감정과 생각이 들었습니까?
▶ 그가 조직에 미친 영향은 무엇이었습니까?
▶ 그 당시로 돌아간다면, 그 상사에게 어떤 조언을 하겠습니까?

조직과 함께
사고하라

혼자 일하는 리더는
실패한다

리더는 혼자 깊은 산 속에 들어가 참선하듯이 묵상하다가 어느 순간 깨달음을 얻고 하산하여 무지몽매한 대중들에게 새로운 심법을 알려 주는 구도자가 아닙니다. 리더는 전략적인 논의를 이끌어 나가는 주체이기는 하지만, 세상 이치를 모두 파악하고 그 결을 상시 파악하여 새로운 길을 찾는 구상을 혼자서 다 할 수는 없습니다. 리더도 불완전한 인간이고, 시간과 에너지가 한정적이기 때문에 인간의 한계를 넘어서기 어렵습니다.

우리는 앞서 우리가 무엇에 시간과 에너지를 쏟는지를 살폈습니다. 리더가 실무에 깊이 파묻히면 조직은 사소한 일에 잠식당합니다. 조직이 갖고 있는 시간, 그리고 주의집중 에너지가 가치 없는 일에 쏟아집니다. 구성원들은 굳이 신경 쓰지 않아도 되는 일까지 해야 하기 때문에 눈코 뜰 새 없이 바쁩니다. 보고서를 수십 번 가다듬고, 백업 데이터를 정리하느라 여력이 없습니다. 리더는 실무에 매우 바쁜 나날을 보내기에 '정신없을 정도로 나는 회사에 필요한 존재다.' '회사 성과에 기여하고 있다.'라고 착각하게 되고, 점차 신선한 생각과 관점으로부터 멀어지고 단절됩니다. 그 자신도 고객 가치를 높이기 위한 방법이나 방향을 고민하지 못하고, 조직으로부터 신선한 자극을 받지도 못하게 됩니다. 이 같은 상황은 점차 악순환 고리를 만들어, 리더와 조직은 천천히 늪으로 빠져들고 결국 죽음을 맞이하게 됩니다.

제가 한 기업에서 관찰한 바가 그 전형입니다. 이 회사는 첨단 기술을 연구하고 개발하며 판매하고 있습니다. 기술 경쟁이 치열하기 때문에 이들은 '어느 한 부서가 6개월만 정체된다면, 그 기능은 경쟁사에 비해 2~3년 뒤처진다.'라고 자체적으로 평가하고 있었습니다. 이 회사에 A 본부가 있습니다. 그 조직 수장 자리에 요구되는 직무기술서는 공식적인 문서로 잘 정리되어 있습니다. 그처럼 객관적인 형태로 정의되어 존재하는 자리이지만, 어떤 인물이 그 자리를 맡는지에 따라서 그 조직이 걷는 행보가 크게 달라져 왔습니다.

어느 해, A 본부에 홍길동 임원이 수장으로 부임하였습니다. 그는 매일 이렇게 불만을 토로하곤 했습니다. "일은 많아 죽겠는데, 일할 사람이 없습니다."라고 말입니다. 구성원들도 같이 불만을 토로했습니다. "매일 야근을 불사해도 일이 끝이 없습니다. 정말로 일다운 일에 파묻혀 산다면 이렇게까지 힘들지는 않을 겁니다. 왜 해야 하는지 납득이 안 되는 일들이 많고, 가치 없는 일들에 목숨 걸고 있습니다." 홍길동 임원은 2년간 A 본부장을 역임하다가 B 본부장으로 옮겨 갔습니다. 역시 B 본부에서도 같은 불만을 표현하곤 했습니다. 사람은 없는데, 일이 많아서 너무 힘들다고 말입니다.

그런데 그가 B 본부장으로 발령 나던 그때, A 본부에 김철수 임원이 수장으로 발령을 받았습니다. 몇 개월 후 그는 이렇게 말했습니다. "저는 별로 바쁘지 않은데요? 아, 물론 머리는 바쁘긴 하죠. 기술적으로 정말 중요한 일들은 반드시 챙기고 살펴봅니다만, 제 선에서 굳이 알 필요 없거나 제가 결정하지 않아도 되는 실무적인 일들은 하위 직책자들이 주도적으로 이끌어 나갈 수 있도록 했습니다. 실무적인 일을 세부적으로 챙길 시간에 저는 주로 우리 산업이 어떤 방향으로 흘러갈지를 미리 예견하고, 그래서 지금 우리가 선제적으로 준비해야 할 일이 무엇인지를 고민하고 있어요." A 본부 구성원들은 홍길동 임원이 수장으로 있었던 때와는 확연히 다른 의견을 피력하였습니다. "정말로 가치 있는 일을 하고 있어서 정말 좋습니다." "전에는 우리 업의 본질과 별 관련이 없는 일들에 신경 쓰느라 정말 정신없었는데, 요즘은 핵심에 집중할 수 있어서 살 것 같습니다."라고요.

특히, 김철수 임원은 본인과 조직 구성원들이 신선한 자극에 주기적으로 노출될 수 있도록 기회를 마련하곤 하였습니다. 업계 판도가 어떻게 변하고 있는지 함께 감각할 수 있도록 외부 전

법칙 11 조직과 함께 사고하라

문가를 초빙해서 트렌드 세미나를 열기도 하고, 기술, 고객, 경쟁사, 경제 환경 등과 관련된 정보들이 조직 내에서 자유롭게 공유될 수 있도록 독려하였습니다. 또한 구성원들이 새로운 아이디어들을 구상해 보고, 제언하고, 주체적으로 시도해 보도록 적극 권장하였습니다. 이 과정에서 김철수 임원 본인도 조직으로부터 다양한 인지적 자극을 받고, 조직이 가야 할 방향에 대한 자기 생각을 보다 더 정련해 나가고 있었습니다.

이처럼 조직과 함께 전략적 사고를 개발하는 방식은 몇 가지 효익을 가져다 줍니다. 리더 홀로 애쓰고 고민할 때보다, 여러 구성원들이 공동의 노력을 기울이면 폭넓은 정보가 유입될 수 있습니다. 리더 개인이 가진 인지적 한계를 넘어서 여러 각도로 해석한 시사점을 얻을 수 있습니다. 조직 구성원들의 지적 수준과 역량을 함께 끌어올릴 수도 있습니다. 다음 장에서는 전략적 사고를 개발하는 데 있어서 조직과 함께 성장하고 조직의 도움을 받는 방법을 살펴보겠습니다.

리더가
조직과 함께 일하는 이유

조직의 힘으로 보완하라

이 책에서 전략적 사고를 개발하는 방법으로 자신의 주된 사고 스타일을 이해하도록 권고하였습니다. 어떤 리더들은 근거와 논리, 그리고 합리에 기반한 사고를 즐겨합니다. 근거와 자료, 데이터를 최대한 입수하고 이를 타당한 프레임워크에 맞춰 정리합니다. 이들을 깊이 분석하여 일정한 패턴을 뽑아 내고, 논리적 개연성을 고려하면서 자신의 생각을 발전시켜 나갑니다.

헨리 민츠버그는 이런 사고를 즐겨 하는 이들을 '오른손형 플래너'라 칭하며 이들은 안정적이거나 예측 가능한 상황이나 조직이 통제 가능한 상황에 적합하다고 주장하였습니다.[1] 반면, 극적인 변화가 필요하거나, 기존과는 다른 아이디어가 필요할 때는 '왼손형 플래너'에게 도움을 받아야 한다고 제언하였습니다.

그의 주장대로, 오른손형 플래너에 가까운 리더들은 직감과 직관적 사고를 즐겨 하는 구성원들로부터 '날것'의 아이디어를 얻을 수 있습니다. 다만, 그들의 생각과 의견에 평가적이지 않은 자세를 취하는 일이 필요합니다. 왼손형 플래너들은 촉과 감에 기반해서 생각을 펼쳐 나가기에 그들 아이디어에는 논리적 괴리가 존재할 수 있습니다. 충분한 근거가 부재하거나, 타당성이 다소 빈약해 보일 수 있습니다. 그래서 오른손형 플래너 리더가 보기에는 아무런 개연성이 없는 터무니없는 의견이라는 생각이 곧바로 들 수 있습니다. 그리고 그 의견을 무시하거나 생각하고 말하라는 식으로 구성원들을 질타하는 태도가 나올 수 있습니다.

오른손형 플래너인 어느 임원은 자신의 장점과 한계를 잘 이해하고 있었습니다. "제가 논리력이 정말 강하거든요. 그래서 기획실이나 경영관리실 같은 부서에서 10년 이상 일할 수 있었습니다. 상사들이 정말 좋아해 주셨어요. 그분들께서는 불과 몇 마디 던지셨던 것뿐인데, 저는 그걸 근거가 명확하고 논리적으로 짜임새 있는 보고서로 만들어 갔거든요. 그것도 매우 빠르게 말이죠. 그래서 때로는 '나는 너 없으면 일 못한다.'라는 말을 듣기도 했어요. 그런데 저는 참신한 아이디어를 내는 힘은 약하거든요. 한때는 그래도 남들만큼 있다고 생각했는데 리더가 되고 보니, 구성원들이 저보다 통통 튀는 아이디어를 더 많이 갖고 있더군요. 물론, 어떤 구성원들의 이야기는 논리에 맹점이 많아서 설득력이 떨어지긴 해요. 그래도 그런 생각들을 폭넓게 경청하고 수용하려고 노력합니다. 처음에는 '뭔 소리야' 했던 아이디어도 몇일 지나고 나면 제 머리에 남아서 논리를 찾게 되더라고요. 그러다 보면 어느 순간 '어? 그 친구의 아이디어가 잘하면 가능성이 있는 아이템이 되겠는데?'라는 생각이 드는 경우들도 있었습니다. 그래서 이렇게 마음 먹었습니다. '당신들은 근거 논리 따지지 말고 아이디어를 말해라, 나는 내 장점을 살려서 그 아이디어를 설득력 있는 스토리로 만들어 내겠다.'라고요."

독자가 오른손형 플래너라면, 구성원들의 생각과 의견을 포용하는 개방적인 자세가 본인과 조직의 전략적 사고를 높이는 데 더욱 효과적입니다. 마치 판사처럼 '좋다/나쁘다' '옳다/그르다'로 즉결 심판하려 하지 않는 자세가 필요합니다.

그리고 다소 엉뚱하게 느껴진다 하더라도 구성원들 의견을 기록으로 남겨 둘 수 있습니다. 그 말을 한 사람도 촉과 감, 그리고 그 나름의 논리에 입각해서 그런 의견을 제시했을거라 여길 수 있습니다. 어느 임원은 '아이디어 노트'를 따로 정리합니다. 본인의 생각과 더불어 구성원이 피력했던 의견들을 모아서 적어 두고, 반복해서 검토하기 위함입니다. 그는 "어느 순간 이 생각과 저 생각이 만나서 새로운 생각, 더 나은 생각을 만들어 낼 때가 있습니다. 그때야 말로 귀찮지만 아이디어 노트를 쓰는 보람을 느낄 때지요. 그리고 구성원들 의견을 끝까지 참고 들어준 제 자신을 칭찬하게 되는 때입니다."라고 말했습니다.

그 다음으로 '날것' 같은 의견을 낸 구성원을 공개적으로 인정, 칭찬, 격려하는 일이 필요합니다. 스티브 잡스처럼 처음에는 쓰레기라면서 어느 구성원의 아이디어를 폄하했다가 몇 일 후에 자기 아이디어라며 포장하지는 말아야 합니다. 그리고 그 아이디어를 타당성 있게 가다듬는 작업에 본인이 가진 탤런트를 잘 활용하면서 구성원들을 동참시킬 수 있습니다.

　헨리 민츠버그가 칭한 왼손형 플래너, 즉 직감과 직관을 사랑하며 결이 다른 생각을 즐겨 하는 리더들도 있습니다. 이들이 가진 장단점은 오른손형 플래너와 역의 관계입니다. '자신의 사고 스타일을 파악하라'에서 '직감과 직관을 사랑하는 스타일'을 설명했던 것처럼 왼손형 플래너들은 결이 다른, 창의적인 아이디어를 종종 내는 경향이 있습니다. 기존의 관습적인 사고 패턴을 벗어나 새로운 해결책을 찾으려 합니다. 근거와 자료에 의존하지 않고 촉과 감에 의존하기에 판단이 상당히 빠르기도 합니다. 그래서 상대적으로 변화에 빠르게 대응하고 적응할 수 있습니다.
　양이 있으면 음도 있듯이, 왼손형 플래너들도 음이 있습니다. 먼저, 의사결정에 있어서 일관성이 떨어지는 경향이 있습니다. 판단을 내릴 때마다 촉과 감에 의존하기에 어제 내린 결정, 오늘 한 결정, 내일 내릴 결정이 모두 다를 수 있습니다. 전형적인 왼손형 플래너 리더와 함께 일하는 어느 구성원들은 "저희는 어떤 일이든 일단 기다려 봅니다. 그때그때마다 말이 바뀌고, 결정이 종종 번복되기 때문이에요."라고 말하곤 합니다.

아울러 일의 경중이나 우선순위를 따지지 않고 여러 아이디어를 한꺼번에 쏟아낼 수 있습니다. 그래서 종종 뒷심, 즉 한가지 일을 끝까지 마무리하는 힘이 없다는 평을 듣기도 합니다. 여러 가지 새로운 일을 동시 다발적으로 추진하려 하기에 조직이 가진 자원들, 특히 구성원들의 주의 집중 에너지가 분산되고 흐트러질 수 있습니다. 일부 구성원들은 이런 아쉬움을 토로합니다. "저희끼리 웃으며 그래요. 소는 누가 키우냐고요. 제발 본질, 그리고 중요한 일에 집중했으면 좋겠습니다."

구성원들이 종종 왼손형 플래너 리더의 아이디어나 업무 지시를 이해하지 못하는 일도 있습니다. 배경과 맥락을 충분히 설명하지 않은 채 달랑 아이디어만 꺼내서 얘기하기에 타당한 근거, 사리와 이치에 맞는 논리가 부재한 것처럼 보이기 때문입니다. 구성원들은 "앞뒤 다 잘라먹고 갑자기 불쑥 어떤 아이디어를 말씀하시기 때문에 그걸 왜 해야 하는지 이해가 안 될 때가 많습니다."라고 아쉬워합니다.

왼손형 플래너 리더들은 자신의 아이디어에 설득력을 더하고, 실행 가능한 형태로 구조화할 수 있도록 조직으로부터 도움을 얻을 수 있습니다. 특히 근거와 논리를 갖추고, 배경과 맥락을 구체화하며, 우선순위를 분명히 설정하고, 일을 끝까지 마무리 지어줄 이들을 곁에 두는 일이 필요할 수 있습니다.

촉과 감이 빛나던 어느 임원은 자신의 장점과 한계를 스스로 잘 알고 있었습니다. "저는 감이 좋습니다. 어떤 일이든 된다, 안 된다를 금방 알 수 있어요. 그 감이 딱 맞아 떨어진 경우들이 많아요. 아이디어도 많고요. 그래서 때로는 제 머리속에서 섬광처럼 스쳐 지나가는 생각들을 부여잡으려고 애쓰는 경우도 많습니다. 실무자 시절에는 상사들이 '아이디어 뱅크'라면서 인정해 주셨습니다. 논리와 설득력을 키우라고 타박하던 분도 계셨지만 그래도 좋은 상사들을 만났던 것 같습니다. 제가 리더가 되고 나니 경영진들을 설득하고 유관 부서들과 협업해야 하는 일들이 점차 늘어나더군요. 참신한 아이디어만으로는 안 되는 경우가 많았습니다. 그래서 함께 일하는 구성원들에게 의존하는 경우가 많습니다. 무슨 일에 촉이 오면 그걸 구성원들과 같이 얘기하면서 함께 구체화시켜 나갑니다. 우리 구성원들 중에는 필요한 자료나 데이터를 잘 찾고, 짜임새 있게 잘 분석하는 이들이 있거든요. 또 누군가는 그로부터 얻은 진주같은 시사점들을 줄줄이 엮고 잘 꿰어서 탄탄한 보고서를 잘 만드는 이들이 있고요. 그들에게 많은 도움을 받고 있습니다."

인텔리전스 기능을 고려하라

이건희 회장은 그의 에세이 제목《생각 좀 하며 세상을 보자》가 시사하는 대로 넓고 깊은 생각, 시대를 견인하는 깨어 있는 통찰을 매우 소중하게 여겼습니다. 월간 조선이 이건희 회장 업무 지시를 녹음한 테이프를 입수해서 공개한 바에 따르면, 그는 항상 최신 정보와 통찰력에 목말라 했습니다. 일례로 그는 비서

실에 이렇게 질타합니다. "(요즘) 정보가 구태의연해. 세계 변혁을 분석하고 예측을 해야 되는데 정보가 한때 반짝하더니 요즘은 신문 1면 톱 소개하는 수준이야. 해외 경제 연구소, 주간지, 월간지, 경제지 같은 걸 다 분석해 보라고. 비서실에 팀 하나 만들어서 정보 분석하고 각 사에 나눠 줘."[2]

급기야 이건희 회장은 그룹 차원에서 인텔리전스 기능을 활용하고자 하였습니다. 삼성은 이병철 회장이 사망하기 전 1986년에 경제 연구소를 설립하였습니다. 당시 대우 그룹을 필두로 현대 그룹, LG 그룹이 앞다투어 연구소 조직을 세웠던 시절이었습니다.[3] 초기에는 대우 경제 연구소가 두각을 보이다가, 이건희 회장이 삼성 그룹 조타를 맡은 이후로 그 위상이 급부상하기 시작합니다. 이건희 회장이 삼성 경제 연구소를 국내 최고 싱크 탱크 기관으로 만들고자 자원을 아낌없이 투자했기 때문입니다. 심혈을 기울여 유수 대학에서 박사 학위를 마친 인재들을 끌어 모았습니다. 그 영향력은 노무현 정부 때 크게 부각되었습니다. 참여 정부에서 기치로 내세웠던 핵심 어젠다인 '국민소득 2만 달러' '세계 10대 경제 대국' 등이 삼성 경제 연구소 작품이라고 알려졌습니다.[4]

혹자는 이건희 회장이니까 그런 막대한 인텔리전스 기능을 만들 수 있지, 대부분의 경우는 어렵다고 여길 수 있습니다. 그럼에도 인텔리전스 기능을 갖고 있는 조직들이 있습니다. 경쟁 환경이 급변하거나, 트렌드 변화에 민감해야 하거나, 대외적인 정보가 중요한 조직들은 자체적으로 팀을 갖추고 운용하는 경우가 있습니다. 대표적으로 경영전략, 마케팅, 기술전략 부서들입니다. 이들은 다양한 원천으로부터 정보를 수집합니다. 동종 업계 종사자들과 폭넓은 관계를 맺고 그들로부터 정보를 입수합니다. 인스타그램, 페이스북, 블로그, 트위터 등의 소셜 미디어에서 주기적으로 빅데이터를 만들고 분석하기도 합니다. 이를 통해서 고객들 니즈가 어떻게 변하는지, 경쟁사는 어떤 행동을 취하려는 지, 직간접적으로 관련 있는 기술들이 얼마나 발전하고 있는지 등을 심층적으로 분석하고 그로부터 시사점을 이끌어 냅니다. 그 결과물을 상사에게 보고하고, 조직에 공유합니다. 이런 기능을 보유하는 조직의 수장은 다른 이들보다 한걸음 앞서서 내다볼 수 있는 여건을 갖고 있는 셈입니다.

담당하는 조직에 경영전략 등의 부서가 없거나, 정보 수집과 분석 그리고 해석을 해낼 수 있는 인력을 보유할 여력이 없다면 어떻게 할 수 있을까요? 조직 내부에서 사고력을 높이는 데 관심이 있는 1~2명의 구성원들에게 역할을 부여하는 방법을 고려할 수 있습니다. 어느 임원은 자기 사례를 이렇게 공유해 주었습니다.

"일대일 면담을 하다 보면 성장하고 싶은 욕구를 은연 중에 내비치는 구성원들이 있습니다. 그들 중에서도 최신 정보에 비교적 눈이 밝고, 복잡한 자료에서 일정한 시사점을 이끌어 낼 수 있는 자질을 어느 정도 갖춘 2명의 구성원들을 선정해 그들에게 2주에 1번씩 업계 동향을 저와 조직 전체에 공유하도록 역할을 부여하였습니다. 물론, 그 역할이 그들 개인에게 어떤 효익이 있는지, 그리고 저와 조직에는 어떤 가치를 가져다 줄 수 있는지를 사전에 충분히 설명하고 동의를 구하였습니다. 1명은 그 자신에게도 성장할 수 있는 기회일 거라면서 흔쾌히 수락하였고, 1명은 다소 부담스러웠는지 미적거리다가 약간 마지못해서 그리 하겠다 하더군요. 그래서 절대 멋지게 포장하려 하지 말고, 작은 정보라도 다같이 공유를 하면서 고객, 기술, 경쟁사, 업계 동향을 계속 추적해 보자고 하였습니다. 두 사람이 그런 역할을 하고 나서부터 제가 도움을 많이 받고 있습니다."

이처럼 리더 혼자 고민하기보다도 조직 차원에서 전략적 사고를 키워 나가는 일을 고려해 볼 수 있습니다.

전략적 사고는 마음의 상태다

전략적 사고가 성과와 관련이 있나요?

일부 리더가 이런 질문을 합니다. "리더십이 성과와 관련 있나요?" "조직문화가 성과와 관련이 있나요?" 그러면서 곧바로 이렇게 자답합니다. "제가 보기에는 관련이 없습니다. 그게 좋지 못해도 성과가 좋은 기업들이 있잖아요." 전략적 사고를 두고도 같은 질문을 받곤 합니다. "전략적 사고가 성과와 관련이 있나요? 아무리 사고력이 좋아도 성과가 안나는 리더들이 있잖아요?"

그럴 때마다 축구팀 비유를 들곤 합니다. 축구팀에서 왜 팀워크를 챙길까요? 팀워크가 좋아야 이심전심으로 패스할 수 있고, 직감적으로 어디에 누가 있다는 걸 감지할 수 있습니다. 그러면 상대방 진영으로 넘어갈 가능성이 높아지고, 골문을 향해서 슛을 날릴 기회가 더 늘어날 수 있습니다. 10번 슈팅을 시도해서 1~2골이 들어가면 승리할 가능성이 더 생깁니다. 기업으로 치자면 조직 문화를 챙겨야 하는 이유라 하겠습니다.

그런데 팀워크가 매우 좋은 동네 축구팀이 있다고 해보겠습니다. 팀워크가 좋지 않은 어느 프로 축구팀 2군과 맞붙었습니다. 과연 그 동네 축구팀이 승리를 거둘 수 있을까요? 아무리 팀워크가 좋다 하더라도 동네 축구팀 선수들의 개인 역량은 상대 팀에 턱없이 부족합니다. 공격수도 수비수도 상대 팀에 비교가 되질 않습니다. 그래서는 이기기 어렵습니다. 프로팀들이 선수들 역량을 높이고, 우수한 선수를 영입하려고 부단히 애쓰는 이유입니다. 기업이 조직과 구성원 역량을 고민해야 하는 이유도 그러합니다.

팀워크도 좋고 역량도 좋은 축구팀이 있다고 봅시다. 그런데 그 감독에게 선수들 분발을 독려하고 의욕을 고취하는 리더십이 부족하다면 어떨까요? 패배할 때마다 선수 각각의 패인을 거론하면서 선수들 잘못이라고 탓했던 어느 월드컵 대표팀 감독처럼 말입니다. 선수들의 사기가 크게 떨어져서 승리를 장담할 수 없을 겁니다. 기업이 리더십 교육에 투자를 하는 이유가 바로 그렇습니다.

감독에게 리더십은 있는데 전략은 없으면 어떨까요? 전략이 없으면 선수들은 각자 판단에 따라 경기를 하게 됩니다. 각자는 최선이라 생각하지만 전체적으로는 불협화음이 나는 방식으로 움직입니다. 개인 이기심이 도드라져서 공을 혼자 독점하려 하고, 그래서 절호의 슈팅 기회를 놓쳐 버립니다.

프로 축구팀은 치열하게 경쟁하는 환경에 놓여 있기에 승률을 높이기 위해서 온갖 노력들을 다해야만 합니다. 팀워크, 역량, 리더십, 전략 등의 수준을 최선을 다해서 끌어 올려야 합니다. 이처럼 성과를 둘러싼 현상을 단선적으로 보면 안 됩니다. 성과에 영향을 미칠 수 있는 다른 변수들을 다 제거하고 진공 상태로 만들어 놓은 다음, 어느 렌즈 하나만으로 성과와 관계를 일대일로 설명하려 해서는 안 됩니다.

전략적 사고도 마찬가지입니다. 전략적 사고가 아무리 탁월해도 실패를 맛보는 사례가 많습니다. 앞서 살핀 것처럼 이건희 회장은 1990년대부터 자율주행 자동차를 내다 보았고, 경쟁 업체 견제와 정부 반대를 무릅쓰고 실제로 사업을 추진하였습니다. 하지만 결과적으로는 실패하였습니다. 정치적 이해관계 때문에 공장 입지를 잘못 선정한 일, 그리고 IMF라는 국가적 위기 때문이었습니다. 이처럼 전략적 사고 하나만으로는 성과를 담보하기 어렵습니다. 그러나 탁월한 성과로 인도하는 첫 열쇠임은 분명합니다. 전략적 사고가 좋은 씨앗을 만들어 냅니다. 좋은 씨앗이 있어야 좋은 열매를 기대할 수 있습니다.

전략적 사고는 마음의 상태다

주변에서 전략가로 불리는 이, 전략적 사고가 좋다고 정평이 난 이를 떠올려 보시기 바랍니다. 아마도 지적이고 예리하며, 날카롭고 비판적인 모습을 갖고 있을지 모릅니다. 남들은 미처 생각지 못한 리스크들을 샅샅이 들춰 내거나, 그 일이 안 되는 이유들을 논리적으로 촘촘히 짚어 내는 이들이 생각날지 모릅니다. 그런데 그들 중 일부는 단지 '똑똑한 투덜이'에 불과할 수 있습니다. 물론, 기업이 마주할 수 있는 리스크나 위험을 미연에 방지하는 일도 전략가가 해야 할 일입니다. 문제는 매사 안 되는 이유만 찾아 짚어 내려는 태도입니다. 진정한 전략적 사고는 자신이 영리하고 똑똑한 사람이라고 티를 내면서 안 되는 이유 100가지를 열거하는 행위라기보다는, 일을 되게 만드는 방법에 온 힘을 쏟는 일입니다.

영어 단어 'business'는 '바쁜'이란 뜻을 가진 형용사 'busy'에서 비롯되었습니다. 비즈니스는 곧 '바쁜 일'이라는 뜻입니다. 안되는 일을 되게 만들어야 했기에 바빴겠지요. 결국 어려운 일, 불가능해 보이는 일에 도전해서 이루어 내는 과정이 비즈니스라 할 수 있습니다. 그렇다면 비즈니스 리더들에게 전략적 사고는 '안 되는 일을 되게 만드는 법을 찾는 고민의 과정'이라 정의해 볼 수 있습니다.

앞서 저는 전략적 사고가 기법과 방법론의 총체가 아니라, 마음의 상태이자 습관화된 사고 방식에 가깝다고 하였습니다. 어떻

나가며

게 하면 고객이 만족하도록 더 나은 가치를 만들 수 있을까, 어떻게 하면 치열한 경쟁에서도 흔들리지 않고 우리 미션과 의지를 굳건히 펼쳐 나갈 수 있을까, 어떻게 하면 조직이 지속적으로 성장하고 생존할 수 있을까 고민하는 일입니다. 그에 더하여 남들은 가망 없다 못한다 하는 일을 어떻게 해낼 수 있을까, 그 돌파구를 찾으려 노력하는 과정입니다. 실행 가능성, 성공 가능성에 시간과 노력을 쏟도록 자신을 다잡아 나가시길 바랍니다.

지난 13년간 저는 전략적 사고 개발을 고민해 왔습니다. 사람으로 형상화한다면 이제 그 고민은 13세 아이에 불과합니다. 앞으로 더 성장해야 하지만, 초등학교를 졸업하는 나이 즈음에서 정리할 필요가 있다고 여겼습니다. 이 아이가 세상에 말하는 바가 적어도 누군가에게는 도움이 될 거라고 주변 이들이 보내 준 격려 덕분이었습니다. 전략적 사고를 화두로 고민하고 탐구할 수 있는 시간과 기회를 제공해 줬던 기업들, 그리고 내밀한 고민을 가감 없이 토로해 주신 리더들 한 분 한 분께 감사드립니다.

들어가며

1 조선왕조실록, 세종 15년 7월 12일 계해

2 강용규. (2022). SK하이닉스 대표 박정호 패스파인더 정체성 강조, "1등 마인드 지녀야". 비즈니스포스트. https://www.businesspost.co.kr/BP?command=article_view&num=266928

3 Fairlie, M. (2022). What is a PEST Analysis? Business News Daily. https://www.businessnewsdaily.com/5512-pest-analysis-definition-examples-template.html

4 Porter, M. E. (1980). Competitive Strategy: Techniques for Analyzing Industries and Competitors. New York: Free Press.

5 Porter, M. E. (1985). Competitive advantage of nations: creating and sustaining superior performance. simon and schuster.

6 Heracleous, L. (1998). Strategic thinking or strategic planning?. Long Range Planning, 31(3), 481-487.

7 고토사카 마사히로 (2020).《경영전략의 역사》. 김정환 역. 센시오.

8 리처드 루멜트 (2019).《전략의 거장으로부터 배우는 좋은 전략 나쁜 전략》. 김태훈 역. 센시오.

9 Liedtka, J. M. (1998). Strategic thinking: can it be taught?. Long Range Planning, 31(1), 120-129. / Heracleous, L. (1998). Strategic thinking or strategic planning?. Long Range Planning, 31(3), 481-487.

법칙 0

1 Weber, A. (2008). The Model T Turns 100. ASSEMBLY. https://www.assemblymag.com/articles/85967-the-model-t-turns-100

2 Wikipedia Contributors. (2019). Ford Model T. Wikipedia; Wikimedia Foundation. https://en.wikipedia.org/wiki/Ford_Model_T

3 Monden, Y. (2011). Toyota production system: an integrated approach to just-in-time. CRC Press.

4 Lohr, S. (1983). The aging of Japan's auto industry. The New York Times. https://www.nytimes.com/1983/02/20/business/the-aging-of-japan-s-auto-industry.html

5 Levin, P, D. (1989). Grim Outlook of Early 1980's Is Back for U.S. Auto Makers. The New York Times. https://www.nytimes.com/1989/12/07/business/grim-outlook-of-early-1980-s-is-back-for-us-auto-makers.html

6 한국교통안전공단. (2022). 코로나19 여파… 승합차 주행거리 줄고, 승용차는 늘었다. https://www.kotsa.or.kr/portal/bbs/report_view.do?bbscCode=report&cateCode=&bbscSeqn=17939

7 Jarvis, A. (2010). The Timeline: Car manufacturing. INDEPENDENT. https://www.independent.co.uk/life-style/motoring/features/the-timeline-car-manufacturing-2088018.html

8 Wikipedia Contributors. (2018). History of Toyota. Wikipedia; Wikimedia Foundation. https://en.wikipedia.org/wiki/History_of_Toyota

9 현대자동차 공식 홈페이지. https://www.hyundai.com/worldwide/ko/footer/hyundai-experiences/vehicle-history/1960/cortina

10 Richter, F. (2022). Infographic: Tesla Deliveries Soared to New Heights in 2019. Statista Infographics. https://www.statista.com/chart/8547/teslas-vehicle-deliveries-since-2012/

11 https://innovators.berkeley.edu/spotlights/co-founder-marc-tarpenning-85-shows-off-teslas-baby-pictures/

12 Marc Tarpenning 개인 홈페이지. https://marctarpenning.com/

13 팀 히긴스. (2023). 《테슬라, 전기차 전쟁의 설계자》. 정윤미 역, 라이온북스.

14 https://innovators.berkeley.edu/spotlights/co-founder-marc-tarpenning-85-shows-off-teslas-baby-pictures/

15 팀 히긴스. (2023). 《테슬라, 전기차 전쟁의 설계자》. 정윤미 역, 라이온북스.

16 팀 히긴스. (2023). 《테슬라, 전기차 전쟁의 설계자》. 정윤미 역, 라이온북스.

17 Schreiber, B. A. (2009). Martin Eberhard and Marc Tarpenning | American entrepreneurs. In Encyclopædia Britannica. https://www.britannica.com/biography/Martin-Eberhard-and-Marc-Tarpenning

18 팀 히긴스. (2023). 《테슬라, 전기차 전쟁의 설계자》. 정윤미 역, 라이온북스.

19 Hirsch, J. (2015). Ion Musk: Model S not a car but a "sophisticated computer on wheels." Los Angeles Times. https://www.latimes.com/business/autos/la-fi-hy-musk-computer-on-wheels-20150319-story.html

20 Ohnsman, A. (2013). Tesla CEO Talking With Google About 'Autopilot' Systems. Bloomberg. https://www.bloomberg.com/news/articles/2013-05-07/tesla-ceo-talking-with-google-about-autopilot-systems

21 Goldman, E. F. (2007). Strategic thinking at the top. MIT Sloan Management Review, 48(4), 75-81.

22 Hirsch, J. (2015). Ion Musk: Model S not a car but a "sophisticated computer on wheels." Los Angeles Times. https://www.latimes.com/business/autos/la-fi-hy-musk-computer-on-wheels-20150319-story.html

23 https://innovators.berkeley.edu/spotlights/co-founder-marc-tarpenning-85-shows-off-teslas-baby-pictures/

24 김용준. (2022). 전략가 이건희, 그의 전략적 직관에 대하여. 한국경제. https://www.hankyung.com/finance/article/202010256428i

25 이건희. (1997). 《생각 좀 하며 세상을 보자》. 동아일보사.

26 이건희. (1997). 《생각 좀 하며 세상을 보자》. 동아일보사.

27 이건희. (1997). 《생각 좀 하며 세상을 보자》. 동아일보사.

28 이건희. (1997). 《생각 좀 하며 세상을 보자》. 동아일보사.

29 이건희. (1997). 《생각 좀 하며 세상을 보자》. 동아일보사.

30 장시형. (2014). "호텔 사업의 본질은?" 이건희 회장 물음에 "서비스업" 답한 신라호텔 임원, 그 후… 이코노미조선. http://premium.chosun.com/site/data/

html_dir/2014/02/27/2014022702699.html

31 삼성전자. (2013). [반도체 용어 사전] 트렌치(Trench) 공법. 삼성전자 반도체 뉴스룸.

32 이건희. (1997). 《생각 좀 하며 세상을 보자》. 동아일보사.

33 허문명. (2022). "5000억 정도는 사장 맘대로 써라" 신동아. https://shindonga. donga.com/3/all/13/3524821/1

34 허문명. (2022). "5000억 정도는 사장 맘대로 써라" 신동아. https://shindonga. donga.com/3/all/13/3524821/1

35 이건희. (1997). 《생각 좀 하며 세상을 보자》. 동아일보사.

36 이건희. (1997). 《생각 좀 하며 세상을 보자》. 동아일보사.

37 이건희. (1997). 《생각 좀 하며 세상을 보자》. 동아일보사.

38 김효정. (2015). 수입 자동차 개인 보유 1위 이건희 124대. 주간조선. http:// weekly.chosun.com/news/articleView.html?idxno=8925

39 이건희. (1997). 《생각 좀 하며 세상을 보자》. 동아일보사.

40 신국환. (1981). 자동차공업 합리화조치의 배경. 매일경제. https://www.mk.co. kr/news/economy/489514

41 전준범. (2020). 31년간 시총 396배·매출 39배 …'혁신의 거인'. 조선 비즈. https://economychosun.com/site/data/html_dir/2020/10/31/ 2020103100010.html

---

법칙 1

1 윤태호. 《미생: 아직 살아 있지 못한 자 9: 종국》, 위즈덤하우스, 2013

2 Kim, W. C., & Mauborgane, R. (2014). Blue ocean leadership. Harvard Business Review, 92(5), 60-72.

3 Northouse, P. G. (2021). 《Leadership》. Sage publications.

법칙 2

1 Gardner, R. W., Holzman, P. S., Klein, G. S., Linton, H. B., & Spence, D. P.

(1959). 《Cognitive control: A study of individual consistencies in cognitive behavior》. Psychological issues..

2   Pask, G., & Scott, B. C. (1972). Learning strategies and individual competence. International Journal of Man-Machine Studies, 4(3), 217-253.

3   Richardson, A. (1977). Verbalizer-visualizer: A cognitive style dimension. Journal of Mental imagery, 1(1), 109-125.

4   Kirton, M., Bailey, A., & Glendinning, W. (1991). Adaptors and innovators: Preference for educational procedures. The Journal of Psychology, 125(4), 445-455.

5   Agor, W. H. (1984) Intuitive Management: Integrating Left and Right Brain Management Skills. New York: Prentice Hall. / Agor, W. H. (1989) Intuition in Organizations: Leading and Managing Productively. Newbury Park, CA: Sage Publications.

6   Armstrong, S. J. (1999). Cognitive style and dyadic interaction: a study of supervisors and subordinates engaged in working relationships (Doctoral dissertation, University of Leeds).

7   Coffield, F., Moseley, D., Hall, E., Ecclestone, K., Coffield, F., Moseley, D. & Ecclestone, K. (2004). Learning styles and pedagogy in post-16 learning: A systematic and critical review. London, UK: Learning and Skills Research Centre.

8   Hodgkinson, G. P., & Sadler-Smith, E. (2003). Reflections on reflections… on the nature of intuition, analysis and the construct validity of the Cognitive Style Index. Journal of Occupational and Organizational Psychology, 76(2), 279-281.

9   Allinson, C. W., & Hayes, J. (1996). The cognitive style index: A measure of intuition-analysis for organizational research. Journal of Management studies, 33(1), 119-135. / Robey, D., & Taggart, W. (1981). Measuring managers' minds: The assessment of style in human information processing. Academy of Management Review, 6(3), 375-383.

10 Nickerson, R. S., Perkins, D. N., & Smith, E. (1985). 《The teaching of

주

thinking》. Routledge.

11 Allison, C. W., & Hayes, J. (1996). Measuring the cognitive styles of managers and professionals. Journal of Management Studies, 33(1), 119-135.

12 Allison, C. W., & Hayes, J. (1996). Measuring the cognitive styles of managers and professionals. Journal of Management Studies, 33(1), 119-135.

13 Hammond, K. R., Hamm, R. M., Grassia, J., & Pearson, T. (1987). Direct comparison of the efficacy of intuitive and analytical cognition in expert judgment. IEEE Transactions on systems, man, and cybernetics, 17(5), 753-770.

14 Hodgkinson, G. P., & Sadler-Smith, E. (2003). Complex or unitary? A critique and empirical re-assessment of the Allinson-Hayes Cognitive Style Index. Journal of Occupational and Organizational Psychology, 76(2), 243-268.

15 Stanovich, K. E., & West, R. F. (2000). Advancing the rationality debate. Behavioral and brain sciences, 23(5), 701-717.

16 Epstein, S. (1991). Cognitive-experiential self-theory: An integrative theory of personality. The relational self: Theoretical convergences in psychoanalysis and social psychology, 111-137.

17 Kahneman, D., & Klein, G. (2009). Conditions for intuitive expertise: a failure to disagree. American Psychologist, 64(6), 515-526.

18 Geiger, N. (2017). The rise of behavioral economics: A quantitative assessment. Social Science History, 41(3), 555-583.

19 대니얼 카너먼. (2018).《생각에 관한 생각》. 이창신 역. 김영사.

20 Tversky, A., & Kahneman, D. (1971). Belief in the law of small numbers. Psychological Bulletin, 76(2), 105–110

21 Frederick, S. (2005). Cognitive reflection and decision making. Journal of Economic Perspectives, 19(4), 25– 42.

22 게리 클라인. (2015).《통찰, 평범에서 비범으로》. 김창준 역. 알키.

23 Kahneman, D., & Klein, G. (2009). Conditions for intuitive expertise: a failure to disagree. American Psychologist, 64(6), 515-526.

24 Kahneman, D., & Klein, G. (2009). Conditions for intuitive expertise: a failure to disagree. American Psychologist, 64(6), 515-526.

25 Mintzberg, H., Ahlstrand, B., & Lampel, J. B. (2020). 《Strategy safari》. Pearson UK.

26 Montgomery, C. A. (2008). Putting leadership back into strategy. Harvard Business Review, 86(1), 54.

27 Goldman, E. F. (2007). Strategic thinking at the top. MIT Sloan management review, 48(4), 75.

28 Casey, A. J., & Goldman, E. F. (2010). Enhancing the ability to think strategically: A learning model. Management Learning, 41(2), 167-185.

29 Bonn, I. (2001). Developing strategic thinking as a core competency. Management decision, 39(1), 63-71.

30 Epstein, S., Pacini, R., Denes-Raj, V., & Heier, H. (1996). Individual differences in intuitive–experiential and analytical–rational thinking styles. Journal of Personality and Social Psychology, 71(2), 390-405. / Marks, A. D., Hine, D. W., Blore, R. L., & Phillips, W. J. (2008). Assessing individual differences in adolescents' preference for rational and experiential cognition. Personality and Individual Differences, 44(1), 42-52.

31 정주영. (1991). 《시련은 있어도 실패는 없다》. 제삼기획.

32 염동호. (2007). 현지 인터뷰 | 일본 최고의 장인 (12) 구로키 야스오(黑木靖夫) 산업디자이너. Topclass. http://topclass.chosun.com/news/articleView.html?idxno=952

33 야마구치 슈. (2018). 《세계의 리더들은 왜 직감을 단련하는가》. 북클라우드.

34 오현우. (2022). 걸으면서 음악 듣는 시대 열었다⋯3억8000만대 팔린 소니 워크맨. 한국경제. https://www.hankyung.com/it/article/2022033154501

35 이병철. (2014). 《호암자전》. 나남.

36 이병철. (2014). 《호암자전》. 나남.

37 이병철. (2014). 《호암자전》. 나남.

38 오동희. (2013). 삼성電 주가 3만원, "잠에서 깨면 식은 땀 흘렸다".머니투데이. https://news.mt.co.kr/mtview.php?no=2013060410523999956

법칙 3

1 리처드 파인만, 랠프 레이턴. (2018).《클래식 파인만》. 사이언스북스

2 리처드 파인만, 랠프 레이턴. (2018).《클래식 파인만》. 사이언스북스 p.27

3 삼성 신경영 실천위원회 (1993).《삼성 신경영: 나부터 변해야 한다》

4 삼성 신경영 실천위원회 (1993).《삼성 신경영: 나부터 변해야 한다》

5 The Onion. (2013). Word 'Innovate' said 650,000 Times at SXSW so far. https://www.theonion.com/word-innovate-said-650-000-times-at-sxsw-so-far-1819574674

6 Verganti, R. (2011). Designing breakthrough products. Harvard Business Review, 89(10), 1-8.

7 Anthony, S. D., Cobban, P., Nair, R., & Painchaud, N. (2019). Breaking down the barriers to innovation. Harvard Business Review, 97(6), 92.

8 Rowan, D. (2019).《Non-Bullshit Innovation: Radical Ideas from the World's Smartest Minds》. Bantam Press.

9 Rowan, D. (2019).《Non-Bullshit Innovation: Radical Ideas from the World's Smartest Minds》. Bantam Press.

10 Online Etimology Dictionary, https://www.etymonline.com/search?q=strategy

11 이명우(2013).《적의 칼로 싸워라》. 문학동네.

12 Graeber, D. (2001).《Toward an anthropological theory of value: The false coin of our own dreams》. Springer.

13 김성준, 이중학, & 채충일. (2021). 꼰대, 한국기업 조직문화 차원의 탐구. 조직과 인사관리연구, 45(2), 1-35.

14 Porter, M. (1987). The State of Strategic Thinking, Economist.

15 Porter, M. (1987). The State of Strategic Thinking, Economist.

16 Heracleous, L. (1998). Strategic thinking or strategic planning?. Long Range Planning, 31(3), 481-487.

17 Porter, M. E. (1991). Towards a dynamic theory of strategy. Strategic Management Journal, 12(S2), 95-117.

18 Zabriskie, N. B., & Huellmantel, A. B. (1991). Developing strategic think-

ing in senior management. Long Range Planning, 24(6), 25-32.

19 Mintzberg, H. (1994). The fall and rise of strategic planning, Harvard Business Review. 107-114.

20 Hanford, P. (1995). Developing director and executive competencies in strategic thinking. Developing strategic thought: Reinventing the art of direction-giving, 157-186.

21 Graetz, F. (2002). Strategic thinking versus strategic planning: towards understanding the complementarities. Management Decision, 40(5), 456-462.

22 Goldman, E. F. (2007). Strategic thinking at the top. MIT Sloan Management Review, 48(4), 75.

23 Service, R. W. (2006). The Development of Strategic Intelligence: A Managerial Perspective. International Journal of Management, 23(1), 61.

24 Heracleous, L. (1998). Strategic thinking or strategic planning?. Long Range Planning, 31(3), 481-487. / Bonn, I. (2005). Improving strategic thinking: a multilevel approach. Leadership & Organization Development Journal, 26(5), 336-354.

법칙 4

1 Botelho, E. L., Powell, K. R., & Raz, T. (2018). 《The CEO next door: The 4 behaviors that transform ordinary people into world-class leaders》. Currency.

2 Peterson, C., & Seligman, M. E. (2004). 《Character strengths and virtues: A handbook and classification (Vol. 1)》. Oxford University Press.

3 Lowrey, A. (2011). Readers Without Borders . SLATE. https://slate.com/business/2011/07/borders-bankruptcy-done-in-by-its-own-stupidity-not-the-internet.html

4 Noguchi, Y. (2011). Why Borders Failed While Barnes & Noble Survived. npr. https://www.npr.org/2011/07/19/138514209/why-borders-failed-while-barnes-and-noble-survived

5   Rodriguez, J. C. (2022). 7 stunning lessons from how borders group failed to unsettle disruption. Medium. https://medium.com/unsettled-disruption/7-stunning-lessons-from-how-borders-group-failed-to-unsettle-disruption-60f1e0004a5a

6   레비 스트로스 (1996). 《야생의 사고》. 안정남 역. 한길사.

7   Daly. J. (1997). 101 Ways to Save Apple. WIRED; WIRED. https://www.wired.com/1997/06/apple-3/

8   Steve Jobs. (1997). Apple Product Matrix. https://www.youtube.com/watch?v=ds9Qstu1XRg

9   이건희. (1997). 《생각 좀 하며 세상을 보자》. 동아일보사.

10 Fiske, S. T., Cuddy, A. J., & Glick, P. (2007). Universal dimensions of social cognition: Warmth and competence. Trends in Cognitive Sciences, 11(2), 77-83.

11 Asch, S. E. (1946). Forming impressions of personality. The Journal of Abnormal and Social Psychology, 41(3), 258-290.

12 Andriopoulos, C., & Lewis, M. W. (2009). Exploitation-exploration tensions and organizational ambidexterity: Managing paradoxes of innovation. Organization Science, 20(4), 696-717.

13 Gupta, A. K., Smith, K. G., & Shalley, C. E. (2006). The interplay between exploration and exploitation. Academy of Management Journal, 49(4), 693-706.

14 Gupta, A. K., Smith, K. G., & Shalley, C. E. (2006). The interplay between exploration and exploitation. Academy of Management Journal, 49(4), 693-706.

15 Blakemore, E. (2018). The Disastrous Backstory Behind the Invention of LEGO Bricks. HISTORY. https://www.history.com/news/the-disastrous-backstory-behind-the-invention-of-lego-bricks

16 Riel, J., & Martin, R. L. (2017). 《Creating great choices: A leader's guide to integrative thinking》. Harvard Business Press.

17 Jordan Vig Knudstorp. (2014). https://edition.cnn.com/videos/busi-

ness/2014/12/08/spc-reading-for-leading-jorgen-vig-knudstorp.cnn

---

법칙 5

1 Lacy, S. (2017). Staying cool: Interview with Drew Houston. startups. https://www.startups.com/library/founder-stories/drew-houston

2 Grundy, T. (2014). 《Demystifying strategic thinking: Lessons from leading CEOs》. Kogan Page Publishers.

3 https://innovators.berkeley.edu/spotlights/co-founder-marc-tarpenning-85-shows-off-teslas-baby-pictures/

4 이병철. (2014). 《호암자전》. 나남.

5 https://playbook.samaltman.com/

6 Street, F. (2019). 《The Great Mental Models: Vol. 1. General Thinking Concepts》. Latticework Publishing.

7 Cukier, K., Mayer-Schönberger, V., & De-Vericourt, F. R. A. N. C. I. S. (2021). Framers. La virtud humana en la era digital. Turner Publicaciones.

8 Posavac, S. S., Kardes, F. R., & Brakus, J. J. (2010). Focus induced tunnel vision in managerial judgment and decision making: The peril and the antidote. Organizational Behavior and Human Decision Processes, 113(2), 102-111.

9 Feltovich, P. J., Spiro, R. J., & Coulson, R. L. (1997). Issues of expert flexibility in contexts characterized by complexity and change. Expertise in Context: Human and Machine, 125-146.

10 Fleming, A. (1944). The discovery of penicillin. British Medical Bulletin, 2(1), 4-5.

11 Fleming, Alexander (1929). "On the antibacterial action of cultures of a Penicillium, with special reference to their use in the isolation of B. influenzae". British Journal of Experimental Pathology. 10 (3): 226–236.

12 https://www.scienceheroes.com/index.php

13 Gratia, A. (1925). Sur un remarquable exemple d'antagonisme entre deux

souches de coilbacille. CR Seances Soc. Biol. Fil., 93, 1040-1041.

14 https://www.bbvaopenmind.com/en/science/bioscience/fleming-and-the-difficult-beginnings-of-penicillin-myth-and-reality/

15 Fleming, A. (1944). The discovery of penicillin. British Medical Bulletin, 2(1), 4-5.

16 Fleming, A. (1944). The discovery of penicillin. British Medical Bulletin, 2(1), 4-5.

17 Hess, K. (2019). Fleming vs. Florey: It All Comes Down to the Mold. The Histories, 2(1), 3-10.

18 Arrillaga-Andreessen, L. & Chang, V. (2002). Interplast. Stanford Business Case No. SI57.

19 Heath, C. & Phills, J. (2006). Interplast's Dilemma, Stanford Business Case No. SI14.

20 Branderburger, A. M., & Nalebuff, B. J. (1996). Inside Intel. Harvard Business Review. https://hbr.org/1996/11/inside-intel

21 Branderburger, A. M., & Nalebuff, B. J. (1996). Inside Intel. Harvard Business Review. https://hbr.org/1996/11/inside-intel

22 Fiske, S. T., Cuddy, A. J., & Glick, P. (2007). Universal dimensions of social cognition: Warmth and competence. Trends in Cognitive Sciences, 11(2), 77-83.

23 로버트 사이먼스. (2015). 《전략을 보는 생각》, 김은경 역. 전략시티.

24 Goldminz, I. (2016). Jeff Bezos on decision-making. Medium. https://orghacking.com/jeff-bezos-on-decision-making-1d1637bdb859

법칙 6

1 Grundy, T. (2014). 《Demystifying strategic thinking: Lessons from leading CEOs》. Kogan Page Publishers.

2 Rozenblit, L., & Keil, F. (2002). The misunderstood limits of folk science: An illusion of explanatory depth. Cognitive Science, 26(5), 521-562.

3 Kardas, M., & O'Brien, E. (2018). Easier Seen Than Done: Merely Watching Others Perform Can Foster an Illusion of Skill Acquisition. Psychological Science, 29(4), 521-536.

4 Heath, C. & Phills, J. (2006). Interplast's Dilemma, Stanford Business Case No. SI14.

5 Verganti, R. (2016). The innovative power of criticism. Harvard Business Review, 94(1), 88-95.

6 Takahashi, D. (2006). 《The Xbox 360 Uncloaked:: The Real Story Behind Microsoft's Next-Generation Video Game Console》. Lulu Press.

7 Wikipedia Contributors. (2019, May 29). Xbox. Wikipedia; Wikimedia Foundation. https://en.wikipedia.org/wiki/Xbox

8 Simons, R. (2014). Choosing the right customer. Harvard Business Review, 92(3), 48-55.

9 Simons, R. (2014). Choosing the right customer. Harvard Business Review, 92(3), 48-55.

10 Lashinsky, A. (2012, November 16). Amazon's Jeff Bezos: The Ultimate Disrupter. Fortune. https://fortune.com/2012/11/16/amazons-jeff-bezos-the-ultimate-disrupter/

법칙 7

1 Prahalad, C. K., & Bettis, R. A. (1986). The dominant logic: A new linkage between diversity and performance. Strategic Management Journal, 7(6), 485-501.

2 McAlone, N. (2015). Here's how Janet Jackson's infamous "nipplegate" inspired the creation of YouTube. Business Insider. https://www.businessinsider.com/idea-for-youtube-came-from-janet-jackson-nipplegate-2015-10

3 Wikipedia Contributors. (2019). MrBeast. Wikipedia; Wikimedia Foundation. https://en.wikipedia.org/wiki/MrBeast

4 $456,000 Squid Game In Real Life! (2021). www.youtube.com. https://www.

youtube.com/watch?v=0e3GPea1Tyg

5 Buler, B & Manfredi, J. F. (2015). 《Think to Win: Unleashing the Power of Strategic Thinking》. McGraw Hill.

6 Buler, B & Manfredi, J. F. (2015). 《Think to Win: Unleashing the Power of Strategic Thinking》. McGraw Hill.

7 Vlaskovits, P. (2011). Henry Ford, Innovation, and That "Faster Horse" Quote. Harvard Business Review. https://hbr.org/2011/08/henry-ford-never-said-the-fast

8 https://www.bloomberg.com/news/articles/1998-05-25/steve-jobs-theres-sanity-returning

9 Aten, J. (2021, January 19). This Was Steve Jobs's Most Controversial Legacy. It Was Also His Most Brilliant. Inc.com. https://www.inc.com/jason-aten/this-was-steve-jobs-most-controversial-legacy-it-was-also-his-most-brilliant.html

10 https://www.sourcewatch.org/index.php?title=Clean_Air_Act

11 안효문. (2023). 현대차그룹, 지난해 전세계 '684만대' 판매...첫 글로벌 3위. 데일리한국. https://www.hankooki.com/news/articleView.html?idxno=64301

12 https://www.osv.ltd.uk/volvo-history-timeline/

13 김홍식. (2019). 볼보의 3점식 안전벨트, 100만 명을 살린 위대한 발명품. 오토헤럴드. http://www.autoherald.co.kr/news/articleView.html?idxno=35601

14 https://www.volvocarsmissionviejo.com/content/5-reasons-why-volvos-are-the-safest-cars.htm

15 https://group.volvocars.com/company/safety-vision

16 팀 히긴스. (2023). 《테슬라: 전기차 전쟁의 설계자》. 정윤미 역. 라이온북스.

17 Collantes, G., & Sperling, D. (2008). The origin of California's zero emission vehicle mandate. Transportation Research Part A: Policy and Practice, 42(10), 1302-1313.

18 Wikipedia Contributors. (2019, March 21). General Motors EV1. Wikipedia; Wikimedia Foundation. https://en.wikipedia.org/wiki/General_

Motors_EV1

19 Wikipedia Contributors. (2019, March 21). General Motors EV1. Wikipedia; Wikimedia Foundation. https://en.wikipedia.org/wiki/General_Motors_EV1

20 로드테스트. (2021). 시대를 앞서간 비운의 전기차, GM EV1. 네이버포스트. https://post.naver.com/viewer/postView.naver?volumeNo=32620304&memberNo=21556957

21 안태호. (2023). 전기차 세계 판매량 802만대…테슬라 1위, 현대차는? 한겨레. https://www.hani.co.kr/arti/economy/car/1080360.html

22 https://www.eanet.com/ev1-club/clubads.htm#marvin1

23 LaMonica, M. (2009, September 21). Tesla Motors founders: Now there are five. CNET. https://www.cnet.com/culture/tesla-motors-founders-now-there-are-five/

24 팀 히긴스. (2023). 《테슬라, 전기차 전쟁의 설계자》. 정윤미 역, 라이온북스.

25 팀 히긴스. (2023). 《테슬라, 전기차 전쟁의 설계자》. 정윤미 역, 라이온북스.

26 김홍식. (2023). 자가용 인식 조사, 1일 평균 22시간 세워 놓는 車 절반은 '필요없다'. 오토헤럴드. https://www.autoherald.co.kr/news/articleView.html?idxno=50304

27 https://gsis.kwdi.re.kr/statHtml/statHtml.do?orgId=338&tblId=DT_1ID0511R

28 김성민. (2022). 작년 한국인 모바일 기기 사용시간 세계3위...몇 시간 썼을까. 조선경제. https://www.chosun.com/economy/tech_it/2022/01/13/JANMUB32SVEEPKHAUY2WJO2IDA/

29 https://www.bloomberg.com/news/articles/2024-02-27/apple-cancels-work-on-electric-car-shifts-team-to-generative-ai?cmpId=google&sref=UtGWKYgw

---

법칙 8

1 https://tobiascenter.iu.edu/research/oral-history/audio-transcripts/mintz-

berg-henry.html

2 https://tobiascenter.iu.edu/research/oral-history/audio-transcripts/mintz-berg-henry.html

3 https://tobiascenter.iu.edu/research/oral-history/audio-transcripts/mintz-berg-henry.html

4 Mintzberg, H. (2004). Enough leadership. Harvard business review, 82(11), 22.

5 https://tobiascenter.iu.edu/research/oral-history/audio-transcripts/mintz-berg-henry.html

6 Mintzberg, H., Ahlstrand, B., & Lampel, J. B. (2020). 《Strategy safari》. Pearson UK.

7 방글. (2022). [옛날신문 보기] "사재 털어 시작한 반도체"…이건희, 외로운 싸움의 시작. 시사오늘. https://www.sisaon.co.kr/news/articleView.html?idxno=135473

8 https://www.fki-emuseum.or.kr/main/themeHall/incident_08.do

9 Heifetz, R., & Linsky, M. (2017). Leadership on the line, with a new preface: Staying alive through the dangers of change. Harvard Business Press.

10 Clifford, C. (2019, July 28). Bill Gates took solo "think weeks" in a cabin in the woods—why it's a great strategy. CNBC. https://www.cnbc.com/2019/07/26/bill-gates-took-solo-think-weeks-in-a-cabin-in-the-woods.html

11 https://www.reservations.com/blog/resources/think-weeks/

12 이동위. (2021). [CEO스토리]삼성 PC방 사장 카카오 '김범수의 놀라운 과거'. 머니투데이. https://news.mt.co.kr/mtview.php?no=2021020114224653229

13 백강녕. (2014). 김범수 누구. 조선닷컴. http://premium.chosun.com/site/data/html_dir/2014/05/26/2014052602715.html l

14 최우영, 이현수. (2011). '카카오톡' 김범수 "악착같이 살지마" 의외의 조언. 머니투데이. https://news.mt.co.kr/mtview.php?no=2011101714343203791

15 최우영, 이현수. (2011). '카카오톡' 김범수 "악착같이 살지마" 의외의 조언. 머니투데이. https://news.mt.co.kr/mtview.php?no=2011101714343203791

16 안정문. (2022). [Who Is ?] 김범수 카카오 미래이니셔티브센터장. 비즈니스포스트. https://www.businesspost.co.kr/BP?command=article_view&num=290741

17 Mintzberg, H., Ahlstrand, B., & Lampel, J. B. (2020). Strategy safari. Pearson UK.

18 Thomas, J., & Peters, P. E. T. E. R. S. (1983). In search of excellence: lessons from America's best-run companies. Warner Books.

19 정세영(2000). 《미래는 만드는 것이다》. 행림출판.

20 Podolny, J. M., & Hansen, M. T. (2020). How Apple is organized for innovation. Harvard Business Review, 98(6), 86-95.

21 Podolny, J. M., & Hansen, M. T. (2020). How Apple is organized for innovation. Harvard Business Review, 98(6), 86-95.

22 연합뉴스. (2017). 日 물류위기 심각…최대 택배회사 "취급물량 못 늘리겠다". 연합뉴스. https://www.yna.co.kr/view/AKR20170223058200009

23 100 Year Journey. Yamato Group's 100th Anniversay Commemorative Publication. https://www.yamato-hd.co.jp/100th-anniversary/commemorative/pdf/100th-commemorative-EN.pdf

24 100 Year Journey. Yamato Group's 100th Anniversay Commemorative Publication. https://www.yamato-hd.co.jp/100th-anniversary/commemorative/pdf/100th-commemorative-EN.pdf

25 100 Year Journey. Yamato Group's 100th Anniversay Commemorative Publication. https://www.yamato-hd.co.jp/100th-anniversary/commemorative/pdf/100th-commemorative-EN.pdf

26 100 Year Journey. Yamato Group's 100th Anniversay Commemorative Publication. https://www.yamato-hd.co.jp/100th-anniversary/commemorative/pdf/100th-commemorative-EN.pdf

법칙 9

1 중앙일보. (2003). [핵심 인재를 키우자] ① 미국 GE . 중앙일보. https://www. joongang.co.kr/article/95877

2 Linebaugh, K. (2012, March 6). The New GE Way: Go Deep, Not Wide. Wall Street Journal. https://www.wsj.com/articles/SB1000142405297020 4571404577257533620536076

3 Goldman, E. F. (2007). Strategic thinking at the top. MIT Sloan Management Review, 48(4), 75-81.

4 Goldman, E. F. (2012). Leadership practices that encourage strategic thinking. Journal of Strategy and Management, 5(1), 25-40.

5 Dragoni, L., Oh, I. S., Vankatwyk, P., & Tesluk, P. E. (2011). Developing executive leaders: The relative contribution of cognitive ability, personality, and the accumulation of work experience in predicting strategic thinking competency. Personnel Psychology, 64(4), 829-864.

6 Dewey, J. (1944). 《Democracy and Education: An introduction to the philosophy of education》, New York: The Free Press a Division of Macmillan Publishing Co., Inc.

7 Chase, W. G., & Simon, H. A. (1973). Perception in chess. Cognitive Psychology, 4(1), 55-81.

8 무라카미 하루키. (2010). 《언더그라운드》. 양억관 역. 문학동네.

9 Stanford University. (2005, June 12). "You've got to find what you love," Jobs says. Stanford News. https://news.stanford. edu/2005/06/12/youve-got-find-love-jobs-says/

10 Dewey, J. (1944). Democracy and Education: An introduction to the philosophy of education, New York: The Free Press a Division of Macmillan Publishing Co., Inc.

11 피터 드러커. (2013). 《프로페셔널의 조건》. 이재규 역. 청림출판.

12 Dewey, J. (1939). 《Experience and education》. The Macmillan Co.

13 Kolb, D. A. (19844). 《Experiential learning: Experience as the source of learning and development》. Prentice-Hall, Inc. Englewood Cliffs, NJ.

14 Hahn, H. J., & Kim, S. (2022). Experience, experience, experience: too much of a good thing for executive performance. Human Resource Development Quarterly, 33(1), 11-28.

15 Fiorina, C. (2011). 《Tough choices: A memoir》. Hachette UK.

16 Fiorina, C. (2011). 《Tough choices: A memoir》. Hachette UK.

17 이명용. (2016). 세상에 없던 가전 '스타일러', 어떻게 탄생했을까. 경남신문. http://www.knnews.co.kr/news/articleView.php?idxno=1195277

법칙 10

1 Sengupta, K., Abdel-Hamid, T. K., & Van Wassenhove, L. N. (2008). The experience trap. Harvard Business Review, 86(2), 94-101.

2 Zhang, Y. (2008). Information asymmetry and the dismissal of newly appointed CEOs: An empirical investigation. Strategic Management Journal, 29(8), 859-872.

3 Bragaw, N. A., & Misangyi, V. F. (2017). The Value of CEO Mobility: Contextual Factors That Shape the Impact of Prior CEO Experience on Market Performance and CEO Compensation. Human Resource Management, 56(2), 243-265. / Desai, M. N., Lockett, A., & Paton, D. (2016). The Effects of Leader Succession and Prior Leader Experience on Postsuccession Organizational Performance. Human Resource Management, 55(6), 967-984. / Elsaid, E., Wang, X., & Davidson, W. N. (2011). Does experience matter? CEO successions by former CEOs. Managerial Finance, 37(10), 915-939. / Hamori, M., & Koyuncu, B. (2015). Experience Matters? The Impact of Prior CEO Experience on Firm Performance. Human Resource Management, 54(1), 23-44.

4 김유겸 (2017). 프로선수 경험없는 NBA감독이 성공하는 이유. 동아비즈니스리뷰.

5 Dewey, J. (1939). 《Experience and education》. The Macmillan Co.

6 이곤젠더 한국 법인장 인터뷰 결과

7 Ghosh, P. (2012). Gorilla genome could hold key to the human condition. BBC. https://www.bbc.com/news/science-environment-17239059

8 Carson, C. R. (2020). Innovation for impact. Harvard Business Review. https://hbr.org/2020/11/innovation-for-impact

9 Wilson, P. (2018). Step 1: Turn Ketchup Bottle Upside Down. Step 2: File For A Patent. Step 3: Make Millions And Retire To Florida. Celebrit Net Worth. https://www.celebritynetworth.com/articles/entertainment-articles/ketchup-valve-13-million-just-ask-inventor-paul-brown/

법칙 11

1 Mintzberg, H., Ahlstrand, B., & Lampel, J. B. (2020). 《Strategy safari》. Pearson UK.

2 권세진. (2020). IMF사태 예측 등 이건희 회장 업무지시 녹음테이프 30개 (1000分 분량) 내용 전격 공개. 월간조선. http://monthly.chosun.com/client/news/viw.asp?ctcd=&nNewsNumb=202012100012

3 최영진. (2016). 기업맞수 (8) 삼성경제연구소 VS LG경제연구원. Forbes Korea. https://jmagazine.joins.com/forbes/view/310323

4 장영희. (2007). 삼성은 참여정부 두뇌이자 스승이었다. 시사IN. https://www.sisain.co.kr/news/articleView.html?idxno=579

전략적 사고의 11가지 법칙

초판 1쇄 발행 2024년 5월 22일
초판 2쇄 발행 2024년 8월 14일

지은이 김성준
펴낸이 박영미
펴낸곳 포르체

책임편집 김아현
마케팅 정은주
디자인 황규성

출판신고 2020년 7월 20일 제2020-000103호
전화 02-6083-0128 | 팩스 02-6008-0126
이메일 porchetogo@gmail.com
포스트 https://m.post.naver.com/porche_book
인스타그램 www.instagram.com/porche_book

ⓒ 김성준(저작권자와 맺은 특약에 따라 검인을 생략합니다.)
ISBN 979-11-93584-40-8 (03320)

여러분의 소중한 원고를 보내주세요.
porchetogo@gmail.com